校企合作财经商贸专业系列丛书

互联网+创新型“十四五”精品教材

# 跨境电子商务平台实务

## （微课版）

主　编　贺　阳　谢　琳　张楚珊

副主编　高艺嘉　秦宇静

哈尔滨工程大学出版社
Harbin Engineering University Press

**内 容 简 介**

本书共九章，主要包括跨境电子商务平台概述、跨境电子商务市场分析、跨境电子商务平台、跨境电子商务选品、跨境电子商务平台基本操作、跨境电子商务营销推广、跨境电子商务数据分析、跨境电子商务物流与海外仓服务、跨境电子商务支付与结算。

本书结构严谨、逻辑性强、易教易学，既可以作为应用型本科、职业院校跨境电子商务、电子商务、国际商务、物流管理等专业学生学习用书，又可以为有意在跨境电子商务领域从业或创业的相关人士提供借鉴。

**图书在版编目（CIP）数据**

跨境电子商务平台实务 ： 微课版 / 贺阳, 谢琳, 张楚珊主编. -- 哈尔滨 : 哈尔滨工程大学出版社, 2024. 7. -- ISBN 978-7-5661-4487-4

Ⅰ. F713.36

中国国家版本馆 CIP 数据核字第 2024JU4923 号

跨境电子商务平台实务（微课版）

KUAJING DIANZI SHANGWU PINGTAI SHIWU（WEIKE BAN）

**策划编辑** 张林峰

**责任编辑** 苏 莉

---

出版发行 哈尔滨工程大学出版社

社 址 哈尔滨市南岗区南通大街 145 号

邮政编码 150001

发行电话 0451-82519328

传 真 0451-82519699

经 销 新华书店

印 刷 唐山唐文印刷有限公司

开 本 787 mm×1 092 mm 1/16

印 张 14.5

字 数 371 千字

版 次 2024 年 7 月第 1 版

印 次 2024 年 7 月第 1 次印刷

书 号 ISBN 978-7-5661-4487-4

定 价 49.80 元

http://www.hrbeupress.com

E-mail:heupress@hrbeu.edu.cn

# 前 言

党的二十大报告指出，扩大高水平对外开放，促进互利共赢。主动对接高标准国际经贸规则，稳步扩大制度型开放，增强国内国际两个市场两种资源联动效应，巩固外贸外资基本盘，培育国际经济合作和竞争新优势。

在跨境电子商务快速发展的大趋势下，中国传统外贸企业需要转型升级。在这样一种时代大背景下，我们编写了《跨境电子商务平台实务（微课版）》。本书立足于当前跨境电子商务市场现状，以精炼理论、突出实务为原则，详简有度地介绍有关跨境电子商务平台概述、跨境电子商务市场分析、跨境电子商务平台、跨境电子商务选品、跨境电子商务平台基本操作、跨境电子商务营销推广、跨境电子商务数据分析、跨境电子商务物流与海外仓服务、跨境电子商务支付与结算的核心内容。教材内容由浅入深，由简至繁，旨在帮助读者更好地理解和掌握跨境电子商务运营知识，增强运营和分析问题的能力，提升实操及应用技能。

本书强调专业知识的前瞻性，将新知识、新案例、新规范、新标准等编入其中，同时融入跨境电子商务 1+X 证书考核知识点，使教材内容与当前社会、经济、科技保持同步发展。以“管用、够用”为指导思想，注重培养学生的应用能力和创新能力，体现了“实用性”和“职业性”并举的教育特色。

本书由贺阳（江西航空职业技术学院）、谢琳（山西国际商务职业学院）、张楚珊（广州商学院）担任主编，由高艺嘉（云南机电职业技术学院）、秦宇静（开封技师学院）担任副主编。本书的相关资料和售后服务可扫封底微信二维码或登录 www.bjzzwh.com 下载获得。

由于跨境电子商务行业发展迅速，跨境电子商务技术、产品、服务和商业模式不断创新，跨境电子商务相关政策也在不断发生变化，加之编者水平所限，书中难免存在遗漏和不妥之处，敬请读者批评指正。

编 者

# 目　录　CONTENTS

# 第一章

# 跨境电子商务平台概述

## 本章导读

在全球电子商务迅速发展和国家政策大力支持的环境下，跨境电子商务突破了传统贸易的时间与空间限制，打造了互联网上的交易平台，成为了中国进出口贸易的新形式，提升了外贸企业的工作效率。随着电子商务系统的完善和国家扶持政策的出台，跨境电子商务迎来了高速发展期，未来跨境电子商务的整体市场发展潜力巨大。

## 学习目标

### 知识目标

◆了解跨境电子商务的概念及特征。

◆了解跨境电子商务企业的岗位划分及岗位职能。

◆熟悉跨境电子商务平台分类。

◆了解跨境电子商务行业的发展趋势。

### 技能目标

◆能够根据跨境电子商务的岗位划分及岗位职能，调整自己的职业发展方向。

◆能够掌握跨境电子商务主流平台及其具体特征。

### 素质目标

◆培养高素质人才，为国家和社会的发展注入新动力。

## 思政目标

◆深化爱国主义教育，培养学生自信自强、守正创新的强国意识。

◆树立与邻为善、以邻为伴的亲、诚、惠、容的大国外交理念。

案例导入

**跨境电子商务：创新赋能“网”通全球**

近年来，郑州航空港经济综合实验区综保区和口岸服务局集中力量、想方设法不断招引知名电子商务平台企业入区。目前，在航空港实验区备案或注册的电子商务企业已达856家，形成包括电子商务平台、仓储、物流、关务、结算企业等在内的较为完整的跨境电子商务产业链。

在进口电子商务平台中，天猫国际、淘宝全球购、京东国际、唯品国际等全国前十的企业均已入区开展业务。2023年，菜鸟、唯品会、京东三家企业业务量占全区进口业务量的八成以上；在出口电子商务中，阿里全球速卖通、eBay等出口企业也已实现常态化运营。在龙头企业的带动下，区内电子商务企业从零起步，如今一批本土电子商务综合服务企业异军突起，以新百福为代表的国际物流企业，以易通供应链、全速通为代表的仓储关务企业，以云速通、全速通为代表的仓储关务平台开发企业，以郑州品集供应链、外运发展为代表的跨境出口综合服务企业，为航空港经济综合实验区跨境电子商务业务的迅速发展带来强劲动力。

郑州航空港经济综合实验区根据跨境电子商务企业需求，借鉴先进经验不断开展监管模式、业务模式创新。在国内率先开展跨境包机业务，先后开通“郑州—吉隆坡”专线、“郑州—曼谷”专线，塑造出较为成熟的业务模式，受到当地商界和政府的欢迎。面对快速发展的网络直播经济，引入“抖音”“快手”等直播平台入区开展业务，通过“保税仓+直播”的新营销模式，让在线购物者跟随主播直入保税仓、直面跨境商品，在消费者体验感不断提升的同时，提高保税仓内商品流转速度。

“买全球、卖全球”，随着郑州航空港经济综合实验区枢纽优势的不断彰显，以跨境电子商务为主要依托的网上“丝绸之路”已经成为河南对外开放的亮丽名片。

一头连国际，一头连国内。利好政策更是频繁出台、数次扩围的跨境电子商务综合试验区在推进贸易高质量发展方面发挥了带动作用。跨境电子商务推动了国际贸易的去中间化，为中小微企业及个体参与国际贸易提供了渠道。近年来，全球电子商务渠道交易规模不断扩大，线上零售市场因其可视化、便捷化、多元化等优势在不断扩大规模，电子商务渗透率不断提升。

## 第一节　跨境电子商务的介绍

跨境电子商务简称跨境电子商务，是指分属不同关境的交易主体通过互联网及其相关电子商务平台实现交易、在支付平台实现结算、使用跨境物流运送货物、完成交易的一种国际贸易活动。跨境电子商务从狭义上讲就是跨境零售，交易主体分别属于不同国家，通过互联网达成交易、进行结算，并通过跨境电子商务物流及异地仓储运送商品；从广义上讲就是外贸电子商务，是传统进出口商通过电子商务的形式进行网上交易，通过国际物流运送、达成交易的一种国际贸易活动。

## 一、跨境电子商务的特征

跨境电子商务是基于互联网发展起来的，网络空间是一个由网址和密码组成的虚拟但客观存在的世界，相对于物理空间来说不是一个空间，而是一个新空间。跨境电子商务被网络空间独特的价值标准和行为模式深刻地影响，表现出独特性，有别于传统的交易方式。跨境电子商务具有如下六个特征。

跨境电子商务平台

### 1. 全球性

只要是有互联网的地方，在世界的任何一个角落都可以运用跨境电子商务，互联网用户可以跨越国界把优质商品和服务投放到市场中，这让跨境电子商务生来就具有了全球性的特征。然而由于各个国家文化、政治和法律的不同，全球性也给跨境电子商务带来了风险。

### 2. 无形性

通过互联网，跨境电子商务交易会在很短的时间里完成，服务和商品可能只需要通过网络发送几个数据包就可以利用 TCP/IP 通信协议发送到消费者的手中，其形式是无形的。跨境电子商务的无形性使得有关部门很难掌握和监管其交易活动内容，也给税务和法律部门带来了如何界定交易的性质、如何监管等一系列问题。

### 3. 匿名性

在跨境电子商务交易中允许匿名交易。在线交易的消费者往往不使用自己的真实身份和自己的地理位置，跨境电子商务又具有全球性和无形性，所以很难判断其地理位置和身份。隐匿身份的便利容易导致在虚拟世界里自由与责任的不对称。

### 4. 即时性

跨境电子商务通过互联网完成订货、付款、交货等操作，可以即时完成、即时取消、即时变动。

### 5. 无纸化

无纸化是跨境电子商务的主要特点之一。在电子交易中，电子合同、电子时间代替了传统贸易中的书面合同、结算票据等一系列的纸质交易文件。用户接收或发送电子信息以互联网为媒介，实现了无纸化。无纸化带来的积极影响是使信息传递摆脱了纸张的限制，提高了效率。然而，传统法律的许多规范是以纸质文件为依据的，因此，无纸化变更了原本的交易秩序，造成了一定程度的混乱。

### 6. 快速演进

跨境电子商务的交易依托互联网的网络设施和相应的软件协议。数字化的商品千变万化，数字技术正以前所未有的速度快速演进。因此，跨境电子商务也在不断发生变化，快速演进。

## 二、跨境电子商务与国内电子商务的区别

### （一）交易主体的差异

国内电子商务的交易主体在国内，是境内的企业对企业、企业对个人或个人对个人之间的交易。而跨境电子商务的交易主体则一方在境内，另一方在境外，可以是境内的企业对境外的企业或个人、境内的个人对境外的企业或个人。跨境电子商务的交易主体遍及全球，因此企业或个人在开展跨境电子商务业务时会面临不同国家和地区的消费群体在文化心理、生活习俗、消费行为上的差异。

### （二）业务环节的差异

国内电子商务是商品在国内的流通，而跨境电子商务实际上是国际贸易。因此，与国内电子商务相比，跨境电子商务的业务环节更加复杂，需要经历海关通关、检验检疫、外汇结算、出口退税、进口征税等环节，商品配送的速度对于消费者体验的影响至关重要。货物由跨境电子商务卖家发出后，由于要经过出关、入关等环节，容易出现损坏，买家往往要经历更长的时间才能收到货物，这也影响了卖家的收款速度。跨境电子商务的退货问题，更是跨境电子商务卖家的痛点。相比之下，国内电子商务的买卖双方都在国内，货物通常以快递的方式送达消费者，速度更快且货物损坏的概率更低。

跨境电子商务业务环节因进出境货物的流向不同而呈现出不同的业务流程。出口跨境电子商务的卖家基于电子商务平台完成信息发布、订单确认、支付、结汇等步骤（部分或全部），借助跨境物流将国内生产的商品出口至国外，卖家（出口主体）一般为生产厂商或自营式电子商务平台。

进口跨境电子商务的国内买家在国内或国外的电子商务平台上挑选、购买国外商品，由跨境物流直接完成配送，买家（进口主体）多为终端消费者。进口跨境电子商务按照货物是否进入保税区，又可分为直购进口模式和保税进口模式，两种模式的具体业务流程分别如图 1-1 和图 1-2 所示。

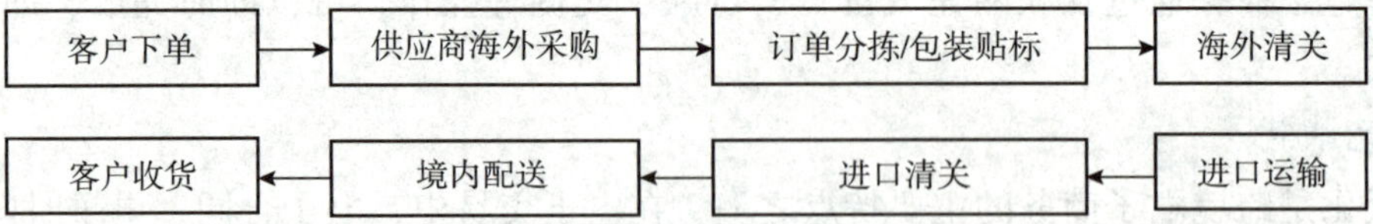


图 1-1　直购进口业务流程

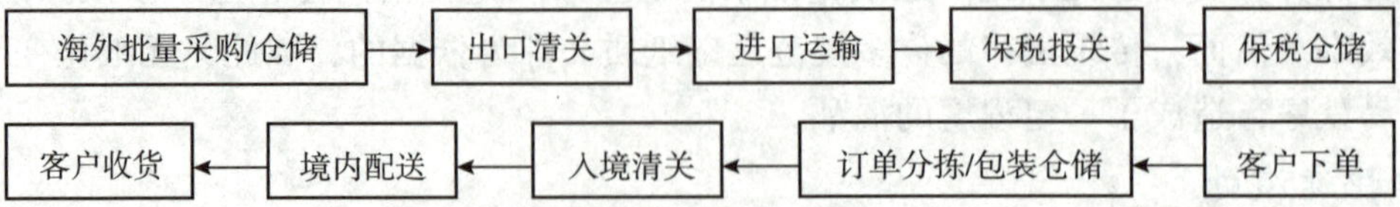


图 1-2　保税进口业务流程

### （三）适用规则的差异

跨境电子商务比国内电子商务需要遵循的规则更多、更细、更复杂。国内电子商务只

需要遵循一般的电子商务规则，而跨境电子商务则要以国际通用的系列贸易协定或双边贸易协定为基础。跨境电子商务从业者需要具备很强的政策、规则敏感性，要及时了解国际贸易体系、规则、进出口管制、关税细则、政策的变化，尤其需要了解买家所在国家或地区的商业政策、法律法规等。

在跨境电子商务交易过程中，我国的一些跨境电子商务卖家由于知识产权保护意识薄弱、对欧美知识产权保护制度不熟悉以及不愿意投入法律咨询方面的成本等，常常被欧美企业起诉，知识产权纠纷案件较多，后续的司法程序烦琐，赔偿问题麻烦，从而给自身带来了较大的交易风险。

**知识拓展**

**自由贸易协定**

自由贸易协定（free trade agreement，FTA）是指两个或两个以上的国家或地区缔结的具有法律约束力的契约，目的在于促进经济一体化，其目标之一是消除贸易壁垒，允许产品与服务在签署自由贸易协定的国家或地区之间自由流动。这里所指的贸易壁垒可能是关税，也可能是繁杂的贸易规则等。自由贸易协定为我国与他国开展国际贸易合作提供了一个广阔的空间，为我国对外贸易投资关系的发展发挥了重要的推动作用。

## 三、跨境电子商务基本流程

跨境电子商务简单来说就是商家通过跨境电子商务平台交易，将商品通过国际物流销往全球并完成支付结算的一种国际商业活动，基本流程如图 1-3 所示。

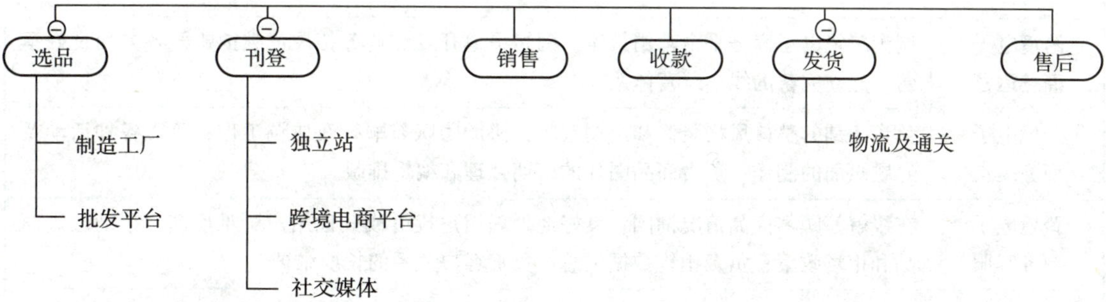


图 1-3　跨境电子商务商业活动基本流程

### 1. 选品

选品即选择销售的商品，无论是制造工厂还是批发平台，选品是跨境电子商务运营中一个很重要的环节。选对了商品至少有 50%成功的可能性，而选错了商品则一定会失败。

### 2. 刊登

刊登是指把商品发布在独立站、跨境电子商务平台或社交媒体上。其中，独立站是指基于软件运营服务（software-as-a-service，SaaS）技术平台建立的拥有独立域名，内容、数据、权益私有，具备独立经营主权和经营主体责任，由社会化云计算能力支撑，并可以自主、自由对接第三方软件工具、宣传推广媒体与渠道的新型官网（网站）。

3. 销售

销售是跨境电子商务基本流程的重要环节。跨境电子商务企业应运用基本的计算机操作和电子商务销售技能，主动开发新客户，不断提升业绩，完成基本的业绩指标。

4. 收款

跨境电子商务交易具有订单频率高、单个订单金额较低的特点。因此，在 B2C 跨境电子商务交易中，卖家通常通过线上渠道收款，最常用的收款方式包括信用卡支付、网络银行支付和使用第三方支付工具等。

5. 发货

跨境电子商务在选择物流时，可以根据商品的多少和贵重程度，选择既经济实惠，又对买家比较友好的物流。当前主要的发货方式有三种：国内发货、海外仓储发货、分销代发。

6. 售后

跨境电子商务平台的售后直接关系客户体验。通常情况下，售后处理的问题主要有修改地址、取消订单、咨询物流等。

## 四、跨境电子商务工作岗位

### （一）相关工作岗位

根据目前跨境电子商务企业对人才的需求，以及对工作要求进行提炼，得出了跨境电子商务五类岗位及工作内容，如表 1-1 所示。

表 1-1 跨境电子商务岗位及工作内容

| 岗位 | 工作内容 |
| --- | --- |
| 跨境电子商务运营 | 制定跨境电子商务平台营销策略；网络渠道开发和业务拓展；维护账号各方面良好运营；建立完善的线上运营体系 |
| 跨境电子商务美工 | 负责店铺的整体风格装修和定期改版；协助团队兼顾行政协调工作；负责各种活动及专题页面的制作；负责商品图片的后期处理和编辑排版 |
| 跨境电子商务客服 | 在线解答顾客商品情况询问；良好地处理用户投诉或其他用户疑难反馈；帮助改进商品和市场政策；负责销售数据汇总；负责客户关系的长期维护 |
| 跨境电子商务销售 | 搜集市场信息；积极推广公司品和商品；反馈客户需求；善于从用户的视角，不断适应用户的浏览习惯和点击需求，提高点击率和优化店铺设计 |
| 跨境物流管理 | 主要负责海运、空运进出口的相关事宜；制作海运、空运单证及其他相关文件 |

### （二）跨境电子商务典型岗位技能和素质要求

跨境电子商务典型岗位的工作内容不同，跨境电子商务五类岗位需要的技能和素质也有所不同，具体内容如下。

1. 跨境电子商务运营岗位

跨境电子商务运营岗位需要具备外语能力、活动策划能力、管理运营团队能力三种能力。

跨境经营者需要做到：熟悉跨境电子商务平台的平台活动，如利用阿里巴巴全球速卖通的限时限量、全店打折、满立减等活动来引流、促销；懂得通过客户数据分析，对客户进行有效果的持续开发，最终实现持续的客户采购；学习联盟营销等引流方式，还应该注重 TikTok、Facebook 和 Ins 等海外社交媒体工具；通过 Google 等主流搜索引擎推广。好的跨境电子商务运营者还会运用自己的资源策划一些类似事件营销的广告推广，更深层次的运营推广还包括视频营销和外媒广告等。

#### 2. 跨境电子商务美工岗位

跨境电子商务美工岗位需要具备外语能力、审美能力等，除了熟练使用 Photoshop 等工具，设计方案的延展执行设计能力、良好的创新思维和理解能力也很重要。

#### 3. 跨境电子商务客服岗位

跨境电子商务客服岗位需要具备外语能力、沟通和谈判能力以及表达能力。

#### 4. 跨境电子商务销售岗位

跨境电子商务销售岗位需要具备外语能力、谈判能力、数据整理和分析能力等，其中谈判能力最重要。另外，敏锐的行业分析能力、沟通能力、问题解决能力、掌握最新跨境电子商务趋势的能力也很重要。

#### 5. 跨境物流管理岗位

目前跨境电子商务最大的“痛点”就是跨境物流环节，如何确保货物从国内发到国外消费者手里，并使消费者拥有良好的客户体验是一个跨境电子商务企业能否成功的关键。目前跨境电子商务对于跨境物流的理解和熟悉程度较浅。好的跨境电子商务人才应熟悉国内主流跨境物流渠道，包括各种小包、大包运输，甚至海洋运输拼柜等渠道。

海外仓是跨境电子商务未来发展的主流模式。有一定实力的跨境电子商务企业一定要参与跨境电子商务海外仓计划。成熟的跨境电子商务运营者，应对海外仓有一定的了解，熟悉国内的海外仓渠道，并正确选择合作的海外仓。

## 五、我国跨境电子商务行业的发展趋势

在经济金融全球化的发展趋势下，当今社会也同时进入了“互联网+商业”和“技术+商业”时代，跨境电子商务是在经济全球化背景下互联网等技术与国际贸易相互融合的产物。世易时移，跨境电子商务领域的从业者要与时俱进、更新认知，把握跨境电子商务行业发展呈现出的以下八大趋势。

### （一）跨境电子商务仍将保持快速发展的势头

市场体量越大，则越容易为产品生产者提供变现的客观环境。庞大的市场有利于孕育出大型企业，也有利于提高区域与国家的竞争力。一方面，随着信息、产品、服务、资本、人口的自由流动越来越通畅，更有广度和深度的全球市场的形成已成为必然，利用国内外不同资源、不同市场，进行国际化与全球化的经营是企业追求卓越发展的必然选择，因此，跨境电子商务发展势头仍将十分强劲；另一方面，随着互联网等技术的发展，产品在国内市场上的价格越来越透明，产品的买卖价差也越来越小，导致在国内市场上进行产

品买卖的企业难以获得满意的收益，因此，更多的生产商、贸易商为了避开国内市场的激烈竞争，通过跨境电子商务模式在全球范围内拓展市场成为其持续盈利的可行性选择。这样的结果是跨境电子商务卖家数量大幅增加，产品品类更加丰富，销售市场也更加多元化，跨境电子商务行业仍将继续保持快速发展的势头。

### （二）跨境电子商务对产品品质要求越来越高

要想在买卖双方相互信任的基础上构建整个跨境电子商务信任的基石，需要做到两点。其一，鼓励生产企业发挥工匠精神，提供优质产品。跨境电子商务的长期持续健康发展必须以生产者提供的高质量与高品质产品为前提。产品的质量、品质决定了生产者能否将其在国际市场上予以变现。其二，要进行信用体系建设，并通过打假等形式，防止产品以假乱真，破坏跨境电子商务的贸易环境，影响供需市场的健康运行。

### （三）跨境企业竞争转变到品牌出海赛道

品牌出海已经成为跨境电子商务行业发展的战略趋势，企业和政府日趋重视。在越来越多企业选择以跨境电子商务方式拓展市场导致市场竞争日趋激烈、境外消费者购买力萎缩导致购买行为趋于理性、跨境电子商务平台注重品牌产品导致严打抄袭伪劣产品的多重背景下，跨境电子商务企业核心竞争力的塑造模式也开始发生转变，即由传统的低价竞争、模仿跟风、铺货模式等转变到品牌出海这个赛道上来，跨境电子商务企业越来越致力于为消费者提供具有自主知识产权、性价比高的品牌产品。

### （四）新技术对跨境电子商务发展起显著作用

跨境电子商务是新一代互联网技术在贸易领域的具体应用，具备“互联网+外贸”相互融合的典型特征。在创新驱动的全球大环境下，大数据、云计算、智慧物流、移动支付、机器人、虚拟现实、人工智能、5G 等新设施的建设、新技术的研发和新工具的创造使跨境电子商务新业态培育和快速发展成为可能。例如，阿里巴巴就把大数据、云计算作为未来的核心战略之一。

### （五）跨境电子商务 B2B 模式仍将占据业界主流

尽管跨境电子商务 B2C 业务发展非常快，但是目前 B2B 业务仍然占据整个跨境电子商务市场的主要份额。跨境电子商务 B2C 业务存在商品的碎片化和贸易主体的碎片化特征，容易产生业务主体的通关难、退税难、结汇难的问题，也容易带来物流时间长、用户体验差，以及相应的监管难等问题。与之形成鲜明对比的是，跨境电子商务 B2B 出口业务首先可以克服 B2C 模式对境外进口商、贸易商、零售商利益的直接冲击，以及减少对对方国家税收利益的侵犯，从而减轻国外政府和相关企业对我国商品出口的排斥，还可以克服 B2C 业务碎片化特征引起的海关监管工作量大、成本高和速度慢的问题。因此，跨境电子商务行业的规范、持续、长远、健康发展将更多依赖于交易量大的 B2B 业务，跨境电子商务 B2B 模式仍是促进我国跨境电子商务行业健康发展的主流模式。

### （六）独立站建设日益受到企业重视

境外大型第三方跨境平台对跨境电子商务卖家掀起的账号封号事件，使得大量跨境电子商务卖家产生了危机感，由此建立属于自身的独立站成为跨境电子商务企业应对封号等风险的现实选择。独立站的建设和运营备受企业重视。第三方平台上的大型企业卖家可以开展“引流+供应链”双轮驱动独立站运营模式，即以引流为牵引，通过搜索引擎、社交媒体、电子邮件、短视频等多种途径，将消费者引流至独立站；以供应链建设为支撑，通过打造产品矩阵和跨境物流服务矩阵，打造集多形态产品展示、询盘交易、售后服务、支付结算等优质服务的客户友好型独立站，来提高消费流量的转化率和复购率。

### （七）跨境电子商务服务将朝综合化方向演进

服务体系的建设是影响跨境电子商务行业健康发展的核心要素。随着跨境电子商务行业的快速发展，传统外贸企业电子商务化、境内电子商务企业外贸化，以及外销型供货商也开始通过电子商务模式拓展全球市场，从而加剧了该行业跨境电子商务服务的需求与供给之间的矛盾。跨境电子商务在运行过程中涉及一系列产品及其相关服务的提供，如出口跨境电子商务行业的发展离不开各类服务机构，要将“中国制造”输送到境外市场，就需要构建由物流服务、仓储服务、通关服务、支付服务、退税服务、营销服务、信息服务、法律服务等构成的出口跨境电子商务服务体系。无论是新成立正在谋求生存的跨境电子商务企业，还是已成立正在追求成长的跨境电子商务企业，有限的人力、物力和财力决定了它们理性的选择是专注于订单获取、客户维护、店铺运营等核心业务，而将非关键环节和不擅长的服务业务外包出去，由此大量的服务外包机会得以在跨境电子商务领域产生。

跨境电子商务行业的快速发展亟须跨境电子商务服务企业向综合服务商演变，并能提供营销、通关、商检、物流、仓储、支付、融资等一站式服务。

### （八）跨境电子商务将受到更严格的政府监管

随着跨境电子商务的快速发展及其在产业全球化分工和资源全球化配置中扮演的角色越来越重要，跨境电子商务业务开展过程中的一系列安全问题也凸显出来，主要包括产品质量安全风险明显提升、交易双方通过跨境电子商务买卖违禁物品、知识产权侵权问题突出、跨境问题产品有效召回不容易落实、跨境消费者权益受损时维权难度大、偷税漏税行为造成政府税收损失、跨境资金的非法流动加大金融安全风险，以及跨境电子商务交易中遭遇的信息泄露和黑客攻击等。能否有效防控跨境电子商务领域出现的安全问题直接决定跨境电子商务行业能否持续健康发展，因此，跨境电子商务的参与主体及其交易过程都将受到来自商务部、海关总署、中国人民银行等政府部门更为严格的监管。

跨境电子商务涉及的检验检疫、海关、卫生、外汇、财税等政府管理部门须充分考虑跨境电子商务交易中展现出的主体多样性、地域广泛性、交易过程复杂性等特点，通过监管模式的完善、监管技术的创新、监管流程的优化等，加强对跨境电子商务交易全过程的监管，进而推动跨境电子商务交易安全体系的建设。

## 第二节　跨境电子商务平台分类

根据政府数据及第三方数据，当前我国跨境电子商务以出口交易为主。随着我国跨境电子商务市场的快速发展、用户跨境消费习惯的逐渐养成，以及跨境电子商务企业在产品品类、质量和服务等多方面的提升和完善，我国跨境电子商务市场的自身竞争力会大幅度提升，进出口交易比例也会逐渐趋于平衡。因此，在从事跨境电子商务之前，了解跨境电子商务的分类、区分主流跨境电子商务模式的差异就显得十分必要。跨境电子商务的类别名目繁多，可以从多种角度进行分类。主要根据跨境电子商务模式对跨境电子商务进行分类，即运营方式下的跨境电子商务模式和交易主体下的跨境电子商务模式。

## 一、按运营方式分类

通常情况下，新手卖家在进行跨境电子商务运营之前，需要根据自身的特点，考虑是选择已经成熟的第三方开放平台，还是建立自己的跨境电子商务自营网站。根据运营方式的不同，跨境电子商务通常可以分为平台型和自营型。但是随着跨境电子商务的发展逐渐成熟，自营型跨境电子商务逐渐转变为“跨境自营+招商”模式。此外，随着社交媒体的发展日益流行和成熟，一种新兴的跨境电子商务模式——社交网络营销（social network service，SNS）模式也逐渐发展起来。因此，按照平台的运营方式，可以将跨境电子商务分为跨境电子商务平台模式、“跨境自营+招商”模式及 SNS 模式三类。

### （一）跨境电子商务平台模式

跨境电子商务平台又称跨境第三方平台，即为某家企业所建立的线上商城，整合物流、支付、运营等服务资源，吸引卖家进驻并为其提供跨境电子商务交易服务的网站。跨境电子商务平台是很多生产型企业和中小型企业，尤其是小微企业跨境电子商务入门的选择。卖家在平台进行跨境电子商务交易，平台通过向卖家收取佣金及增值服务佣金进行盈利。现阶段，出口类 B2C、C2C 平台模式的主要代表企业包括 eBay、亚马逊、全球速卖通、Wish 等；我国主要的跨境 B2B 平台有阿里巴巴国际站、环球资源网、中国制造网等。

在跨境电子商务平台模式中，跨境电子商务平台引入第三方商家，提供商品服务，采用轻资产模式，收入仅靠佣金。为了帮助卖家增加成交量，提高平台的收入，跨境电子商务平台往往会制定各种规则，吸引卖家提升自己的网站和产品曝光度。因此，跨境电子商务卖家想要做好第三方平台运营，首先需要对平台的规则有所了解。

各跨境电子商务平台的运营规则虽不尽相同，但共性较大，以阿里巴巴国际站为例，其平台运营规则如下。

（1）用自然排名精准推广。最典型的做法是“标题就是关键词”，如果关键词没有同义词，那么就只设置这一个关键词。

（2）设置橱窗产品。部分产品可以用橱窗来做排名。

（3）引流。引流即通过设置“内链+SNS”来推广。

（4）适当利用信保提升排名。

（5）竞价推广，如 P4P（阿里巴巴国际站直通车）。

跨境电子商务第三方平台 SWOT 分析如表 1-2 所示。

表 1-2 跨境电子商务第三方平台 SWOT 分析

| 优势（S） | 劣势（W） |
|---|---|
| 1. 市场认可度较高<br>2. 市场占有率较高 | 1. 盈利模式单一<br>2. 市场饱和度逐渐增加<br>3. 货品保证度低<br>4. 买卖双方权益待加强 |
| **机会（O）** | **威胁（T）** |
| 1. 整体跨境电子商务市场繁荣<br>2. 国家出台了跨境电子商务利好政策<br>3. 市场进出壁垒较高 | 1. 电商市场竞争激烈<br>2. 竞争对手进入市场的模式新颖 |

## （二）“跨境自营+招商”模式

跨境自营模式，即进口商或出口商自己建设跨境电子商务销售平台（B2C 跨境自营平台居多），对其经营的产品统一进行生产采购、产品展示，最终将产品通过物流配送投放给最终的消费者（图 1-4）。跨境自营模式具有产品质量可控、品牌力强、交易信息对称、自主控制生产和销售等优势，实际解决了对外贸易的通路问题。跨境自营模式通过产品配送和供应链打通国际市场，提高企业核心竞争力，是我国跨境电子商务发展的重要方向。

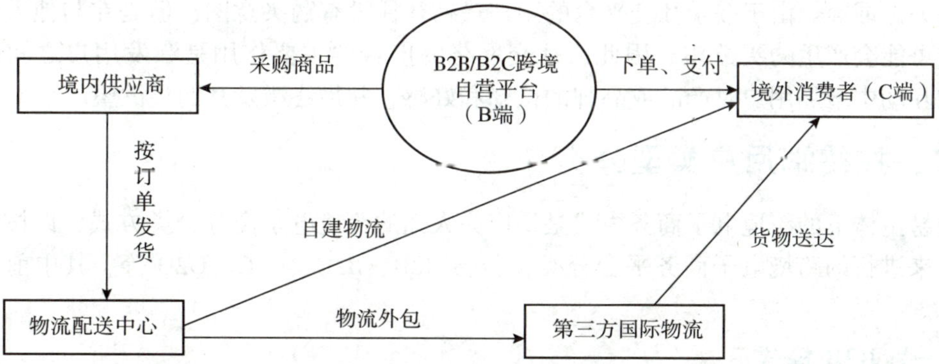


图 1-4 跨境自营平台运营图

从图 1-4 可以看出，B2C 跨境自营平台通常以独立建站的方式运营，主要将国内产品销往海外，其主要服务包括交易、物流、支付等。与其他平台不同的是，B2C 跨境自营平台店铺一般由平台独立经营、选品，质量更有保障。但此类平台前期投入巨大，对平台的综合型运营而言是一种考验。

以亚马逊为例，作为全球最大的跨境电子商务平台之一，亚马逊为了扩大在我国的营收，以 B2C 跨境自营平台模式在上海自贸区建立了仓库，以自贸模式将商品销往我国。海外电子商务平台采用在我国的保税区内自建仓库的模式，可以极大地改善跨境网购的速度和体验，因此备受期待。

常见的跨境自营平台优势比较明显：品类的专项化程度高，以深耕某一个特定领域为主；供应链模式多样，可选择代采、直采、保税和直邮；单一品类细分程度高，但前期需要较大的资金支持。此外，跨境电子商务平台从供应商处采购商品销售给客户，商品源可控，消费者有保障，一站式购物。然而也正是如此，跨境自营平台面临着毛利水平低、品类选择少、商品库存进出计量的基本单元（SKU）少的挑战。

现阶段，我国的跨境自营平台大多拥有丰富的商品资源及强大的供应链体系。因此，为了能够从产品源头进行产品质量的把控和审核，在保证采购量的同时，也能更好地维护品牌价格体系，更多有实力的跨境自营平台进行了升级，采取“自营+招商”的模式，以获得更加长远的发展。“自营+招商”模式，即一部分采取自营，一部分允许商家入驻。供应链管理能力强，则对爆款、标品采取自营模式；对非标品则可引进商家，SKU 丰富；正品真货，与品牌建立稳固关系，打通产品的流通环节，重资产模式。

考拉海购是“跨境自营+招商”模式的典型代表，在美国、德国、日本、韩国等国都设立了分公司，同时与包括好市多（COSTCO）、宝洁（P&G）在内的多家国内外知名品牌合作。

### （三）SNS 模式

外贸 SNS 平台营销通常是指出口商为了获得更加宽阔的营销渠道，在知名的社交网络上投入广告来创造需求。社交型网站由于流量较大，活跃用户较多，往往会为产品营销提供广阔的渠道。SNS 模式因其独特的优势尤其受到众多跨境电子商务卖家的青睐。

比较初级的 SNS 营销模式为，在社交网站的页面上投放简单的页面广告，或者在谷歌上购买关键词等。由于登录社交平台的用户最初往往没有购买意图，但是在与他人交流之后，很可能会产生购买欲望。因此，社交网络的广告的主要作用是激发用户之间的互动欲，在互动中增加用户对产品或品牌的认知和好感，并最终激发其购买欲望。

## 二、按终端用户类型分类

交易主体下的跨境电子商务模式是最广为人知的跨境电子商务分类方式，即按终端用户类型来进行的跨境电子商务平台分类，包含 B2B、B2C、C2C、O2O 等，其中前三类最为常见。

### （一）B2B 模式

B2B（business to business）模式是指分属不同关境的企业与企业之间通过专用的网络或互联网进行数据信息的交换、传递，并开展交易活动的商业模式。它将企业内部和企业的产品及服务，通过 B2B 网站或一定的客户端与客户紧密结合起来，通过网络的快速反应，为客户提供更好的服务，从而促进企业的业务发展。在 B2B 模式下，跨境电子商务包括信息发布、询价及订货、支付与结算、票据流转、物流配送等环节。

在 B2B 模式下，企业运用电子商务以广告和信息发布为主，成交和通关流程基本在线下完成，本质上仍属于传统贸易，被纳入海关一般贸易统计。在全球和中国跨境电子商务市场中，B2B 跨境电子商务市场均处于主导地位，规模远超其他两种模式。

我国的 B2B 跨境电子商务平台主要有阿里巴巴国际站、中国制造网、环球资源网等。

不同国家主要的 B2B 跨境电子商务平台及其特点如表 1-3 所示。

表 1-3　不同国家主要的 B2B 跨境电子商务平台及其特点

| 国家 | 平台名称 | 特点 |
| --- | --- | --- |
| 中国 | 阿里巴巴国际站 | 约 2 600 万个活跃企业采购商及近 6 000 个产品类别覆盖全球 200 多个国家和地区 |
| 美国 | 亚马逊 | 亚马逊是面向企业和机构买家的一站式商业采购站点，专注为企业长尾采购提供一站式解决方案 |
|  | GlobalSpec | 美国主流 B2B 平台之一，面向美国和亚洲市场，主要提供工业部件、机械及相关服务 |
| 俄罗斯 | Tiu. ru | 俄罗斯最大的 B2B 平台之一，主要目标市场为俄罗斯、乌克兰、乌兹别克斯坦、中国等亚欧国家 |
| 韩国 | EC21 | 拥有约 100 万名买家，每月询盘超过 60 万次，目前有 EC21 中国站、EC21 韩国站和 EC21 全球站三个站点，有八种不同的语言可供选择 |
| 沙特阿拉伯 | TradeKey | 主打亚洲市场，特别是中国、印度、巴基斯坦、马来西亚、孟加拉国等国家 |
| 印度 | IndiaMart | 印度最大的 B2B 平台，拥有超过 3 500 万名买家，400 万个供应商和 4 300 万种产品 |

综上所述，B2B 跨境电子商务市场一直处于主导地位，由于能够降低采购成本、节省周转时间等因素，B2B 模式成为众多中大型企业和工厂都十分青睐的跨境外贸模式。然而，B2B 模式也有不可忽视的缺点，值得买卖双方注意。表 1-4 为 B2B 模式的优缺点对比。

表 1-4　B2B 模式的优缺点对比

| B2B 模式的优点 | B2B 模式的缺点 |
| --- | --- |
| 降低采购成本，降低库存成本，节省周转时间，扩大市场机会 | 风险较大，竞价较多，行业巨头主导，成交较慢 |

不同的跨境电子商务平台根据自己的实际情况，在自身的发展目标与发展重点的基础上，采取了个性化的发展方式，强化有利因素，弱化不利因素。

阿里巴巴国际站作为 B2B 跨境电子商务平台的代表，是通过贸易平台向海外买家展示或推广产品与服务，从而得到贸易订单的一个电子商务网站。同时，阿里巴巴国际站也是出口企业扩大出口的重要网络平台。阿里巴巴国际站先后投入 20 亿元帮助传统外贸商家顺利转型到新赛道，通过线上展会、B 类直播、3D 看厂、短视频等方式，拉近买卖双方的距离，让贸易通过线上方式变得更简单。

### （二）B2C 模式

B2C（business to customer）模式即跨境网络零售，是指分属不同关境的企业与个人之间开展交易活动的商业模式。在此模式下，我国企业直接面对国外消费者，以销售个人消费品为主。B2C 模式为直接面向消费者销售产品和服务的商业零售模式，在物流方面主要采用航空小包、快递等方式。

近年来，B2C 跨境电子商务发展势头强劲，在整个跨境电子商务市场的占比与日俱增。然而，由于目前全球很多国家在跨境快递物流管理，以及小批量、多批次货品海关监管等方面还存在短板或制约因素，B2C 跨境电子商务的规模不大。B2C 模式的优缺点对比如表 1-5 所示。

表 1-5　B2C 模式的优缺点对比

| B2C 模式的优点 | B2C 模式的缺点 |
| --- | --- |
| 资金比较雄厚，能不断引进新商品，客户资料保密度较高，售后服务好，经营成本低 | 商品品类少，线上付款不太安全，买卖双方互动较低，商品议价空间小 |

目前使用较多的 B2C 跨境电子商务平台主要有亚马逊、全球速卖通、米兰网、大龙网、兰亭集势等。

亚马逊是最早在网络上经营电子商务的企业之一，是美国最大的电子商务企业。目前，亚马逊已经跃升为世界第二大互联网企业。亚马逊以店铺租金、产品卖出佣金、推广费用等为主要的盈利方式。然而亚马逊平台的经营成本较高，这是很多卖家望而却步的原因之一。

我国大多数中小企业都是通过 B2C 跨境电子商务平台进行对外贸易的，但如亚马逊、全球速卖通等知名 B2C 跨境电子商务平台的佣金、店租等费用偏高，导致卖家的经营成本高，不利于中小外贸企业扩大出口规模。此外，B2C 模式由于在国际贸易中也面临着如入境海关缺乏有效监管方式等制度障碍，规模受限。

### （三）C2C 模式

C2C（customer to customer）模式是指分属不同环境的个人与个人之间开展交易活动的商业模式。例如，一个消费者有一台电脑，通过互联网平台和国外的某个消费者达成了交易，进行支付结算，并采用快件、小包等行邮方式通过跨境电子商务物流将产品送达对方手中，即完成了外贸的 C2C 交易。

目前比较流行的 C2C 跨境电子商务平台主要有 eBay、亚马逊、Wish 等。外贸 C2C 模式主要指个人在平台上开设网店进行交易。

外贸 C2C 模式的优缺点相比前两种模式更加明显，具体如表 1-6 所示。

表 1-6　C2C 模式的优缺点对比

| C2C 模式的优点 | C2C 模式的缺点 |
| --- | --- |
| 买家数量极大，买手模式简单易上手，网站技术要求较低，网站建构成本较低，容易开发销售卖点 | 管理成本高，售后客户投诉量巨大，假货太多，买家容易流失，物流时效性无法控制，同质化竞争激烈，商品重复率高 |

## 本章小结

本章主要介绍了跨境电子商务的概念及特征，跨境电子商务与国内电子商务的主要区别，跨境电子商务的运营模式及分类；还介绍了我国跨境电子商务行业的发展特征；对我国跨境电子商务行业的发展趋势进行了展望。通过本章的学习，帮助读者对跨境电子商务的概念、分类、基本流程及对应的工作岗位有了一定的认知，为以后的工作实践奠定基本知识基础。

## 思考练习

### 一、填空题

1. 跨境电子商务的特征包括：________、________、________、________、________和________。

2. 跨境电子商务与国内电子商务的区别特现在：________的差异、________的差异和________的差异。

3. 按照平台的运营方式，可以将跨境电子商务分为：________、________和________三类模式。

4. 我国的 B2B 跨境电子商务平台主要有________、________和________等。

5. 目前比较流行的 C2C 跨境电子商务平台主要有________、________和________等。

### 二、简答题

1. 简述跨境电子商务的概念。

2. 试简述跨境电子商务基本流程。

3. 概述当前主流跨境电子商务平台有哪些？

4. 近年来，随着“一带一路”倡议的推进，东南亚市场是很多中国企业重点开拓的区域。随着跨境电子商务的发展，跨境电子商务平台 Lazada、Shopee 在东南亚市场发展迅猛，请比较一下这两个平台。它们各有哪些优势和劣势？

# 第二章

# 跨境电子商务市场分析

## 本章导读

随着我国成为全球第二大消费市场，“一带一路”伙伴国正在通过中国国际进口博览会、自贸试验区平台，借助对外签署的自由贸易协定、双边贸易投资合作机制，分享中国的大市场。同时，中国企业前往这些国家投资，也有力拓展了中国的发展空间，让“双循环”新发展格局更加高效地运作。对于从事跨境电子商务进口和出口交易的企业而言，了解国内市场和全球出口市场特征，更好地为客户服务，是企业提升自身市场份额的重要前提。

## 学习目标

### 知识目标

◆了解影响跨境电子商务市场的宏观因素和微观因素。

◆熟悉我国跨境电子商务境外传统市场。

◆熟悉我国跨境电子商务境外新兴市场。

### 技能目标

◆能够利用相关网站和工具进行跨境电子商务市场宏观因素分析。

◆能够根据全球出口市场特征为企业选择合适的跨境电子商务市场。

### 素质目标

◆培养学生综合素养，促进学生德智体美劳全方面的发展。

## 思政目标

◆培养学生自主探究、严谨细致的敬业精神。

◆深化对学生的爱国主义教育，树立与邻为善的大国外交理念。

案例导入

**进入跨境电子商务市场发展赛道**

跨境电子商务市场日渐蓬勃，许多传统企业纷纷出海。甲公司是一家服饰类企业，主营婚纱礼服，计划在全球速卖通平台开店，进军海外市场，继续经营婚纱礼服。甲公司了解到某金公司具有成熟的跨境电子商务运营经验并从事代运营服务，特委托某金公司代理其全球速卖通店铺的运营工作。在接下代理项目后，某金公司运营部门立即组织数据分析团队针对甲公司的目标市场进行市场数据分析。

从事跨境电子商务行业，关键要选对发展的赛道，即圈定目标市场。首先，要观察整个跨境电子商务市场内销售热度比较高的产品领域，例如，若“3C数码产品”和“服饰箱包”是跨境电子商务中火爆的产品，则应优先选择这类产品。其次，由于跨境电子商务面对的是海外市场，不同国家和地区客户的消费习惯、消费能力、消费偏好是不同的，相同的产品在不同国家，不同区域的受欢迎程度也是不一样的，因此要找到产品的最佳投放市场。如果没有对市场进行全面的了解，仅凭感觉选择行业或品类，那么成功的机会就会非常渺茫。

进入市场之前，通过全面的市场数据收集、调研，从宏观环境和微观行业发展基础入手，对行业发展趋势、行业容量、发展前景、竞争程度等进行系统分析，能够帮助企业准确把握市场行情，预估潜在风险，降低企业经营风险，获得经营效益的提升。

# 第一节　影响跨境电子商务市场的因素

由于全球各国跨境电子商务市场的规模、环境、消费偏好、受众群体等有所不同，因此跨境电子商务卖家需要根据目的地市场具体情况来调整自己的销售策略，对跨境电子商务市场的分析尤为重要。

## 一、宏观市场分析

亚马逊市场分析

在新一轮科技革命和产业变革之下，各国对数字经济、绿色低碳等领域合作意愿增强。我国将积极培育合作新增长点，深入发展“丝路电子商务”，加强数字贸易、新型基础设施等领域合作，推动构建数字合作格局。中国还将推动对外投资合作绿色发展，加强新能源、节能环保、绿色基础设施等领域的合作。随着跨境电子商务优势凸显，以及国家政策的支持，跨境电子商务将在国际贸易中扮演重要角色。中国跨境电子商务出口交易规模也预计将保持稳定增长。跨境电子商务配套政策、电子化监管模式趋于稳定，跨境电子商务公共平台作用完善。

### （一）政策因素

跨境电子商务由于涉及跨国贸易，受国际贸易环境和国家对外贸易政策的影响极大，因此，从业者在模式建设和运营中，需要密切关注全球环境和政府政策的变化，例如，多浏览一些相关网站，如图 2-1 所示，适时调整经营目标、商品和运营策略，努力降低平台和运营风险。在商品选择上和运营市场上，可采用国内、国外结合，线上、线下结合的方式，实现多维度布局，增强抗风险能力。

图 2-1　中国贸易新闻网官网

## （二）币种与汇率

人民币兑美元汇率波动大，可以参考官方发布的最新外汇牌价。对于用美元结算的跨境电子商务受到的影响有：当人民币升值时，进口成本降低，刺激进口、抑制出口，会产生缩减贸易盈余或增加贸易赤字的效果，有利于做进口的跨境电子商务；反之，当人民币贬值时，出口成本降低，刺激出口、抑制进口，会产生增加贸易盈余或缩减贸易赤字的效果，人民币贬值对于出口的跨境电子商务是利好的。例如，跨境卖家上架一件商品时，汇率为 7.0 元/美元，售出时，汇率为 7.2 元/美元，商家可以享受汇率波动带来的"差价"。

对于跨境卖家而言，汇率问题一直都是关注的重点。不同国家的货币汇率也可以实时在各大银行官网查询。

跨境电子商务在定价时要把汇率的因素考虑进来，以免后续汇率波动造成损失，还可以开设多国本地银行账户。例如，卖家主做大洋洲生意，开通大洋洲本地的离岸银行账户，采用澳币报价，收款后直接从澳币结汇成人民币，就可以完美避开美元汇率波动带来的损失。与此同时，应该更多选择使用人民币进行结算。我国已经在三十多个国家和地区设立了人民币清算行，覆盖欧洲、南北美洲、大洋洲、中东、东南亚和非洲。

整体来说，跨境卖家要提前考虑，如货物运输成本，如果不考虑进去，月底结算时会发现基本没有收益。

## （三）语言因素

近年来，随着我国信息技术和社会经济的发展，跨境电子商务的发展越来越迅速。在跨境电子商务发展的过程中，跨境电子商务外贸业务员的工作核心为跨语言网络销售，因此，外贸人员不仅需要熟悉进出口实务、网络营销知识、外语、跨境电子商务平台操作技能等，还需要提高跨文化沟通、系统分析与解决问题等方面的能力。世界各国主流语言对照表如表 2-1 所示。

表 2-1　世界各国主流语言对照表

| 国家名 | 国家英文名 | 语言 |
| --- | --- | --- |
| 中国 | China | 汉语（Chinese） |
| 澳大利亚 | Australia | 英语（English） |
| 德国 | Germany | 德语（German） |
| 俄国 | Russia | 俄语（Russian） |
| 法国 | France | 法语（French） |
| 加拿大 | Canada | 法语/英语（French/English） |
| 美国 | America | 英语（English） |
| 日本 | Japan | 日语（Japanese） |
| 新西兰 | New Zealand | 英语（English） |
| 意大利 | Italy | 意大利语（Italian） |
| 英国 | Britain | 英语（English） |
| 韩国 | Korea | 韩语（Korean） |
| 希腊 | Greece | 希腊语（Greek） |
| 西班牙 | Spain | 西班牙语（Spanish） |
| 印度 | India | 印度语/英语（Indian/English） |
| 瑞典 | Sweden | 瑞典语（Swedish） |
| 巴西 | Brazil | 英语（English） |

这就需要相关的工作人员不仅要具备相关的知识与技能，还要不断学习，这样才能够满足跨境电子商务工作的要求。跨境电子商务平台后台，卖家需要提交的各项资料基本都用英文描述，可以利用平台自带的一键转换功能，将其转换成不同国家和地区的主流语言。例如，全球速卖通就支持包括汉语、德语、韩语、日语、西班牙语、葡萄牙语、俄语、法语等，如图 2-2 所示。卖家一定要记得把这些语言设置进去，否则，就很容易丢失市场。

图 2-2 全球速卖通卖家后台语言转换设置

## （四）税收因素

就税收政策而言，目前主要涉及关税、增值税、消费税和在线销售税四个税种。

### 1. 关税

中国、美国和欧盟均有小额关税减免优惠。财政部、海关总署、税务总局《关于完善跨境电子商务零售进口税收政策的通知》规定，跨境电子商务零售进口商品享受关税优惠的单次交易限值为 5 000 元，年度交易限值为 26 000 元。美国则对一个人一天内累计交易不超过 800 美元的部分免征关税，礼品或家庭生活用品除外；欧盟规定免征关税的货物价值为单批货物不超过 150 欧元，不限人次和天数。

### 2. 增值税

中国有小额增值税优惠，欧盟自 2021 年 7 月 1 日起取消了小额增值税优惠，美国没有增值税税种。具体而言，中国针对每笔交易不高于 5 000 元人民币且每个人年度总数在 26 000 元人民币及以下的交易，按应纳税额的 70%征收增值税，其他则按照一般贸易方式征收 17%、13%或 0%不等的增值税。欧盟在 2021 年 7 月 1 日之前对进口不超过 22 欧元的商品货物价值免征增值税，但此后该优惠被取消了，所有商品均应缴纳增值税。同时，此前欧盟成员国内部对远程销售额免缴增值税的阈值为 3.5 万/10 万欧元，即如果欧盟成员国内部远程销售超过这一阈值，则需要于消费者所在成员国注册并缴纳增值税。自 2021 年 7 月 1 日起，欧盟内部商品远程销售阈值调整为 1 万欧元。

### 3. 消费税

目前跨境电子商务零售进口商品消费税主要适用于中国和欧盟。中国跨境电子商务零售进口商品适用于国务院 2008 年 11 月 10 日发布的《中华人民共和国消费税暂行条例》，进口的应税消费品的消费税由海关代征，且纳税人应当自海关填发海关进口消费税专用缴款书之日起 15 日内缴纳税款。目前，中国应税消费品主要有烟、酒及酒精、化妆品、贵重首饰及珠宝玉石、鞭炮、焰火、成品油、汽车轮胎、摩托车、小汽车、高尔夫球及球具、高档手表、游艇、木制一次性筷子、实木地板。欧盟消费税则主要涵盖酒精、酒精饮料、能源商品、电力和烟草商品。需要指出的是，欧盟成员国内部消费税税率并不统一，跨境电子商务零售进口应税消费品在不同成员国之间的税率并不相同。

#### 4. 在线销售税

目前在线销售税主要适用于美国。在线销售税主要是指美国的州和地方政府对商品及劳务按其销售价格的一定比例课征的税，通常情况由卖方代为征收。美国自 2018 年 6 月 21 日起，各州可对跨境电子商务征收在线销售税，无论该跨境电子商务注册地在美国境内还是境外都是如此。欧盟和中国没有在线销售税。

### （五）物流因素

跨境物流的投入资金远超国内物流，其商品运输时间更长。对于客户来说，越快收到货物，客户的满意度会越高。一般来说，物流递送速度越快，物流费用就越贵，高昂的物流费用，并不是每个客户都愿意支付的，而价格低廉的物流服务，运输时效会长达 2~3 个月，客户也不愿意等待太久。大多数客户还是热衷于价格适中、时效也适中的物流服务。跨境物流的运输时间过长、涉及的环节较多，在这期间，卖家无法保证货物不会出现意外，如丢包、遗弃、毁坏等。使用海外仓、边境仓的卖家需要考虑仓储总成本，控制库存需要卖家的精心运营，库存过少不能及时发货，库存过多货物滞销将产生高额仓储费用、管理费用。

### （六）互联网基础建设

全球化时代也是信息时代和网络时代，国家安全的内容和形式都发生了重大的变化，信息安全尤为重要。我国倡导建设和平、安全、开放、合作的网络空间，主张各国制定符合自身国情的互联网公共政策，共同分享、共同治理成就共同发展已日益成为全球业内的普遍共识。

## 二、微观市场分析

我国跨境电子商务企业的数量增多和消费者需求的多样化，促进跨境经营商品的种类不断丰富，目前已覆盖电子及通信商品、计算机商品及相关设备、服装服饰、家具家居、庭院园艺、宠物用品、母婴玩具、汽车配件等商品领域。不同品类的大盘增长态势不同。

随着跨境电子商务平台持续向移动端转移，企业需要打造线上多平台的数据融合，拓展运营渠道；同时，要通过不断加大商品研发投入、持续推陈出新、增加货存单位（stock keeping unit，SKU）数量等多方位满足客户的购买需求，并加强对老用户的良好服务，提升重复购买率和营销转化率。

### （一）市场需求总量

近年来，跨境电子商务的不断发展吸引了无数卖家纷纷进入这个行业，大部分出口跨境电子商务面对的是国外消费者，卖家的目的就是要把自己的商品卖出去，有销量才能谈发展，而获得销量的关键就是消费者。对于跨境电子商务企业来说，提前了解目标市场国家该类商品的市场需求情况十分必要。这些数据可以通过我国海关数据平台进行查询，操作步骤如下。

#### 1. 登录中华人民共和国海关总署官网

中华人民共和国海关总署（以下简称“海关总署”）致力于简政放权促进贸易便利。

近年来，海关总署加快“互联网+海关”建设，搭建了服务进出口企业的信息公共服务平台，收集梳理各国进出口商品准入标准、技术法规、海关监管政策措施等，为进出口企业提供便捷查询、咨询等服务，实现信息免费或低成本开放。企业可以登录海关总署官网，单击“数说海关”→“数据在线”查询，进入进出口数据查询系统，如图 2-3 所示。

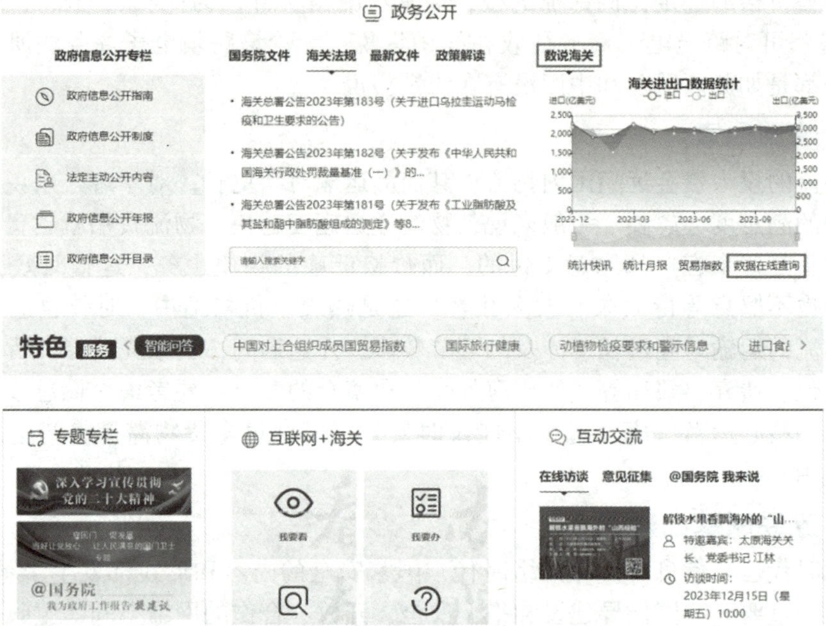


图 2-3 海关总署网站

## 2. 海关统计数据在线查询平台

在海关统计数据在线查询平台，通过选择进口、出口、币制等条件，设置好查询时间，选择需要查询的商品编码及贸易伙伴国家就可以进行海关统计数据查询，如图 2-4 所示。

图 2-4 海关统计数据在线查询平台

例如，企业需要查询 2022 年 1 月到 2 月，从中国出口到坦桑尼亚的 T 恤类商品的出口数据，结果如图 2-5 所示。

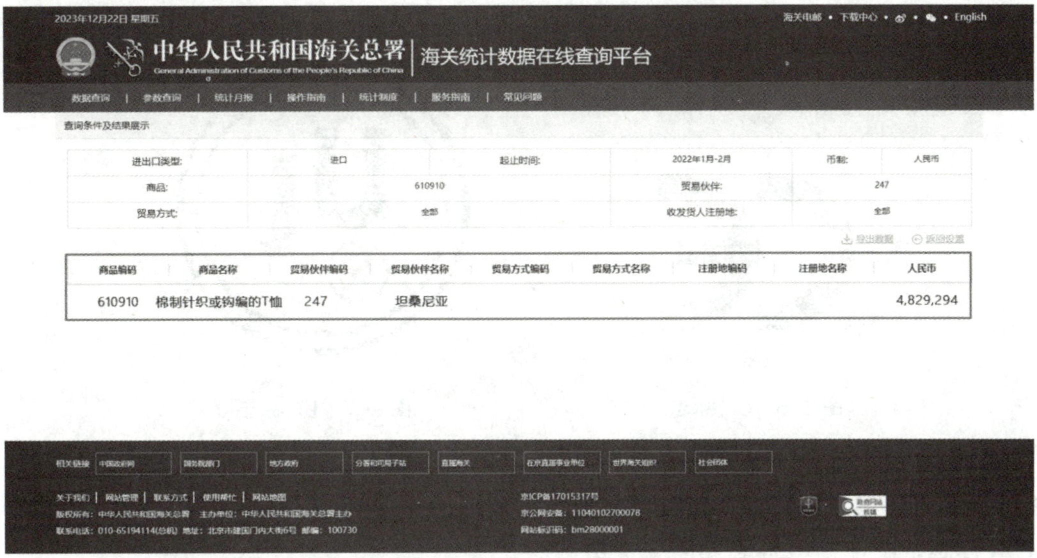


图 2-5 海关数据查询结果页面

通过以上数据，企业可以大概了解目标市场国家对该类商品的市场需求情况，如果数值较大，说明该市场对该类商品需求比较大，反之则市场需求比较小。

### （二）受众偏好

受文化、本地趋势和消费方式的差异影响，跨境卖家往往会发现，不同国家消费者的购买偏好也有所不同。

### （三）竞争情况

目前，我国跨境电子商务市场中的中小企业较多，且没有鲜明的特色，竞争者较多，同时面临国外电子商务的竞争，行业整体竞争压力较大。跨境电子商务的进出口都可以被本土电子商务商品所取代，存在一定的替代品威胁。跨境电子商务上游供应商一般为各种制造企业，由于供应商数量较多，议价能力较弱。下游消费市场主要是终端客户，因跨境电子商务企业众多，消费者的选择很多，因此有较强的议价能力。此外，跨境电子商务行业进入门槛相对较低，且市场保持稳定增长趋势，因此有较大的新进入者威胁。

### （四）市场准入情况

市场准入是指一国允许外国的货物、劳务与资本参与国内市场的程度。当今世界，以技术性贸易措施为代表的非关税措施是贸易保护的主要手段，已经成为各国货物贸易市场准入的屏障。世界上大部分国家都有各自的市场准入门槛，具体表现在以下两个方面。

#### 1. 工业品方面

欧盟《技术协调和标准新方案》明确规定，欧盟成员国有权拒绝未贴 CE 标志的相关商品进入欧盟市场，CE 标志如图 2-6 所示。

美国的 UL 标志可用以证明进口商品经过检验并符合安全标准，家用电器、医疗设备、计算机、商业设备及建筑电器等与安全相关的商品，若没有 UL 标志则难以进入美国市场，UL 标志如图 2-7 所示。

图 2-6　CE 标志

图 2-7　UL 标志

日本《电器装置和材料控制法》规定，498 种电机电子商品进入日本市场必须通过 PSE 安全认证，其中，165 种 A 类商品应取得菱形的 PSE 标志，333 种 B 类商品应取得圆形 PSE 标志，两种 PSE 标志如图 2-8 所示。

（a）　　（b）

图 2-8　PSE 标志

### 2. 食品方面

美国《食品安全现代化法案》规定，所有销往美国的食品、药品和化妆品等商品均须向美国食品药品监督管理局（food and drug administration，FDA）进行注册，水商品、饮料等食品还需取得 FSMA 认证。欧盟委员会条例 NO. 1881/2006 有最高限量规定的是硝酸盐类、毒枝菌素、重金属、三氯丙醇、二噁英类及多氯联苯、多环芳香族碳氢化合物 6 类。进入欧盟市场的食品必须遵循该最高限量规定。日本的《食品中残留农业化学品肯定列表制度》对 700 多种农业化学品含量给出了最大残留限量标准限制，对于未制定最大残留限量标准的农业化学品，其在食品中的含量不得超过“一律标准”，即 0.01 mg/kg。韩国《进口食品安全管理特别法》规定，所有生产企业需在进口申报时提前 7 天向韩国食品药品安全处进行注册登记。

# 第二节 主流跨境电子商务市场分析

跨境电子商务因其便捷化、多元化、移动化等优势促使买家养成线上消费的习惯，线上零售化趋势加速，跨境电子商务的市场渗透率持续提升。开拓更多的贸易市场是跨境电子商务企业的重中之重。

欧美是跨境电子商务的主要战场，许多中国跨境企业在欧美地区“开疆拓土”，深耕市场。此外，东南亚地区的跨境市场异军突起。随着发达国家贸易保护主义倾向以及制造业的加速回流，以及“一带一路”倡议的推进实施和区域全面经济伙伴关系协定（regional comprehensive economic partnership，RCEP）生效的带动，越来越多中国跨境电子商务企业“走出去”，开始大力开拓东南亚、中亚、中东欧等“一带一路”沿线国家和地区市场，同时扩大对非洲、拉丁美洲等新兴国家和地区的布局，东南亚、中东等新兴市场潜力巨大、机遇无限。

## 一、北美市场

北美市场作为跨境电子商务出口的重要目的地，拥有万亿级的消费市场。北美市场是中国跨境出口的主要市场，是中国跨境卖家不可忽视的“掘金地”。北美市场移动化程度高，网购频率较高，在线买家数量众多，在线消费能力极强。在北美，美国和加拿大为发达国家；其余均为发展中国家。

### （一）美国

在北美市场中，美国是最大的电子商务市场之一，经济发达，市场容量非常大。由于历史上美国拥有大量移民，语言、宗教信仰、风俗习惯多元化并存。美国是全球最大的消费品市场，互联网渗透率高，美国人热衷社交，美国买家网购频繁，对网购体验的要求较高，注重效率，喜欢高效的物流方式，崇尚科技、追求时尚、注重产品质量，重视商标和专利、环保等方面的问题。美国买家喜欢在传统节日、退税季节和换季促销时购物，集中在下半年的圣诞节、网购星期一、黑色星期五等日期是美国电子商务平台的销售旺季，卖家要充分利用节日进行营销。美国人极少储蓄，而且偏好超前消费，信用卡是美国人网购时常用的支付方式。

### （二）加拿大

加拿大地大物博，人口密集，物流和汇率相对较低，在购物方面，加拿大人注重效率，且人均生活水平较高，对网购热情高。由于地处寒带，冬季较长，加拿大人对羽绒服、保暖鞋帽、滑雪服等冬季品类产品的需求较高。再加上加拿大人大多热爱运动和休闲活动，自行车、高尔夫球、游泳、冰球等体育运动品类以及园艺工具、帐篷、垂钓等休闲品类在加拿大市场十分热销。此外，宠物用品在加拿大市场也占有一席之地。受通货膨胀影响，加拿大人消费较为理性。在支付方面，以信用卡和 PayPal 在线支付为主。

### （三）墨西哥

墨西哥是拉美人口第二大的国家，目前拥有 1.3 亿人口，互联网活跃度高，互联网用户数量多。墨西哥人均GDP高，人均消费水平高，网购消费者购买力强。墨西哥网购主力军以年轻群体为主，消费电子、鞋服、化妆品、汽配、健身用品及配件等产品在墨西哥热销，其中手机及其配件购买量持续高涨。墨西哥节假日繁多，传统节日深受重视，传统节日期间线上消费流量巨大，传统服饰较为热销。情人节、父亲节、独立日、母亲节等主要网购节日以及在墨西哥电子商务蓬勃发展下的黑色星期五、亚马逊Prime会员日等新兴购物节也深受欢迎。随着跨境电子商务发展，墨西哥移动支付和跨境支付发展迅速。墨西哥网购方式以本地支付方式为主。其中信用卡和借记卡使用较为普遍，现金和现金交付、银行转账等支付方式也在发展中。

## 二、南美市场

南美共有十几个国家和地区，大部分属于发展中国家，是跨境电子商务新兴市场。随着当地互联网普及程度及移动化程度的日益增加，加之南美人并不倾向于将资金进行储蓄，南美的跨境消费群体也在不断增长。目前南美的基础建设、支付体系正在逐步完善，但物流仍相对滞后。对中国的跨境卖家而言，机遇和挑战并存。

巴西作为南美市场的代表性国家，以葡萄牙语为官方语言。巴西是南美市场人口数量最多的国家，电子商务市场潜力巨大。在高昂的税务和跨境物流发展的影响下，巴西跨境网购需求激增。“足球王国”巴西，女性买家为主要网购消费群体，东南部为网购主力军。人们追求时尚，喜爱色彩冲击力较强的商品，运动品类、3C电子、旅行用品、家居产品、时尚服饰以及美妆等品类较为热销。巴西人注重产品的耐用性和售后服务，喜欢包邮产品，重视传统节日，卖家可以利用节日开展特色促销和折扣活动。在营销推广方面，巴西热衷社交媒体，喜欢在Facebook、Twitter、Whatsapp等社交平台分享产品信息和交流使用心得。巴西买家倾向于与卖家交流，卖家可在10：00—12：00、15：00—17：00等买家的活跃时间段与买家互动，通过社交媒体营销推广。在支付方式上，巴西网购支付方式以本地信用卡和网银转账为主。

## 三、俄罗斯市场

俄罗斯的人口共有1.4亿人左右，人均消费水平高。俄罗斯互联网渗透率高，互联网用户多，网购频繁。俄罗斯网购买家群体年轻化，网购年龄集中在25~34岁，女性买家群体购买力更强，时尚品类、美妆、服鞋箱包普遍更受欢迎。由于俄罗斯轻、重工业比例失调，服装、鞋子、电子产品、配饰等日常消费品较为热销。俄罗斯季节温差大，冬季寒冷，围巾、手套、帽子等季节性保暖用品热销。此外，俄罗斯人热爱运动和海滩度假，运动及度假用品在俄罗斯也较为热销。此外，由于俄罗斯人热衷送礼，鲜花类、礼品类在每年的情人节、圣诞节、新年等重要节日引发热销狂潮。俄罗斯买家注重高性价比，单笔订单金额普遍不超过30美元，市场客单价低。

俄罗斯网购在线支付以电子钱包、网银转账、银行转账为主。

电子钱包：QIWI Wallet，Webmoney，Yandex. Money等。

网银转账：Sberbank. ru，Alfa Bank，Promsvyaz Bank等。

银行转账：RussianPost Bank，Russian Standard Bank，Russia Bank Transfer等。

俄罗斯跨境市场潜力巨大。目前中国与俄罗斯已经建立起了全面战略协作伙伴关系，这为中国跨境卖家开拓俄罗斯跨境市场带来了先机。

## 四、欧洲市场

欧洲电子商务市场用户超5亿，移动电话渗透率高，是中国卖家在海外的第二大目标市场。欧洲相对发达的地区，线下商业、服务业成本较高，特别是人力成本较高，这为跨境电子商务提供了价格优势。欧洲成熟的跨境电子商务市场主要有英国、法国、德国、意大利等国家。

### （一）英国

英国是世界上主要的贸易国家之一，也是世界金融中心，是西欧五万亿美元经济体的核心。英国是电子商务渗透率最高的市场之一，互联网渗透率和电子商务渗透率在世界位列前茅，跨境电子商务市场的潜力巨大。英国买家网购频率高，网购消费能力强，其中25~34岁是网购消费主力军。英国注重礼仪和节日，买家注重网购体验，追求产品的质量和实用主义，从商品的外观到品质、交货、物流等服务体验细节问题要求较高。服饰、体育用品、家居用品、玩具、旅游和度假产品在英国十分热销。在线支付主要有信用卡和借记卡、PayPal在线支付工具。

### （二）法国

法国网购消费群体主要集中在25~40岁，女性买家多于男性买家，网购的目的性较强，一般会在网站上直接搜索自己想要的产品。3C、服装、美容类等产品较为热销。由于法国旅游业很发达，旅游、文化和服务有关产品也较受欢迎。在法国，银行卡支付是主流的在线支付方式，PayPal是除银行卡支付以外的第二大支付方式。

### （三）德国

德国是欧洲最大的市场之一，德国人的消费观念相对理性，基本上不会冲动消费，购买奢侈品的人较少。相对于外在的追求，他们更注重的是生活的品质。德国人在追求高品质产品的同时，也很重视购物安全，注重产品的质量与品牌的可靠性，希望卖家能提供来自第三方的产品认证。德国的退货率高达50%。根据德国的法律规定，网购时买家可以将没有开封的产品在14天内退回。因此德国人通常会购入多个颜色或者尺码的产品，在试用过后将不满意的那部分退掉。此外，德国人很看重节日，每当重大节日时都会跟朋友互赠礼物，借此联络和增强感情。德国大部分网购买家倾向于先下单后付款，部分网购买家习惯使用MasterCard、Visa和American Express等信用卡方式支付。

### （四）意大利

意大利国土面积30万平方千米，人口众多，达6 000万人，网购活跃主力军年龄主要集中在18~44岁，同时老年网购买家数量也在逐渐上升。意大利网购时间段主要分布在21：00—23：00，宠物产品、电子产品、家庭用品、保健品和医药品、家居和花园DIY产品、化妆品、服装品类在意大利较受欢迎。意大利网购支付方式以预付卡、信用卡、货到付款、银行转账为主，其中预付卡是最常用的支付方式。

## 五、澳洲市场

澳大利亚地广人稀，现有人口只有 2 500 万人，但人均收入高，是仅次于瑞士的全球第二富裕国家，互联网渗透率高，移动设备普及率高，线上购物比例高达 72%，网购买家追求愉悦感受。时尚、家具用品和汽车零部件较受欢迎。澳大利亚当地居民大多住在独栋别墅，所以家用安防摄像头等监控类产品还是很有市场的。扫地机器人、香薰机、面包机这些家用小电器也是居家必备商品。澳大利亚位于南半球，和中国的季节相反。卖家们可以用低价产品到澳大利亚进行换季销售，换取更高的销售利润。

## 六、东亚市场

在东亚地区，部分国家的跨境电子商务市场发展更具潜力，也更加迅速。对于中国卖家来说，邻近的跨境电子商务市场主要有日本和韩国市场。

### （一）日本

日本经济实力雄厚，是全球第四大电子商务市场。日本人口数量为 1.3 亿人左右，人口老龄化严重，互联网普及率高，网络消费意愿非常强，购买力强、退货率低、复购率高，日本买家可接受跨境网购。日本买家不喜奢侈，审美低调，推崇断舍离，偏爱简约、朴素、休闲、环保的产品，色彩上也喜好白、灰、黑等低调的中性色。日本买家追求高质量高质感，从功能、材质到外观设计都能达到高水准的产品。书籍、影音、生活家电、3C 产品、外设、生活杂货、家具、室内装饰等品类在日本电子商务交易中占比较高。由于日本距离中国很近，大大减少了卖家的物流成本，且日本与中国同处亚洲，其生活习惯、节日庆祝、选品偏好与卖家们都有诸多类似之处，随着第四次区域全面经济伙伴协定领导人会议（RPEC）的生效，我国和日本的贸易往来越发密切，从中国出口日本的服装、家居、电子产品以及美妆产品都极受欢迎。在支付方式方面，日本网购支付方式以信用卡和网银支付为主。

### （二）韩国

作为世界第五大市场，韩国电子商务十分发达，互联网用户比例高，互联网用户活跃，交易频繁，互联网电子商务网购交易额高。韩国跨境主要品类包括服饰鞋帽类、数码家电类、季节家电类、户外运动类、3C 电子类、清洁家电类、宠物用品类和家居装饰类。韩国人注重形象，偏爱化妆品、服装和时尚品牌类，其中女性是跨境网购消费的主要群体，女性服装、美妆、饰品等较为热销。韩国人喜欢方式特别的促销和折扣，积分卡、回馈卡和 VIP 会员卡在韩国很受欢迎，而且更偏爱快捷方便的产品和服务，青睐提供送货上门、当日送达的服务。韩国网购支付方式以韩国国内银行为主，Visa 卡和 MasterCard 卡用得较少。

## 七、东南亚市场

东南亚市场全球互联网经济发展增长迅速，是东南亚增长最快的区域之一，拥有大量的人口福利，买家对电子商务的需求持续增长，印度尼西亚、马来西亚、菲律宾、新加坡、泰国和越南等国家的互联网用户总数不断增加。东南亚的互联网买家大部分都是基于移动端，且东南亚市场拥有全球数量最多的年轻用户，TikTok，Youtube，WhatsApp，Facebook，Instagram，Twitter 等社交媒体都拥有大量忠实用户。凭借人口红利、高速的经济发展，以及良好的互联网覆盖率和高速增长的数字经济规模，东南亚市场的潜力无限。

### （一）新加坡

新加坡是东南亚地区的金融中心，经济发展水平较高，互联网普及率高，城市化率高，电子商务基础设施完善，支付及物流体系也相对健全，是东南亚地区最喜欢网购的国家。除此之外，新加坡国家面积小，人口相对来说也比较少，通用语言是英语，消费群体主要集中在 25~45 岁，大家热衷于购买服饰、鞋帽、娱乐、美容个护、电子设备等产品，更趋向选购非本土的产品，孕婴用品在新加坡电子商务销售市场具备增长爆发力。网购支付方式以信用卡（Visa）或借记卡、电子钱包、银行转账为主，新加坡买家热衷银行卡支付。

### （二）马来西亚

马来西亚作为东南亚地区最关键的国际金融中心和进出口贸易转运站，人口较少，经济较发达，消费能力强，拥有超高的互联网覆盖率，是东南亚地区相对完善的电子商务销售市场。马来西亚人均 GDP 较高，电子商务交易额高。参与跨境网购的买家倾向于选择中国产品。马来西亚人对价格比较敏感，建议卖家多设置一些促销活动。腕表、箱包、服装、户外装备、家居饰品、美容护肤品等都拥有较高的关注度。由于马来西亚位于赤道附近，气温较高，防晒用品深受当地人喜欢。马来西亚网购支付方式以银行转账 App、银行卡支付、电子钱包、在线支付平台为主，其中银行转账 App 是马来西亚目前最受欢迎的网购支付方式。

### （三）印度尼西亚

印度尼西亚是东南亚第一大经济体，跨境电子商务市场潜力巨大。印度尼西亚是世界上穆斯林人口最多的国家，卖家在开发产品时需要特别注意宗教信仰禁忌。印度尼西亚节日众多，买家喜欢购买促销和低价产品，喜欢在社交媒体上买东西，偏向在工作日网购。手表配饰、个护美妆、服装及配饰、电子类产品、母婴类产品、照明类产品、家用电器类产品在印度尼西亚较受欢迎。在印度尼西亚，网购支付方式以本地银行卡、银行转账、电子钱包为主，其中银行卡是印度尼西亚人网购的首选支付方式。

### （四）菲律宾

在东南亚国家的电子商务销售市场中，菲律宾发展潜力巨大，互联网消费主要群体集中在 26~35 岁，多以年轻人为主导，女性买家多于男性买家。受菲律宾本地环境气候影响，地域温度较高，防晒隔离、美白皮肤、减肥瘦身、淡香水等品类也较为热销。菲律宾网购时主要采用银行转账 App、银行卡支付、在线支付平台 Dragonpay、电子钱包 GCash、手机银行应用 PayMaya 等支付方式。

### （五）泰国

泰国人口达 7 000 万人，官方语言为泰语和英语。泰国宗教众多，主要有佛教、伊斯兰教、天主教和印度教。泰国国土面积 51. 3 万平方千米，作为东南亚第二大经济体，电子商务市场发展迅速，位居东南亚地区前列，仅次于印度尼西亚、缅甸，是世界第二十二大电子商务市场。泰国互联网渗透率高，互联网用户人群庞大，互联网活跃用户众多，网络用户活跃时间长。家居饰品、少年儿童和婴幼儿用品、电子设备、休闲用品、健康保健类、度假旅游品类、服鞋箱包、美容护肤类货品在泰国较为畅销，手机和电子产品深受泰国买家欢迎。橙黄色和对比度高的彩虹颜色等包装色深受泰国买家欢迎。泰国节日较多，主要集中在下半年第三、四季度，“9.9”购物节、“双11”“双12”大促等大型的电子商务购物节线上流量巨大。泰国网购买家注重价格，热衷于积攒购物积分，同时注重网购便利和安全性。泰国网购线上支付方式以卡支付、银行转账、货到付款、电子钱包为主，其中银行转账是泰国最受欢迎的支付方式。在所有卡交易中，买家使用最多的是 Visa 和 MasterCard，PayPal 是目前泰国最受欢迎的电子钱包支付方式。

### （六）越南

越南紧邻中国，使用的官方语言是越南语。越南电子商务领域发展迅速，增速高达 30%~350%。越南是东南亚地区关键国家中容易被忽略的电子商务销售市场之一，电子商务领域前景广阔。越南买家倾向于网购，其中年轻人消费力旺盛。越南人网购偏向于高品质的服务项目和产品，注重个人外表，偏重挑选国际性和进口知名品牌，时尚品类、家居用品、3C 电子类、服装配饰、美妆保健、母婴品类在越南市场较受欢迎。越南流行的支付方式包括银行卡转账、现金、电子钱包交易和国际信用卡的 VTC Pay 等，越南买家同样偏爱信用卡。

## 八、南亚市场（印度）

印度人口多达 14 亿人，地理位置优越，辐射中东、东非、南亚、东南亚市场，经济增长前景良好。印度电子商务渗透率较低。新冠肺炎疫情加速了印度零售市场向电子商务平台的转变，促使印度互联网渗透率不断提升，互联网用户数量逐渐增加，跨境电子商务市场潜力巨大。中国的书籍、服饰、鞋帽、化妆品以及消费类电子产品等在印度较受欢迎，中国制造的优势发挥得淋漓尽致。印度大部分人口信仰印度教。买家在开发产品时需要注意宗教信仰禁忌。

## 九、中东市场

中东跨境市场主要覆盖阿拉伯联合酋长国、沙特阿拉伯、阿曼苏丹国、科威特、巴林和卡塔尔 6 国。中东作为全球最重要的经济体之一，以石油经济闻名世界，经济富裕，民众消费能力可观，对价格不敏感，线上购物客单价较高。加之中东的人口基数庞大，互联网普及率较高，用户跨境网购行为较为频繁，大多数买家参与过跨境消费，跨境市场广阔。由于中东气候炎热，家庭结构大，对生活家居用品和夏装需求大。网购买家以年轻消费群体为主，爱好社交，新奇、潮流和时尚类产品较为畅销。中东地区到现在都很流行现金支付，货到付款是主流。

## 十、非洲市场

非洲大陆人口增长迅速，多达 12 亿人。非洲是一个发展中国家（含欠发达国家）非常集中的大陆。随着非洲大陆经济稳步增长，互联网在非洲各国推广普及，非洲互联网用户日益增多，大部分非洲买家参与过跨境消费且不排斥在非母语外国网站购物，这为非洲国家推动跨境电子商务发展提供了机遇。非洲大陆对轻工、纺织、服装、五金、钟表、床上用品、家电和电子产品的需求较大，由于非洲基础设施和物流网络等方面的建设较为薄弱，在非洲买家网购行为中，货到付款是非常普遍的支付方式。

非洲人口众多，其中南非和尼日利亚网络零售的发展速度居于非洲的领先位置，是非洲未来的关键市场和重要的新兴市场，当地越来越多的居民都选择跨境购物。非洲市场潜力巨大。几十年以来中国同非洲国家及地区的关系密切，为中国卖家开拓非洲跨境市场带来了先机。

## 本章小结

本章主要介绍了影响跨境电子商务市场因素，以及跨境电子商务境外市场，主要包括跨境电子商务的境外传统市场和境外新兴市场，前者主要包括美国市场和欧洲市场，后者主要包括东南亚市场和中东市场，为国内卖家更好地了解这些国家和地区的消费者特性、市场规模与特征、平台环境、支付环境、物流模式和未来的发展趋势等提供了有价值的信息。通过本章的学习，帮助读者更好地了解世界市场，无论对传统外贸公司转型跨境电子商务还是对单纯的跨境电子商务公司或个人卖家来说都有重要的意义。

## 思考练习

### 一、填空题

1. 跨境电子商务就税收政策而言，目前主要涉及________、________、________和________四种税种。
2. ________是指一国允许外国的货物、劳务与资本参与国内市场的程度。
3. 南美共有十几个国家和地区，大部分属于发展中国家，是跨境电子商务________。
4. ________是南美市场人口数量最多的国家，电子商务市场潜力巨大。

### 二、简答题

1. 影响跨境电子商务市场的宏观因素有哪些？
2. 影响跨境电子商务市场的微观因素有哪些？
3. 简述中东市场电子商务消费市场的特点并分析其优劣势。
4. 简述美国跨境电子商务市场的消费特征。

# 第三章

# 跨境电子商务平台

## 本章导读

跨境电子商务需要以平台为依托，买卖双方在平台上完成购买与售卖。根据不同的市场划分有不同的跨境电子商务平台，目前较为主流的跨境电子商务平台包括亚马逊、eBay、阿里巴巴国际站、全球速卖通、Wish、Shopee 等。每个跨境电子商务平台所面对的市场不尽相同，对卖家来说，选择合适的跨境电子商务平台非常关键。卖家一方面要分析各个跨境电子商务平台的优劣势，另一方面要分析自身的优劣势，从而明确自己的定位。

## 学习目标

### 知识目标

◆了解阿里巴巴国际站和敦煌网的特点与入驻条件。

◆掌握亚马逊、eBay、全球速卖通和 Wish 平台的特点。

◆熟悉主流跨境电子商务平台的优劣势。

### 技能目标

◆能够掌握跨境电子商务主流平台及其具体特征。

◆能够根据自身优劣势选择合适的跨境电子商务平台。

### 素质目标

◆培养学生自我学习的习惯、爱好和能力。

## 思政目标

◆培养学生踔厉奋发、勇毅前行，科技强国的信念。

◆增强服务意识，培养学生爱岗敬业的奉献精神。

案例导入

### 我国跨境电子商务平台将保持快速增长趋势

跨境电子商务是中国对外贸易的重要组成部分，呈现出蓬勃发展态势。目前，中国跨境电子商务主体超过 10 万家，其中拼多多旗下的 Temu、阿里巴巴旗下的全球速卖通、SHEIN 希音等平台，在海外市场拥有大量的消费者基础，成为推动中国跨境电子商务发展的重要力量。

随着全球消费者对于中国产品的接受度提高、中国品牌的国际影响力不断扩大以及中国制造业深度融入全球供应链，中国跨境电子商务平台有望持续在全球市场扩大影响力。尤其是在一些新兴市场和发展中国家，中国平台凭借价格优势和商品多样性，预计将赢得更大市场份额。

我国跨境电子商务平台潜力巨大，面对全球化的机遇与挑战，我国跨境电子商务平台需要不断探索和创新，以实现高质量和可持续发展。

技术创新是推动跨境电子商务平台发展的重要动力。未来，中国跨境电子商务平台应继续加强人工智能、大数据、云计算和区块链等先进技术的研发与应用，提高运营效率、优化用户体验。例如，通过大数据分析消费者行为，平台可提供更精准的个性化推荐，提升交易成功率。利用人工智能技术优化物流配送算法，可缩短配送时间、减少物流成本。技术创新还将帮助跨境电子商务平台更好地管理跨境支付、税务、关务等跨境贸易环节，降低交易风险、增强用户信任。此外，随着 5G 技术的普及，跨境电子商务平台将提供更加流畅的在线购物体验，支持更加丰富的互动式购物功能。

政府政策是影响跨境电子商务发展的重要因素。中国政府一直积极推动跨境电子商务发展，通过出台一系列政策措施，如设立跨境电子商务综合试验区、优化跨境电子商务监管政策、推进“一带一路”电子商务合作等，为跨境电子商务提供了良好的政策环境。

未来应继续出台更多支持跨境电子商务的政策，如进一步简化跨境电子商务企业的注册和运营流程、优化税收政策、增强跨境支付便利性等，以降低企业运营成本和促进跨境贸易的便利化。同时，加大对跨境电子商务平台的技术创新和品牌建设的支持，帮助企业提升国际竞争力。此外，政府还可通过建立更完善的法律法规体系来保障跨境电子商务的健康发展，比如加强知识产权保护、规范电子商务市场秩序、保护消费者权益等，以营造公平竞争的市场环境。

国际合作是促进跨境电子商务平台发展的关键。中国跨境电子商务平台未来的发展应更重视与国际市场的合作，通过参与多边或双边贸易协议，获取更多国际市场准入机会。例如，加强与共建“一带一路”国家的电子商务合作，推动数字贸易协议的签署和实施，有助于打开新的市场，并促进跨境电子商务的贸易便利化。

中国跨境电子商务平台还应积极与国际知名电子商务平台合作，通过技术交流、市场资源共享等方式，共同开拓国际市场。这不仅能帮助中国平台学习国际先进的电子商务运营经验，也有利于促进中国品牌国际化发展。

品牌建设和升级也是中国跨境电子商务平台未来发展的重点。通过提升产品质量、强化品牌形象和文化传播，中国平台可以在国际市场上树立更加积极和正面的形象，从而吸引更多海外消费者。同时，加强对外传播，积极参与国际展会和活动，提高品牌知名度和影响力，也是实现国际市场扩张的重要途径。

# 第一节　主流出口跨境电子商务 B2B 平台

目前，出口跨境电子商务 B2B 平台主要有阿里巴巴国际站、敦煌网、环球资源网、中国制造网等，本节重点介绍阿里巴巴国际站和敦煌网。

## 一、阿里巴巴国际站

阿里巴巴国际站成立于 1999 年，是阿里巴巴集团的第一个业务板块，现已成为全球领先的跨境电子商务 B2B 平台，其通过数字化技术与产品，重构跨境贸易全链路，精准匹配跨境贸易买卖双方业务需求，为其提供数字化营销、交易、金融及供应链服务。阿里巴巴国际站的商品已覆盖全球 190 多个国家和地区，超过 5 900 个产品类别和 2 600 万买家。阿里巴巴国际站数据显示，其交易规模逐年增长，平台实收交易额按美元计价同比增长 101%，订单数同比增长翻番，欧美和新兴市场成为新外贸出口持续增长的来源。

### 1. 阿里巴巴国际站的特点

（1）平台定位。早期侧重信息发布且支持线下交易，订单金额一般较大。目前定位为中小企业的网上贸易市场。

（2）客户类型。阿里巴巴国际站的客户主要是国外中小企业。阿里巴巴国际站的买家覆盖 190 多个国家和地区，与发达国家的跨境电子商务交易额位居前列，如与美国、加拿大、英国、澳大利亚的交易额稳居前四位，与墨西哥、巴西等新兴市场国家的跨境电子商务交易额不断攀升，与印度的跨境电子商务交易额常年排在前七位。

（3）产品品类。阿里巴巴国际站覆盖了食品、服装、皮革、木制品、家具、汽车、电子产品、金属制品等 40 多个行业，5 900 多个产品类别，每年有超 1 亿笔询盘订单通过该平台产生。根据阿里巴巴国际站年报显示，交易额前十的行业分别为机械、家居园艺、消费电子、美妆个护、服装、包装印刷、运动及娱乐、建筑、健康医疗和汽摩配。

（4）商业模式。阿里巴巴国际站的主要收入来源于会员费、广告收入以及针对会员推出的竞价排名、展位服务等增值服务收入。其中，出口通会员费 1 年为 2.98 万元，金品诚企会员费 1 年为 8 万元。金品诚企是经过阿里巴巴平台权威验证的优质供应商，通过线上线下结合的方式，平台会对商家的企业资质、商品资质、企业能力等全方位实力进行认证。除享有出口通会员服务外，金品诚企会员还享有专属营销权益等。

### 2. 阿里巴巴国际站的入驻条件

入驻企业须有工商注册的做实体产品的企业，生产型和贸易型企业都可以，服务型企业（如物流、检测认证、咨询服务等企业）暂不能入驻。

## 二、敦煌网

### 1. 敦煌网的特点

（1）平台定位。平台定位为在线交易小额批发平台。敦煌网打破了以往的传统电子商务的信息展示模式，实现了在线交易模式，买家订单金额一般比较小。

（2）客户类型。客户主要是中小型零售商，如线下小店店主或易贝网店店主等。

（3）产品品类。敦煌网将各行业产品划分为 14 个经营品类，如 3C 数码、婚纱礼服、时尚百货、母婴玩具、健康美容与假发等。

（4）商业模式。为了全面优化平台结构、提高服务质量和激励卖家成长，目前，所有新注册的卖家账号均需缴纳平台使用费。平台使用费收取分为标准档与增值档（新卖家首次充值）。标准档分为半年缴纳、年度缴纳，具体收费标准：半年为 698 元，年度为 1 099 元。增值档分为季度缴纳、半年缴纳、年度缴纳，具体收费标准：季度为 639 元，半年为 898 元，年度为 1 999 元。同时，敦煌网实行"阶梯佣金"政策，不同类目的佣金率也不一样，具体规则如表 3-1 所示。另外，卖家投放商品自动广告、定向推广等，敦煌网会收取相应的营销推广费用。

表 3-1　敦煌网佣金率

| 单笔订单金额 | 平台佣金率 |
| --- | --- |
| < $300 | 12.5%~21.5% |
| [$300，$1 000] | 4.0%~8.0% |
| ≥ $1 000 | 0.15%~3.5% |

### 2. 敦煌网的入驻条件

注册人仅限年龄在 18~70 周岁的中国企业或个人。敦煌网卖家账户分为个体工商户卖家和企业卖家，个体工商户卖家的账户持有人为注册人本人，注册账户时提交的相关资料包括本人身份证号码、电子邮箱、手机号码等；企业卖家的账户所有人为所注册的公司，注册账户时要提交的相关资料包括注册人姓名、身份证号码、公司名称等。使用同一身份信息注册的个体工商户卖家账户数量仅限 1 个，使用同一营业执照注册的企业卖家账户数量不得超过 10 个。

## 第二节　主流出口跨境电子商务 B2C 平台

目前，出口跨境电子商务 B2C 平台主要有亚马逊、易贝、全球速卖通、Wish、Shopee、Lazada、Cdiscount 等，本节重点介绍前四个主流平台。

北美跨境电子商务平台

## 一、亚马逊

### （一）亚马逊平台概述

亚马逊成立于 1995 年，原名 Cadabra，性质是网络书店，后以孕育最多种生物的亚马逊河重新命名为 Amazon，总部设在美国西雅图。2001 年亚马逊从自营模式开始开放给第三方卖家入驻。2012 年，亚马逊看中中国强大的供应链优势，为进一步丰富平台产品，开始向中国卖家开放入驻，中国卖家由此开始在海外开疆拓土。根据亚马逊平台官方数据，目前亚马逊平台开放给中国卖家的海外站点 18 个，全球活跃用户 3 亿多，会员用户近 2 亿，会员体系里更有数百万企业机构买家。

当前亚马逊平台上，自营和第三方卖家并存的销售模式为买家提供了数百万种独特的全新、翻新及二手商品，图书、影视、音乐和游戏、数码下载、电子和电脑、家居园艺用品、玩具、婴幼儿用品、食品、服饰、鞋类和珠宝、健康和个人护理用品、体育及户外用品、汽车及工业产品等。

因商品丰富、发货时效快、客户服务好等特点，买家对亚马逊平台的黏性很高。会员的续订率、超高的复购率和买家的消费总额，推动着平台快速发展。现亚马逊在北美、欧洲、亚洲等多个国家和地区都是排名第一的网上购物平台，而且每年还保持着高速的增长（图 3-1）。

图 3-1　亚马逊平台页面

目前，亚马逊已面向中国卖家开放美国、加拿大、墨西哥、英国、法国、德国、意大利、西班牙、荷兰、瑞典、波兰、比利时、日本、新加坡、澳大利亚、印度、阿联酋、沙特阿拉伯等多个海外站点，吸引数十万中国卖家入驻。

## （二）亚马逊平台的特点

### 1. 优势品类

每个平台都有自己的优势类目，据统计，亚马逊销售量比较靠前的一级类目是服饰、鞋和珠宝、家居厨房用品、户外运动用品等。

### 2. 面向中等收入人群，利润较高

亚马逊面向的客户群体主要是北美、欧洲等地的消费能力强、价格敏感度低的中高端消费人群。亚马逊良好的口碑使得其产品定价可以适当提高，从而获得可观的利润。全球跨境电子商务平台中，全球速卖通平均客单价为 10 美元，易贝和 Wish 平均客单价为 12 美元，而亚马逊平均客单价为 17 美元。

### 3. 提供 FBA 服务

亚马逊物流（fulfillment by amazon，FBA）服务是指卖家把产品直接送到亚马逊仓库

中，客户下订单，由亚马逊提供包括仓储、分拣打包、派送、收款、客服以及退货售后的一条龙式物流服务。卖家使用 FBA 服务的好处主要有可享受 7×24 小时亚马逊专业客服；智能化管理，配送时效快；可提高排名和转化率、客户的信任度和销售额等。

4. 重产品和品牌，轻店铺

亚马逊强调产品和品牌而非店铺，在亚马逊上买家搜索产品不会出现店铺，而是以统一的陈列标准展现产品。决定消费者购买行为的重要因素是该产品本身的销量、评分等而不是整个店铺的综合表现。亚马逊是对单个 listing（指一个产品页面）进行标识，从而引导消费者做出购买决策的。如对子类目销量排名第一的 listing 打上 "best seller" 标志。对客户评分高、价格低、物流快的 listing 打上 "amazon's choice" 标志。这些标志是平台对于 listing 的一种认可。

5. 亚马逊独有的跟卖政策

亚马逊注重用产品来提升客户的购物体验，其表现之一就是引入了竞价体系——设定跟卖机制。跟卖就是在已有卖家创建的产品页面上其他卖家也可以卖相同的产品，这是亚马逊独有的一种快速刊登产品的方式。跟卖的逻辑是，鼓励同一个品牌的不同代理商进行价格竞争，让利消费者，以此增加亚马逊的吸引力。亚马逊认为，同样的产品，只是价格不同而已，并不需要做不同的产品详情页。跟卖只需要填写产品的价格、库存量、产品新旧程度（如全新还是二手货）、发货方式（如自发货还是 FBA 发货）等内容即可。卖家跟卖的好处是可以共享热销产品的排名和流量，跟卖操作简单快捷，是非常经济的试销方法。但是跟卖的风险在于容易侵犯其他商家的知识产权（如商标权、专利权等）。

6. 适合精细化运营模式

跨境电子商务有两种经营模式，铺货模式和精细化运营模式。在平台的蛮荒期和成长期，铺货的商家是非常受欢迎的，因为平台需要更多产品去吸引买家。铺货模式的优势是对新手来说简单、易操作，只需要每天上新、上传更多的产品，进行概率性出单即可；劣势是工作量比较大，要大量上新品，对经营人员的耐心是极大的考验，且 SKU 太多，管理也比较困难。精细化运营模式注重单品打造，追求把产品打造成爆款。精细化运营模式下选品非常重要，重点在数据分析上，上新数量比较少，对商家的数据分析能力和供应链管理能力要求比较高。

## （三）平台的搜索排名规则

在亚马逊上，买家查找产品主要有两种途径：一是在前台输入产品的关键词进行搜索，二是根据产品的类目查找产品。而买家会查找到什么产品是由亚马逊 A9 算法决定的。亚马逊基于 A9 算法会精准地对买家的产品搜索、购买等行为进行记录和分析，确保买家能尽快找到"真正想要购买的产品"，最终要达成的目的是在买家满意的前提下实现买家利益最大化。因此，卖家也须重视 A9 算法的应用。影响 A9 算法的因素有相关性、转化率和客户留存率等核心指标。

相关性指买家端的搜索结果与买家真实购买意向的一致性。在卖家端，能够与买家搜索的产品关键词匹配的内容主要有产品标题、产品描述和搜索词（search terms）等。另外，产品属性、品牌名称、技术参数等内容在一定程度上也是 A9 算法识别产品相关性的依据。

转化率是对相关性匹配结果的检验。影响转化率的因素主要包括销量、排名、买家评论的数量和星级、产品图片（尤其是主图）和价格。买家可通过上述因素判断一个产品是否符合其需求以及品质是否能够达到期望值。如果是，购买则容易达成。

客户留存率是卖家账号绩效的综合表现。影响卖家账号绩效的因素包括订单缺陷率、迟发率、店铺评分表现等。订单缺陷率是衡量卖家提供良好体验能力的主要指标，指在给定的60天时间段内存在缺陷的订单数占订单总数的百分比，如买家给了差评的订单就会被视为一个缺陷订单，卖家应维持低于1%的订单缺陷率，否则可能会导致账号停用。

迟发率是指在预计发货时间之后确认发货的订单数占订单总数的百分比。迟发率仅适用于卖家自配送订单，卖家应将迟发率维持在4%以下，否则可能会导致账号停用。

店铺评分是买家在一个店铺里真实购买过某个产品，根据自己的购物和使用体验，对卖家店铺包括产品、物流、卖家服务等做出的评价。买家给了差评的订单会计为缺陷订单，所以店铺评分的高低会影响卖家账号的安全。

### （四）平台的开店费用

亚马逊每个站点的开店费用都不一样，下面以美国站为例进行讲解。

#### 1. 月服务费

亚马逊的销售计划有两种，即个人销售计划和专业销售计划。个人销售计划的卖家是不需要缴纳月服务费的，而专业销售计划的卖家在美国站开店，月服务费是39.99美元，如果卖家注册的是北美联合账号，则只需要支付美国站的月服务费，无须再支付加拿大站和墨西哥站的月服务费。

#### 2. 销售佣金

每售出一件商品，亚马逊会按照销售价格的一定比例或一笔最低金额来收取销售佣金，两者取其高进行收费。不同品类收取的销售佣金率不同，一般在3%~45%，大多数品类为15%，比如箱包、鞋靴、太阳镜、办公用品、图书、家居园艺产品、厨具等都是15%。每件商品规定的最低销售佣金为0.3~2美元。

#### 3. 物流费用

卖家可以选择使用FBA服务或自己配送商品，这将会产生不同的物流成本。如果使用FBA服务，将会产生以下费用。

（1）配送费用。配送费用包括订单分拣、包装、运输、客服等相关劳动力成本，按件收取，具体取决于商品的类型、尺寸和包裹重量。首先要确定卖家的商品是服装还是非服装商品，然后确定商品尺寸分段，是标准尺寸还是大件，最后计算包裹重量，确定需要支付的费用。例如，尺寸为13.8 in×9 in×0.7 in（1 in≈2.54 cm），包裹重量为2.88盎司的手机外壳，配送费用为3.07美元。

（2）月度库存仓储费。亚马逊会向所有使用FBA服务的卖家收取月度库存仓储费，这些费用是根据卖家商品所需要的存储空间（立方英尺）来计算的。具体收费情况如表3-2所示。10到12月是销售旺季，由于亚马逊仓库存储空间有限，月度库存仓储费会大幅上升。

表 3-2 月度库存仓储费表

| 月份 | 非危险品商品 | | 危险品商品 | |
|---|---|---|---|---|
| 1~9 月 | 标准尺寸商品 | 大件商品 | 标准尺寸商品 | 大件商品 |
| | 每立方英尺 $0.83 | 每立方英尺 $0.53 | 每立方英尺 $0.99 | 每立方英尺 $0.78 |
| 10~12 月 | 每立方英尺 $2.40 | 每立方英尺 $1.20 | 每立方英尺 $3.63 | 每立方英尺 $2.43 |

注：1 立方米≈35.31 立方英尺。

(3) 超龄库存附加费。除月度库存仓储费外，亚马逊还会对在其运营中心存放超过 271 天的库存每月收取一次超龄库存附加费，如表 3-3 所示。

表 3-3 超龄库存附加费

| 库龄 | 库龄为 271~365 天的商品 | 库龄达到 365 天或更长时间的商品 |
|---|---|---|
| 费用构成 | 按存放的每件商品收取，费率基于商品体积 | 按存放的每件商品收取，费率基于商品体积或商品数量（以较大者为准） |
| 金额 | 每立方英尺 $1.50 | 每立方英尺 $6.90 或每件商品 $0.15（以总值较大者为准） |

(4) 移除订单费用。如果卖家需要亚马逊把仓库里的库存退还或者处理掉，那么就会产生移除订单费用。此项费用按件收取，亚马逊会根据包裹尺寸和重量收取不同的费用。例如，对于标准尺寸且重量不超过 0.5 磅的图书，每件收取 0.52 美元的移除订单费用。

(5) 退货处理费。如果卖家销售的商品由亚马逊向买家提供免费退货服务，亚马逊将会对退货的商品向卖家收取一笔退货处理费。退货处理费等于商品的总配送费。亚马逊向买家提供免费退货服务的品类有服饰、钟表、珠宝首饰、鞋靴、手提包、太阳镜和箱包等。例如，1 件衣服的配送重量为 6.1 盎司，亚马逊物流配送费用为 2.25 美元。如果买家决定退回该商品，则卖家需要支付 2.25 美元的退货处理费。

(6) 计划外服务费用。亚马逊对商品有包装和预处理要求，例如，套装商品必须在其包装上标注“package sales”（套装销售）或“This is a set，Don’t separate”（这是套装商品，请勿拆分）等。如果商品抵达运营中心时未经过适当的预处理或贴标，亚马逊将为卖家提供此项服务并按件收取费用。例如，标准尺寸的母婴用品贴标签每件收费 0.20 美元。

### 4. 营销推广费用

营销推广费用包括站内推广费用和站外推广费用。站内推广包括发优惠券、广告、参加平台活动等，站外推广包括找知名用户合作、促销（deal）网站推广等。

### 5. 退款手续费

如果卖家为已经收到付款的订单向客户退款，亚马逊将退还该订单的销售佣金，但会减去一定的退款手续费，退款手续费为 5 美元或销售佣金的 20%，以较小者为准。

### 6. 收款工具费用

卖家可以通过亚马逊官方的收款工具（亚马逊全球收款）或者第三方收款工具（Payoneer、连连支付等）进行收款，但需要支付相应的费用。

## （五）亚马逊热门站点

### 1. 亚马逊北美站

亚马逊北美站跨境市场潜力巨大，主要消费区在美国、加拿大、墨西哥，囊括了近5亿人口，覆盖各年龄层，Prime会员占比高，稳居美国、加拿大和墨西哥电子商务网站首位，其中美国站是亚马逊第一大站点，市场容量最大。美国、加拿大、墨西哥为北美联合账号，通过北美联合账户可以一键开通美国（www. amazon. com）、加拿大（www. amazon. ca）和墨西哥（www. amazon. com. mx）三大站点进行销售。

（1）亚马逊美国站

美国是亚马逊的发源地，美国亚马逊拥有最多的Prime会员和最完善的物流体系，亚马逊Prime会员数量已经超过1亿，几乎每家都会使用亚马逊平台购物，亚马逊的FBA在美国可以做到2日送达，体量大、增速稳，是新手卖家首选站点。美国站的开店竞争较大，是最多卖家注册的网站，市场容量非常大，入驻的条件较低，每年都会有非常多人入驻美国站。品类相对齐全，电子产品、服装、美容、电脑、电器、保健、汽车、家装、玩具、小家电等多元品类在亚马逊美国站热销，为中国卖家提供巨大业务潜力空间。

（2）亚马逊加拿大站

加拿大紧邻美国，买家需求和美国相似，且都为使用英语的国家。赚得动、买得起、电子商务增速稳定，是一个年轻的亚马逊站点，其发展速度是亚马逊美国站的两倍以上。家具类、居家类、雪上运动、厨房用具等上百种相关品类在亚马逊加拿大站十分热销。加拿大站市场容量有限，竞争力相对较小，需要交税，对于新手来说，会比较容易出单，利润相对较高。

（3）亚马逊墨西哥站

亚马逊墨西哥站是墨西哥本土增长迅速的电子零售商，墨西哥站汇集大量年轻买家。墨西哥站在购买力、物流、清关方面和美国站相比存在较大差距，但其电子商务增速迅猛，其发展速度甚至比亚马逊加拿大站更快。游戏办公、收纳存储、运动健身及户外类产品等相关品类在亚马逊墨西哥站十分热销。

### 2. 亚马逊欧洲站

亚马逊欧洲站（www. amazon. co. uk）是整个亚马逊的第二大市场。欧洲市场产品利润高，欧洲站开通后，一个销售账户即可面向英国、法国、德国、西班牙、意大利、瑞典、荷兰和波兰8大站点，站点覆盖人口超过3亿人，拥有数百万种丰富的选品，深受欧洲人民喜爱，在欧洲主流国家电子商务平台访问量排名中名列前茅，月访问次数超过4亿次。亚马逊欧洲站配套完善，运营成熟，市场体量和竞争激烈程度处于良性的平衡状态，对于很多亚马逊新手卖家来说欧洲站是一个不错的“试金石”。

亚马逊欧洲站热卖品类：欧洲各国经济发展水平高，有丰富的节假日，买家普遍慷慨富裕，注重品质生活，众多品类产品深受欧洲买家的喜爱，如家居、服饰、鞋类、运动用品、无线产品、电子产品、电脑及手机配件、厨房用品等。欧洲人重视环保实用，偏爱选择简单可回收可循环的产品包装材质。

### 3. 亚马逊日本站

亚马逊日本站（www. amazon. co. jp）是距离中国卖家最近的成熟站点，货运便利，物流发达，日本的人口超过1亿人，71%的日本买家在线购物。日本人均网络消费力强劲，年人均网购消费1 164多美元。对中国卖家开放较晚，竞争仍不饱和，市场机会众多。亚马逊日本站52%为中高买家人群，年收入在500万日元（约合人民币30万元）以上。亚马逊全球开店团队为卖家提供多种政策扶持，如新品限时享免费仓储、免费广告、免费移除、免费退货处理服务等优惠，且提供官方日语客服与商品详情页的日语翻译和优化服务，促销活动资源多，对卖家支持力度大。

亚马逊日本站是一个对产品质量要求很高的站点，利润空间较大，虽然亚马逊日本市场没有美国市场大，但日本买家认真又忠诚，如果认可了商家及商品，就倾向于反复购买，容易建立忠诚度且较少发起退换货，退换货成本明显低于其他站点，非常适合中国卖家经营。热卖品类：服装杂货、消费电子、厨房家电、家居家装在亚马逊日本站热销。

### 4. 亚马逊澳洲站

亚马逊澳大利亚站（www. amazon. com. au）是亚马逊在2017年启动的一个新站点，2018年已经有部分卖家入驻。作为南半球第一经济体的澳大利亚是全球人均GDP最富有的十大国家之一。人均GDP高，个人财富中位数位居世界前列。澳大利亚市场电子商务潜力巨大，买家倾向于网购，2020年澳洲电子商务体量增长率高达22. 1%，高于美日欧市场。截至2021年，亚马逊澳洲站的整体流量增长近一倍，预计还会继续保持强势的流量增长。预计到2025年澳洲电子商务市场的消费用户数量将达到2 070万人。

亚马逊在澳洲还处于推广期，当前流量较少，但也意味着流量增速可观。亚马逊澳洲站相对成熟站点来说拥有更小的同行竞争，尚未饱和的市场意味着更容易获得流量转化。目前澳大利亚站点还有相当一部分产品类目空缺，对于那些新入驻亚马逊的中小企业和传统外贸公司需要转型来说是一个不错的机会。由于澳洲人均GDP高，消费力强大，在澳洲能明显感受到买家对高单价产品的接受能力。因此，对卖家来说，澳洲站现在还属于获客成本低的高利润、低竞争蓝海站点，可作为全球布局站点。

### 5. 亚马逊印度站

印度人口14. 2亿人，是世界第一大人口大国。随着互联网发展，网民数量从2018年起每年增加一个亿，2023年达9. 07亿人，庞大人口基数是印度站（www. amazon. in）体量的基础。

用中国的营业执照注册的印度站跨境店只支持FBM自发货模式，不支持FBA模式。目前印度站FBA必须要求有印度的公司才可以，不接受中国公司。印度站很多listing都是FBA模式，所以FBM竞争力相对会弱很多。电子3C、手机配件及服饰品类是目前印度热销的品类，买家对产品价格异常敏感。亚马逊印度站目前还处于起步阶段，印度站的退货率及订单取消率高于其他成熟站点，只适合大公司做战略布局，不适合中小卖家去赚钱。

### 6. 亚马逊中东站

亚马逊中东站（www. amazon. ae）前身 Souq，是中东市场最大的电子商务网站，成立于 2005 年，总部在迪拜，是中东最大的电子商务平台。2017 年，Souq 被亚马逊收购，成为亚马逊的子公司，号称“中东亚马逊”。中东站目前开放给中国卖家的主要包括两个市场，即阿联酋和沙特。中东的互联网渗透率高，其中阿联酋互联网普及率高达 100%，位居世界第一，沙特紧随其后占 92%。这两个国家作为能源输出大国，在当地轻工业也不发达，主要依赖于进口，大部分产品也是从中国进口的。

如果卖家要做中东市场，还需了解中东市场的买家喜好，同时也要考虑中东市场的宗教文化，包括男性和女性买家的差异。以下是中东的畅销品类。

（1）电子类产品、服装、家具（当下最热门的品类）。

（2）美妆、个人护理、运动户外登具（增长率非常快的品类）。

特别注意的是，阿联酋和沙特阿拉伯站点也需要注册 VAT 税号。

### 7. 亚马逊新加坡站

亚马逊于 2019 年进入新加坡市场（www. amazon. sg），新加坡作为东南亚的金融中心和国际贸易中转站，是东南亚较为成熟的电子商务市场。新加坡作为世界上较富裕的国家之一，人均 GDP 高达 9. 41 万美元，其中人均电子商务消费金额高达 1 222. 4 美元，比世界平均水平高 126. 4%。2019 年新加坡电子商务交易规模达到 50 亿美元，而电子商务行业整体依旧呈增长趋势，2023 年已达到 86 亿美元。

新加坡具有高度的网络渗透率，新加坡站点的网购消费群体趋于年轻化，对网购市场的需求大。据 eMarketer 的数据显示，新加坡在线零售市场最热门品类分别是旅行产品、杂货家居、女装、电子产品及健康个护产品等。新加坡买家的商品需求与国内买家的相似，大部分新加坡人口是华裔，春节期间的迎新年商品在新加坡也有着巨大的购买需求。

新加坡具有更高的信用卡普及率，更加成熟的物流和运输网络。新加坡跨境市场潜力巨大。目前入驻亚马逊新加坡站点无月租费。

## 二、易贝

易贝成立于 1995 年，是全球第二大电子商务网站。其初期定位是全球网民的线上拍卖和购物网，兼有 C2C 和 B2C 交易模式。易贝在全球 200 多个国家和地区拥有超过 1. 47 亿的活跃买家。

易贝有 48 个站点。其中，美国、英国、澳大利亚、德国站点是大多数中国卖家优先选择开店的站点，这些国家消费者的购买力较强，电子商务配套的基础设施较好，人口素质较高，所以成为卖家们的首选站点。尤其在澳大利亚市场，易贝的市场份额远超亚马逊和本地的电子商务平台 Woolworths、Coles 等。

### （一）平台的特点

（1）优势品类。易贝的优势品类涉及汽配、家居及园艺、时尚、电子、商业用品和工业品等。易贝是专业的汽摩配平台，汽配类目是特别优势类目，浙江玉环、温州、宁波等地有很多卖家都在易贝上卖汽摩配产品。

（2）面向学生和年轻人等，客单价低。易贝平均客单价在 12 美元左右。

（3）易贝的物流方式主要有两种，即自发货模式和海外仓模式。货物价值、售价、利润较低的商品，适合采用自发货模式。自发货模式的物流渠道有国际商业快递、国际 EMS、国际专线快递、国际小包等。货物价值、售价、利润较高的产品，如家具、保健器材、服饰、首饰等，可以选择海外仓模式。万邑通、斑马、出口易等都是易贝官方合作的海外仓服务商。

（4）重店铺，轻产品。亚马逊的核心运营思路是“重产品，轻店铺”，而易贝恰恰相反，易贝“重店铺，轻产品”。易贝会根据卖家的历史销售记录和向买家提供的服务质量，在每个月的 20 日对卖家账号进行评估，卖家账号等级分为优秀评级卖家、合格卖家和不合格卖家。

（5）销售方式有拍卖、一口价和两者结合的方式。拍卖是易贝独特的销售方式，众所周知，并一直保留拍卖这一特殊售卖形式。拍卖，顾名思义就是通过竞拍的方式进行销售，卖家设置商品的起拍价格和在线时间，对商品进行拍卖，商品下线时出价最高的买家就是该商品的中标者，商品即可以中标价格卖出。拍卖可在短时间内快速吸引流量，在拍卖结束前的一两个小时，商品会显示在首页以方便买家抢购，所以拍卖成为易贝卖家日常运营的一部分。一口价就是以固定价格出售商品。“拍卖+一口价”方式，就是卖家在销售商品时选择拍卖方式，设置最低起拍价的同时，再根据自己对商品价值的评判设置一个满意的“保底价”，也就是一口价。

（6）账号有销售额度限制。销售额度限制是易贝为了帮助卖家在实现更好的业务成长的同时保障买家获得更优的购物体验而设计的政策。例如，对于刚入驻平台的新卖家，易贝的销售额度限制是“每月 10 件商品，总价值不超过 500 美元”，运营一段时间后，卖家可以向易贝展示其信用表现，如准时发货、提供优质客服、获取正面反馈等，以申请提高销售额度。

### （二）平台的搜索排名规则

当买家搜索产品时，卖家都希望自己的产品能展示在首页，这时就涉及易贝的搜索排名规则。最佳匹配是易贝默认的搜索产品排序标准。易贝搜索引擎的目标是为买家展示最匹配的产品，易贝会尽可能地将最相关的搜索结果展示在页面顶部，帮助买家找到真正需要的产品。影响搜索排名的主要因素有以下几个。

（1）近期的销售转化率。对于一口价的产品，销售转换率越高排名越靠前。

（2）即将下架的时间。离下架时间越近的产品排名越靠前。

（3）产品的相关性。买家搜索的关键词与卖家产品标题的相关性越强，排名越靠前。

（4）产品的价格与运费。产品的价格越低排名越靠前，免运费的产品排名更靠前。

（5）卖家的账号表现。优秀评级卖家的产品排名更靠前，不合格卖家的产品排名靠后。

（6）是否提供退换货服务。能提供优质退换货服务的产品排名更靠前。

## （三）平台的开店费用

注册易贝账号是免费的，易贝平台将卖家需要支付的费用分成两部分，包括基本费用和可选费用。

### 1. 基本费用

基本费用包含刊登费、成交费及派安盈（Payoneer）费用。

（1）刊登费。易贝卖家刊登 listing 需要缴纳一定的刊登费，不过每个月可以获得一定的免费刊登额度。当 listing 刊登数量超过了免费刊登数量，易贝会收取一定的刊登费。

（2）成交费。当卖家成功售出产品后，易贝会收取一定的成交费。成交费用按照销售总额的百分比金额加上每笔订单 0.30 美元的固定费用收取，大部分类目佣金率为 10%。如果卖家订阅了店铺，那么刊登费和成交费会有一定程度的优惠。

（3）Payoneer 费用。主要包括卖家使用 Payoneer 收款的手续费和 Payoneer 账户提现手续费。Payoneer 费用和销售额有关系，一般销售额越高，Payoneer 费用就越高。

### 2. 可选费用

可选费用主要是指店铺订阅费、功能升级费及广告费。

（1）店铺订阅费。易贝目前划分了五种店铺等级，即入门店铺、基础店铺、高级店铺、超级店铺和企业店铺，针对不同等级的店铺会收取不同的费用。该费用有月度和年度两种收费方式，而不同等级的店铺，每月可免费刊登 listing 的数量、刊登费及成交费收取的比例均不相同。店铺等级越高，免费刊登 listing 的数量就越多，且其他费用的费率越低。

易贝五种等级店铺的具体情况如表 3-4 所示。

表 3-4　易贝店铺等级分类

| 项目 | 入门店铺 | 基础店铺 | 高级店铺 | 超级店铺 | 企业店铺 |
|---|---|---|---|---|---|
| 按年订阅 | $4.95/月 | $21.95/月 | $59.95/月 | $299.95/月 | $2 999.95/月 |
| 每月一口价免费刊登数 | 250 个 | 1 000 个 | 10 000 个 | 25 000 个 | 100 000 个 |
| 每月拍卖免费刊登数（特定类目） | 250 个 | 250 个 | 500 个 | 1 000 个 | 2 500 个 |
| 一口价刊登费 | $0.3/个 | $0.25/个 | $0.10/个 | $0.05/个 | $0.05/个 |
| 拍卖刊登费 | $0.3/个 | $0.15/个 | $0.10/个 | $0.10/个 | $0.10/个 |
| 成交费率 | 0.5%～15% | 0.5%～14.6% | 0.5%～14.6% | 0.5%～14.6% | 0.5%～14.6% |

（2）功能升级费。对于易贝的刊登，有些功能如副标题、标题字体加粗、第二分类等是可以升级得到的。易贝副标题可以补充主标题的不足，添加副标题更容易吸引买家的眼球，但字符数限制在 55 个以内，并且要收费。例如，美国站点规定，标价不超过 150 美

元的商品添加副标题收取 2 美元，标价超过 150 美元的商品添加副标题收取 6 美元。

（3）广告费。是易贝内部的付费推广服务，可以提高商品曝光度，增加卖出概率。设置了 PL 的刊登，会被展示在一些特定的位置。只有通过推广活动成功卖出商品后易贝才会收取相应比例的佣金，商品只被点击而并未售出则不会被收取广告费。

## 三、全球速卖通

全球速卖通是阿里巴巴旗下的面向国际市场打造的跨境电子商务平台，被广大卖家称为“国际版淘宝”。全球速卖通于 2010 年 4 月上线，面向海外买家，通过支付宝国际账户进行担保交易，并使用国际物流渠道运输发货，是中国最大的出口跨境电子商务 B2C 平台，也是全球第三大英文在线购物网站。

全球速卖通与亚马逊、易贝不一样，不分站点，通过全球速卖通出海，卖家可以一站卖向全球 200 多个国家和地区，有机会触达海外 1.5 亿巨量用户。

全球速卖通的主要市场有俄罗斯、美国、西班牙、巴西和法国等。全球速卖通在海外市场的品牌知晓度和影响力都比较高，在消费者当中也比较受认可，如在俄罗斯其品牌知晓度达到了 98%。

### （一）平台的特点

（1）核心类目是时尚类服装、鞋包及消费电子，这些品类在很多国家的销售额中占比较高；另外，美容个护、母婴玩具等是高发展潜力的品类。

（2）面向中低端收入人群，客单价低。据统计，全球速卖通平均客单价为 10 美元左右。

（3）物流为直发模式，少量采用第三方海外仓模式。目前全球速卖通绝大部分卖家选择的都是直发模式，为了提升物流时效和降低物流成本，对于一些优质卖家的爆款和动销款产品可以针对性地选择海外仓发货，一般选择西班牙仓、美国仓和俄罗斯仓较多。

（4）重店铺，轻产品。全球速卖通重店铺、轻产品，根据卖家店铺综合表现将其分为金牌卖家、银牌卖家和普通卖家。平台对金牌卖家和部分平台邀约的银牌卖家授予“Top Brand”标志，如图 3-2 所示。“Top Brand”标志在全球速卖通的搜索页、店铺首页等地方出现，能大大提高买家对品牌的认同感，提升店铺信用度和潜在转化率。

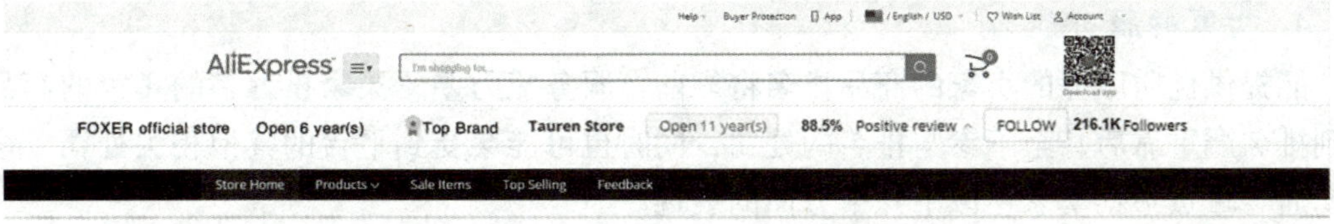


图 3-2 全球速卖通的“Top Brand”标志

（5）交易佣金率低。全球速卖通大部分类目交易佣金率为 5%或 8%，比亚马逊低。

（6）运费模板设置比较复杂。因为全球速卖通是单站点辐射 200 多个国家和地区，距离有近有远，所以运费模板设置比较复杂。卖家要考虑发往哪些国家包邮，发往哪些国家要增加运费，以及增加多少运费等。

（7）平台数据透明度高，数据功能强大。全球速卖通后台有一个生意参谋，它是阿里巴巴重金打造的首个商家统一数据平台，面向全体商家提供一站式、个性化、可定制的商务决策方案，集成了海量数据及店铺经营思路，不仅可以更好地为商家提供流量、商品、交易等店铺经营全链路的数据披露、分析、解读、预测等功能，还能更好地指导商家进行数据化运营。

### （二）平台的搜索排名规则

全球速卖通的搜索排名规则设置的目的就是要将最好的商品、服务能力最强的卖家优先推荐给买家。能带给买家好的购物体验的商品，排名就会靠前。影响商品搜索排名的因素主要有以下几个。

#### 1. 商品的信息描述质量

商品的标题、发布类目、属性、图片、详情描述对于买家快速做出购买决策来说都非常重要，卖家务必要真实、准确地填写。

#### 2. 商品与买家搜索需求的相关性

搜索引擎相关性技术涉及一套非常复杂的算法，简单地说就是在买家输入关键词与浏览类目时，判断卖家的商品与买家实际需求的相关程度，相关性越强的商品，排名越靠前。在判断相关性的时候，算法最主要是考虑商品的标题，其次会考虑发布类目、属性以及详情描述。标题的撰写是重中之重，要做到能真实准确地概括、描述商品，符合海外买家的语言习惯，没有错别字及语法错误等。另外，标题中切记避免关键词堆砌和虚假描述，比如卖家销售的商品是 iPhone 12，但为了获取更多的曝光，在标题中填写类似“iPhone 13/iPhone 14”字样的描述，算法可以监测到此类作弊商品，同时虚假的描述也会影响商品的转化率，卖家将得不偿失。

#### 3. 商品的交易转化能力

全球速卖通会综合考察一个商品曝光的次数以及最终实现了多少成交量来衡量其交易转化能力。交易转化能力强的商品代表买家需求量大，有市场竞争优势，从而会排名靠前；交易转化能力弱的商品会排名靠后，甚至没有曝光的机会，会逐步被市场淘汰。一个商品累积的成交量和好评数有助于买家快速做出购买决策，其排名会靠前。

#### 4. 卖家的服务能力

能提供优质服务的卖家的商品排名将靠前，服务能力差、买家投诉多的卖家的商品会受到排名严重靠后甚至不参与排名的处罚，同时也可能会受到平台的其他相关处罚。全球速卖通会重点考察卖家在以下几个方面的表现。

（1）卖家的服务响应能力，包括阿里旺旺以及邮件的响应能力，合理地保持阿里旺旺在线，及时答复买家的询问将有助于提升卖家在服务响应能力上的评分。

（2）订单的执行情况。卖家在买家下单后应及时发货。无货空挂、拍而不卖的行为会对买家的体验造成负面影响，同时不利于卖家所有商品的排名。

（3）订单的纠纷、退款情况。平台对纠纷少的卖家会进行鼓励，而纠纷多的卖家将会受到商品搜索排名靠后，甚至不参与排名的处罚。如遇到买家不满意，卖家应及时积极主动地与买家沟通、协商，避免纠纷产生。卖家特别要避免纠纷上升到需要平台介入处理的情况。

（4）卖家的店铺动态评分（detailed seller ratings，DSR）情况。DSR 即卖家服务评分，包含三个方面：商品描述的正确性、客户服务响应的速度、货物交付时间的合理性。它是在商品交易结束后，买家对于商品、卖家服务能力的评价，是买家满意与否的最直接的体现。平台会优先推荐 DSR 高的商品和卖家，给予更多曝光机会和推广资源，对于 DSR 低的卖家会进行大幅的排名靠后处理，甚至给予不准参与排名的处罚。

#### 5. 搜索作弊的情况

例如，以超低价商品骗取曝光，卖家发布偏离商品正常价值较大的商品，以便在默认和按价格排序时，吸引买家注意，骗取曝光。再比如将商品价格与运费倒挂，卖家以超低价格发布商品，同时调高运费价格，吸引买家注意，获取曝光。对于搜索作弊的行为，平台会进行日常的监控和处理，处理手段包括使商品的排名靠后、使商品不参与排名或者隐藏该商品，对于作弊行为严重或者屡犯的卖家，会给予店铺一段时间内整体商品排名靠后或者不参与排名的处罚，对于情形特别严重者，甚至会关闭其账号进行清退。

### （三）平台的开店费用

在全球速卖通上，卖家的开店费用主要有以下几类。

（1）保证金。保证金按店铺入驻经营大类收取，10 000~50 000 元不等，大多数类目如服装服饰、母婴玩具、箱包鞋类等保证金都是 1 万元，手机是 3 万元，真人发采取定向邀约制，保证金是 5 万元。入驻全球速卖通缴纳的保证金是可以退回的，卖家关闭店铺，店铺所有订单完成，且不存在违规违约行为，平台会在 30 天内将保证金退回至卖家的支付宝账户。卖家如果出现违规行为，平台会扣取保证金进行处罚，金额为 500~3 000 元不等，如虚假发货等一般违规扣 500 元，知识产权严重违规 2 次扣 3 000 元。如果卖家保证金为 0 元，则全店商品会被进行下架处理。此时卖家要通过支付宝账户进行补缴后才能重新上架商品。

（2）交易佣金。交易完成后平台会收取订单成交总金额（即产品金额与运费之和）5%~10%的手续费。各类目的交易佣金率不一样，大多数类目的交易佣金率，如计算机与办公产品、婚纱礼服、鞋等都是 5%，家居园艺用品、箱包、美容健康用品、手表等都是 8%，只有假发类目是 10%。

（3）商标费用。平台要求部分类目下卖家要有品牌商标才能入驻，所以卖家可以注册商标（费用为 500~1 000 元不等）或每年支付一笔授权费用以获取厂家商标授权从而达到注册要求。

（4）提现手续费。平台通过企业支付宝进行收款，若是提现人民币，则收取提现金额

3%的手续费，每笔最低收费 8 美元；若是提现美元，则每笔收取 15 美元的提现手续费，直接从提现金额中扣除。

（5）营销费用。全球速卖通主要的营销手段是直通车和联盟营销。卖家如果使用这些营销手段，需支付相应的营销费用。

## 四、Wish

Wish 于 2011 年在美国创立，是一家在纳斯达克交易所上市的科技公司。Wish 于 2013 年成功转型跨境电子商务，2014 年在上海成立了全资子公司以及中国总部。Wish 是一家专注于移动购物的跨境电子商务 B2C 平台，拥有 3 亿多移动用户，日均活跃用户有 1 000 多万，日均订单量超 200 万。Wish 主要的市场是欧美国家，以女性用户为主，目标用户年龄为 18~30 岁。

Wish 除了全品类外，还有 4 个垂直类目，即 3C 数码、母婴、美妆、家居用品。Wish 与全球速卖通一样，不分国家和站点，单站点销售全球。

### （一）Wish 平台的特点

（1）优势品类。时尚、兴趣爱好、3C 配件、家居用品、配件配饰是 Wish 上销售额最高的五大品类。

（2）面向中低端收入人群，客单价低。该消费群体更注重的是商品的使用性和价格这两个因素。平台上有很多“1+1 美元”的商品，即 1 美元的商品价格和 1 美元的运费。Wish 的平均客单价在 12 美元左右，卖家需要上传大量的 SKU。

（3）专注于移动端，移动购物高效。平台 98%的流量和 95%的订单来自移动端，复购率高达 75.5%。

（4）采用瀑布流形式展现商品。瀑布流的展现形式便于买家浏览，操作简单，买家在短时间内能获得更多信息。

（5）物流以直发模式为主，少量采用第三方海外仓模式。2015 年 6 月，Wish 与优质物流服务商合作，共同推出了 Wish 商户专属物流产品“Wish 邮”。

Wish 平台的海外仓仓储及物流服务（Fulfillment by Wish，FBW），其稳定快速的配送服务、更多的流量支持、物流延误免责等优势可帮助商户成为大卖家。

**知识拓展**

**“Wish 邮”产品介绍**

“Wish 邮”主要包括 Wish 邮-中邮小包、Wish 邮-E 邮宝、Wish 达等。Wish 邮-中邮小包是 Wish 与中国邮政合作，针对重量在 2 千克以下的轻小件物品，面向 Wish 平台卖家推出的空邮产品，产品分为平邮和挂号，运送范围覆盖全球 200 多个国家和地区。Wish 邮-E 邮宝是 Wish 与中国邮政合作的经济类速递产品，提供收寄、出口封发、进口接收和投递等实时跟踪查询信息服务，作业流程标准化，时效有保障。Wish 达是 Wish

推出的口岸直飞路向的物流产品，即时提供头程运输、口岸操作、出口交航、进口接收、实物投递等实时跟踪查询信息等服务。全程物流节点可在线实时跟踪查询，美国投送时效为9~14个自然日，加拿大投送时效为12~15个自然日，法国和瑞士投送时效为10~12个自然日。

(6) 有专业客服团队。为了减少卖家的成本，让卖家能把更多精力放在产品运营和物流服务质量提升上，Wish在全球很多地方建立了人数庞大的专业第三方客服团队来专门处理客户问题。Wish大部分的客户问题都是由Wish客服来处理的，不需要卖家设立专门客服来做这个工作。

## (二) Wish平台的推荐机制

Wish区别于其他平台，弱化了搜索功能，强调个性化推送，实现了千人千面精准推送。每个人在Wish上看到的产品都是不一样的，由此可以获得愉悦的购物体验。Wish的推送是通过标签来进行匹配的，即将用户标签和卖家标签进行匹配，如图3-3所示。平台会根据用户的兴趣特征、社会属性、自然属性，给每个用户贴上不同的标签，结合用户标签以及卖家标签进行匹配。兴趣特征包括用户的喜好、流行风格、特长，社会属性包括用户的身份职业、教育程度、消费水平、人生阶段，自然属性包括用户的性别、年龄。

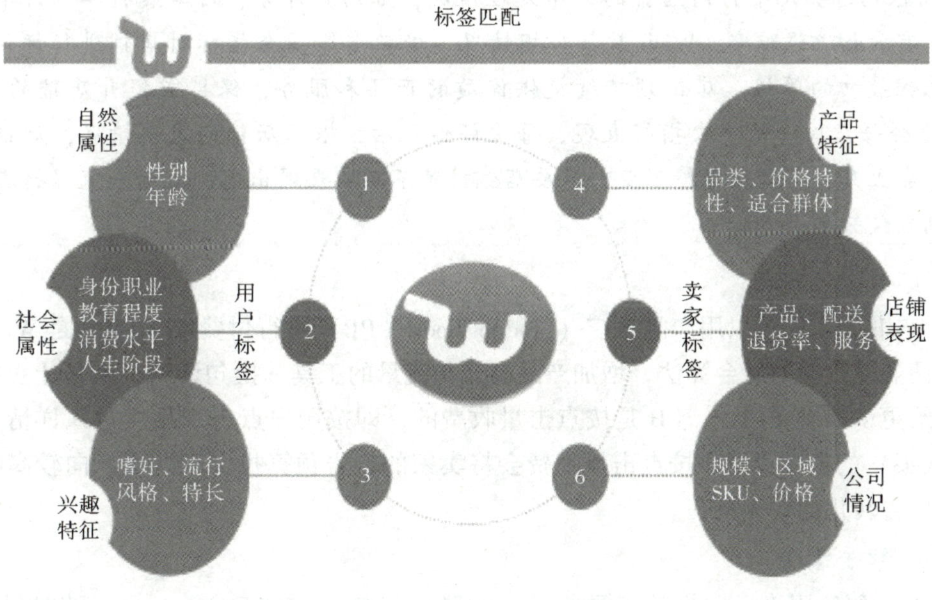


图3-3　Wish的推送机制

Wish会根据卖家的产品特征、店铺表现和公司情况给卖家贴上不同的标签。Wish推送时主要抓取产品的品类、价格、特性、适合群体等信息。影响Wish推送的主要因素有产品转化率、产品评价、产品库存、物流时效性等。订单的处理是否及时，发货是否及时，也会影响产品被推送的概率。

### （三）Wish 平台的开店费用

在 Wish 上，卖家的开店费用主要有以下几类。

#### 1. 佣金

当卖家在 Wish 上成功售出产品时，Wish 通常会收取佣金，佣金模式主要有以下两种。

第一种是阶梯式佣金模式。Wish 基于店铺等级、产品品类、产品价值等多个因素，在产生订单后计算应对卖家收取的佣金（已用于所有欧盟路向订单，且将会逐步覆盖其他地区）。

第二种是纯佣金模式，即 Wish 在产品价值（卖家设定的产品价格+卖家设定的运费）的基础上，根据每个订单的情况收取特定比率的佣金。

**知识拓展**

**Wish 店铺等级**

Wish 店铺等级分为铂金、黄金、白银、青铜。较高等级的店铺将会享受一系列的政策支持，而级别一直较低的店铺（青铜级）可能会面临不利后果（如曝光量减少）。Wish 将根据过去几个月内店铺的订单处理情况，如用户评分、订单履行率、订单履行速度、有效物流跟踪率、Wish 政策合规情况、退款率等多个指标对店铺进行评估，得出该店铺最初的等级。店铺须持续提供优质的产品和服务，保持或提升店铺的等级。Wish 也会每几周评估一次指标表现，每次评估之后，根据店铺的表现情况，店铺的级别可能会上升、下降或保持不变。只要店铺持续不断地表现出色，就会一直保持在较高的级别或使级别上升。

#### 2. 广告费

在 Wish 上卖家可以用产品推广（product boost，PB）进行付费推广。PB 是 Wish 推出的结合商业端数据与后台算法，增加产品曝光与流量的工具，换句话说，就是让卖家的产品展示给更多的潜在用户。PB 是按点击量收费的，即按用户点击产品（进入详情页了解更多/购买）的次数收费。按点击量收费会将卖家的广告预算投资于购买意向较高的用户行为，广告转化的效率更高。

#### 3. 收款手续费

Wish 主要使用第三方收款工具收款，如联动优势（UMPAY）、payeco 随时付、Payoneer、PayPal 和 PingPong 等。卖家可选择其中一种方式进行收款，但需向这些支付服务商支付相应的手续费。

## 本章小结

本章主要介绍了出口跨境电子商务B2C平台亚马逊、易贝、速卖通和Wish的概况、特点、搜索排名规则、开店费用等，对主流跨境电子商务平台有了基本的了解。通过对本章的学习，帮助读者分析主流跨境电子商务平台的优劣势，以及跨境电子商务平台的规模和影响力、跨境电子商务平台的入驻条件、经营的品类是否是所选跨境电子商务平台的优势类目和自己的目标市场与跨境电子商务平台主要买家分布是否一致、跨境电子商务平台的运营成本等因素，选择适合自己的跨境电子商务平台。

## 思考练习

### 一、填空题

1. 敦煌网的平台定位为________；客户类型主要是________。

2. 亚马逊跨境电子商务平台适合________运营模式。

3. 平台的特点：________，根据卖家店铺综合表现将其分为金牌卖家、银牌卖家和普通卖家。

4. Wish平台物流以________为主，少量采用________。

### 二、简答题

1. 简述阿里巴巴国际站的特点及平台入驻条件。

2. 亚马逊平台的特点有哪些？有哪些热门站点？

3. 速卖通与亚马逊、易贝站点有何不一样？速卖通的主要市场有哪些？

4. eBay主要受众人群是哪些？

5. eBay平台的特点有哪些？

6. 简析Wish平台的特点。

7. 近年来，随着“一带一路”倡议的推进，东南亚市场是很多中国企业重点开拓的区域。随着跨境电子商务的发展，跨境电子商务平台Lazada、Shopee在东南亚市场发展迅猛，请比较这两个平台的优势和劣势？

# 第四章

# 跨境电子商务选品

## 本章导读

“七分靠选品，三分靠运营”，相信在跨境电子商务行业中，大多数用户都听说过这句话。这是无数卖家在跨境电子商务销售实践中总结出的经验。可以说，在跨境电子商务运营过程中最重要的环节，不是库存管理、成本控制、订单处理或客户维护等，而是对产品的选择。因此，掌握选品的原则和方法、懂得在不同平台选品时分别需要注意哪些方面，就显得尤为重要，这也是本章将要学习的内容。

## 学习目标

### 知识目标

◆了解跨境电子商务选品的概念、意义与流程。

◆理解跨境电子商务选品的判定标准和基本原则。

◆掌握跨境电子商务选品方法。

◆掌握产品定价方法和定价公式。

### 技能目标

◆能结合卖家自身特点和定位，选择最合适的产品及供应商。

◆能够将市场化选品和数据化选品的相关知识应用于跨境电子商务店铺的实际运营中。

### 素质目标

◆培养学生树立诚实、守信的职业道德和正确的价值取向。

## 思政目标

◆培养科技强国的使命感，坚定必胜信念，焕发强烈的历史自觉和主动精神。

◆强化学生专业技能，树立爱岗敬业的奉献精神。

案例导入

### 手工制作猫家具的成功

如今越来越多的家庭开始养宠物，在当今快节奏的生活中，很多人开始将自己的情感寄托于软萌可爱的猫咪身上。谷歌趋势中人们关于猫家具的搜索高居不下，说明人们对养猫有着高涨的热情。

Megan 和 Mike 第一次为自己的猫做家具时，他们只是想着："哇，如果我家猫可以躺在这样的吊床里该有多棒！""如果做一个猫爬架，它会爬上去玩儿吗？"就是这样简单的想法，让他们开启了他们的手工制作猫家具业务。

他们把想象中的猫家具自己动手做了出来，并投放到市场，成立了他们自己的公司 Catastrophi Creations。越来越多的人注意到了他们家独特的猫家具。

"对我来说，我的猫就像是我的孩子。我想给他们提供一个非常酷也非常舒适的游戏场所。我们还看到其他人有着像我们一样想给猫咪提供快乐的热情。" Megan 说，"我很高兴可以帮助人们实现这些梦想。"

Catastrophi Creations 家的猫家具质量备受好评，这是因为他们没有选择大多数猫家具卖家会使用的胶合板或中密度纤维板进行批量生产，而是走高品质的路线，所以在材料方面选择了只使用实木，他们在猫家具的打造中使用大量的松木，因为它是一种较软的木材，可以让猫咪将它们的爪子嵌入其中，让它们可以在墙壁上跑来跑去。

至于吊床，他们测试了许多种不同的布料，直到找到了一个他们真正喜欢的，不仅投入销售，也应用到了给自家猫打造的吊床上面。"现在我们拥有了迄今为止最优秀的产品，我们对此感到非常满意。" Megan 这样说道。

自成立以来，Catastrophi Creations 有了什么样的变化呢？Mike 说在他们的第一代产品中有着很明显的支架结构。他们在第二代产品中更多地参考了客户的意见，在制作过程中以解决客户反馈为主要目的。在现在的产品中有一个隐藏的自定义支架，这个是优于第一代产品的。不仅是对于猫爬架，在吊床方面，由于客户更希望可以更换和清洗吊床，他们就针对这一点设计出了带有可更换织物版本的吊床。Catastrophi Creations 在运营的过程中一直以客户的需求和期望作为他们的产品优化方向，并还在为之不懈努力着。

除了优化产品，Catastrophi Creations 还在不断尝试创新。"我喜欢可以不断改造产品的想法——以某种设计为基础，然后将新的想法添加进去，再将更新的想法添加到里面。" Megan 这样说道。

## 第一节 跨境电子商务选品介绍

跨境电子商务选品指的是通过系统且科学的市场调研及数据分析（包括行业情况、价格、热销品等因素）等科学方法，选出最合适经营的产品、供应商、供应方式，并把控产品质量的过程。

## 一、跨境电子商务选品的意义

做好跨境电子商务的第一步就是正确地进行跨境电子商务选品。如果选品不对，跨境电子商务卖家很可能在创业之初就走了弯路，甚至越走越远。要想做好跨境电子商务，一定要在选品上下足功夫。对于一款不合适的产品，无论使用多少方法和技巧，都不可能让它成为爆款，而一款高潜力的产品往往能给卖家带来不小的收获。

通常，一款好的产品可以给跨境电子商务卖家带来的价值可概括为“五高”：高曝光、高排名、高转化、高销量、高好评，如图 4-1 所示。

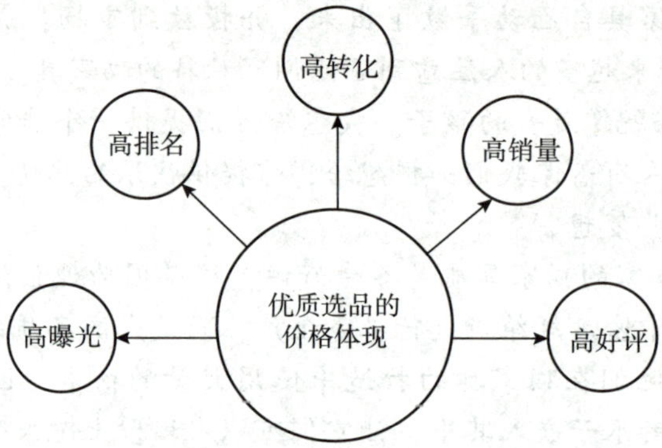


图 4-1　跨境电子商务选品价值体现图示

选品方面值得注意的是，并不是好的销售员成就好的产品销售，而是好的产品成就好的销售。同样的运营能力，好的产品符合市场高需求，又加上好的产品早已完成低售后、高质量的筛选要求，所以以高利润迅速发展，完成由 0 到 10，再由 10 到 100 以上的高销量。所以，后续产品运营的效率高低，很可能从最初选品的时候就已经决定了。可见选品是如今跨境电子商务不容忽视的一个突破口。

## 二、跨境电子商务选品的基本原则

跨境电子商务卖家在选品前，应做市场调研并结合平台数据分析结果进行综合判断，一般需要遵循以下几项基本原则。

### （一）平台导向原则

近年来，跨境电子商务平台数量激增，亚马逊、全球速卖通、Wish 等国内外跨境电子商务平台之间的竞争导致平台定位呈差异化发展。在各大跨境电子商务平台定位多元化的背景下，跨境电子商务企业在选品时应该首先依据其经营的跨境电子商务平台特征进行选择，研究该跨境电子商务平台的目标市场及客户群体，从而有针对性地制定在该跨境电子商务平台上的产品种类、数量、定价等策略。

### （二）知识产权保护原则

侵权产品将会面临着较高数额的赔偿，并需要支付较高侵权成本，甚全会被限制进入市场。因此，从长远发展来看，在选品时应该遵循知识产权保护原则，选择不侵权产品进行销售。

### （三）数据决策原则

产品种类、产品数量、产品销售平台的具体选择，应该依靠数据来进行决策，即遵循数据决策原则。切忌不做市场调研就决定产品种类。

数据决策原则要求：一是通过数据了解跨境电子商务平台的定位，可通过分析跨境电子商务平台的销售种类、客户群特征等来选择合适的跨境电子商务平台；二是从行业数据入手，通过分析行业研究报告、会展数据等，确定适合经营的产品种类；三是对客户需求进行区域化分析，主要是依据各种数据分析工具，对不同种类产品的客户需求按区域进行划分，并有针对性地选择不同区域的客户对应的产品。

### （四）价格适中原则

在跨境电子商务价格战和成本战的大背景下，很多跨境电子商务企业在选品时，过于关注产品价格和产品成本。但是，过于关注价格和成本，会导致产品质量下滑，最终只能陷入价格战和成本战的恶性循环中，当价格和成本不能再低时，就只能退出市场。价格适中原则是指在保证质量的情况下，选择适中价格的产品进行销售，将竞争点放到品牌竞争、信誉促销等方面，以培养跨境电子商务企业的异质性和竞争优势。

### （五）扩大货源优势原则

尽管价格战和成本战阻碍了跨境电子商务行业的发展，但是对于跨境电子商务企业乃至所有企业而言，成本战略和价格战略仍然是重要的竞争优势源泉。但是，价格优势和成本优势并不应该通过人为压低价格或调换生产材料等方式获得，而应该通过扩大货源优势来获取。因此，在选择同样一款产品进行销售时，货源选择的不同也会导致价格和成本的不同。因此，扩大货源优势原则应该是跨境电子商务企业在激烈的市场竞争中获取竞争优势的重要原则。

## 三、优质跨境电子商务选品的判定标准

跨境电子商务选品

优质跨境电子商务选品的判定标准总结起来是“三高二低”：高质量、高利润、高需求、低价格，低售后。

（1）高质量是选品的第一标准，即使利润再高，产品质量不过关，造成客户差评、投诉等更为严重的后续工作，那么这款产品也是无法成为一个好产品的。

（2）高利润是卖家最为关注的点，是关联卖家利益的，所以高利润也是选品重点考虑的因素。

（3）高需求是选品的又一着重关注的点。某跨境电子商务平台上某款产品的需求越大，就越证明这款产品值得向买家供应，没有大市场需求的产品是无法成为优质选品的。

（4）低价格并非单纯的低价，而是指与同类竞品相比有价格优势或者说就该产品的性价比来说有价格优势，关键在于产品的性价比。

（5）低售后即产品的售后问题越少越好，与“高质量”的要求基本一致，主要是不能有任何侵权与伪造等其他严重的售后问题。

## 四、跨境电子商务选品的流程

跨境电子商务选品的流程一般可分为以下几步，如图 4-2 所示。

第一步：选择产品品类。对约 100 款同类产品进行数据分析，决定要售卖的产品。

第二步：新品开发。根据要售卖的产品寻找供应商，然后根据需求给供应商提供几款样品订单。

第三步：确认供应商提供的样品是否合格。样品到货之后，要确认样品是否合格，主要检查样品的质量、功能、包装，以及是否符合其他要求。

第四步：审核供应商的资质。确认样品之后，需要去查看供应商的营业执照、公司规模，以及确定供应商有没有研发能力并确认付款方式等，最后决定要不要大批量采购。

第五步：确定首单数量并议价。确认好供应商的资质之后就可以准备采购首单了，要注意跟单细节，并且要跟踪到货周期及物流情况。

第六步：下单采购。首单确认好后就可以根据销售情况批量下单，卖家要和供应商洽谈好价格和账期。如果产品在销售过程中没有问题，可以返单，开始进入日常运营的一个周期性阶段，即采购阶段。在这个阶段要确认稳定的交货期，谈好降价策略及付款方式。首批产品到货之后，及时反馈不良品和外包装问题，以及提出产品功能优化等建议。

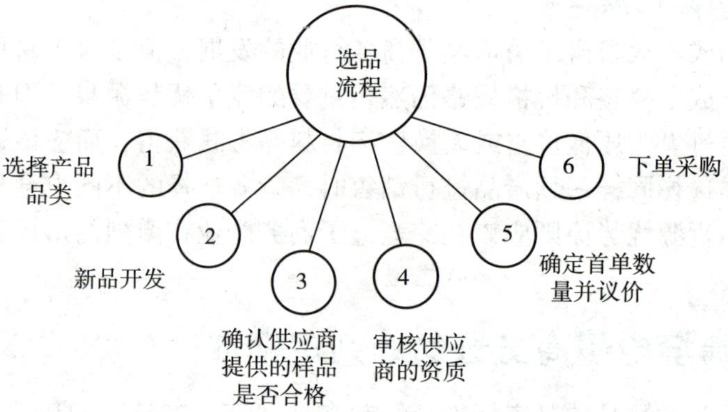


图 4-2　跨境电子商务选品流程图

# 第二节　跨境电子商务选品方法

常见的跨境电子商务选品方法一般包括市场化选品和数据化选品。这两种选品方法各有优缺点，卖家一般须将这两种方法结合起来进行选品。

## 一、市场化选品

市场化选品主要是卖家通过观察在跨境电子商务平台或者供应链平台等上面销量大的产品，从中发现消费者的喜好并据此来进行选品。这种方法的优点是能快速知晓热卖产品，数据精准，缺点是比较费时费力。市场化选品通常从以下六个方面着手。

### （一）利用平台同行卖家的热销品进行选品

在跨境电子商务平台前台输入相关的关键词进行搜索，按照产品销量或者最佳匹配进行排序后浏览以便达到以下目的。

（1）了解本平台的产品种类，了解客户偏好，找到同行热卖产品，进行跟卖或者找相似款产品。

（2）了解产品更新换代的趋势。每种产品都有生命周期，产品的生命周期一般可分为导入期、成长期、成熟期、饱和期、衰退期五个阶段。例如，在全球速卖通可以通过某种产品的评单比（评价数除以订单量）来初步判断该种产品处于哪个阶段，要尽量选择尚处于成熟期之前的产品。

（3）了解产品的市场价格，方便日后定价。

例如，在全球速卖通前台输入关键词“women wallets”进行搜索，按照 Orders 进行降序排列，结果如图 4-3 所示。卖家可以通过查看目前平台上销量较高的女式钱包的价格、颜色、款式等，从中发现消费者的喜好，进而跟卖同行热销品或者开发相似款产品。

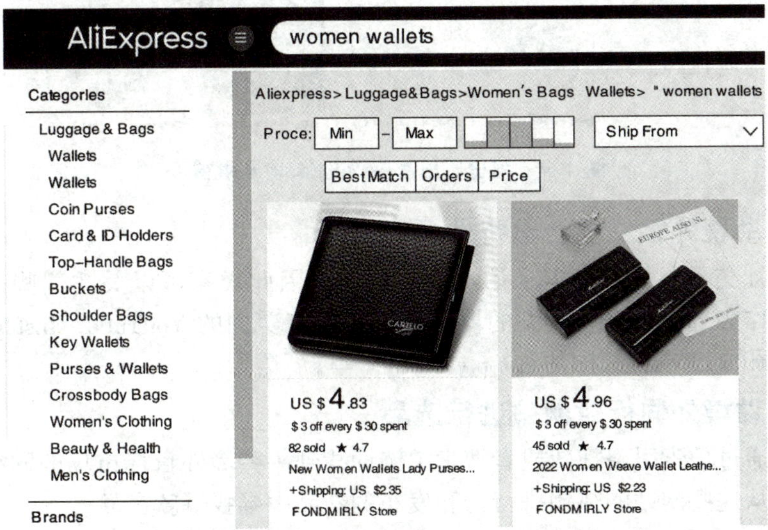


图 4-3　在全球速卖通前台输入关键词“women wallets”的搜索结果

### （二）根据其他跨境电子商务平台的热销品进行选品

卖家可以根据相似跨境电子商务平台的热销品进行选品。如在 Wish 上的卖家可以参照亚马逊、易贝、全球速卖通上的爆款产品和潜力款产品进行选品。这种方法的优点是有助于开发出当前平台上没有的爆款产品，缺点是平台属性不同可能会导致数据的可参考性较差。

### （三）借助跨境供应链平台进行选品

近几年，以阿里巴巴旗下的 1688、中财加速度的 S2B2C、雨果网的 CCEE 等为代表的跨境电子商务供应链平台发展迅猛，为卖家提供了优质的供应链服务。例如，卖家可以在 1688 跨境专供板块上寻找一些开业时间比较长、爆款产品多的源头供应商，如图 4-4 所示。由于这些供应商对市场比较敏感，因此卖家可以参考它们的店铺产品进行跟卖。

图 4-4　阿里巴巴旗下 1688 跨境专供首页

### （四）借助境外社交平台进行选品

由于境外社交平台是市场需求信息的集聚地，因此卖家可以关注这些社交平台的热词，进而以其作为选品依据。典型的境外社交平台有美国的 YouTube、Instagram，西班牙的 Tuenti，韩国的 LINE，法国的 Adopte un mec 等。

### （五）借助境外同行业网站进行选品

卖家可以通过搜索引擎搜图或者搜索关键词找到一些境外目标市场的同行业网站进行选品，例如，从这些网站的热销排行榜和发布的新品中寻找爆款产品。

### （六）借助线下展会进行选品

卖家可以通过参加广交会、美博会、国际服装展、跨境电子商务选品展会、电子展会等线下展销会，挖掘引领未来的潜力款产品。

## 二、数据化选品

数据化选品就是充分利用数据分析工具进行选品。这种方法的优点是省时省力，缺点是数据往往有滞后性，成功率不高。数据化选品一般可以从以下三个方面着手。

### （一）利用全球速卖通平台提供的数据分析功能进行选品

在全球速卖通平台的卖家后台，可以参照“生意参谋”中提供的数据来选品，生意参谋界面如图 4-5 所示。

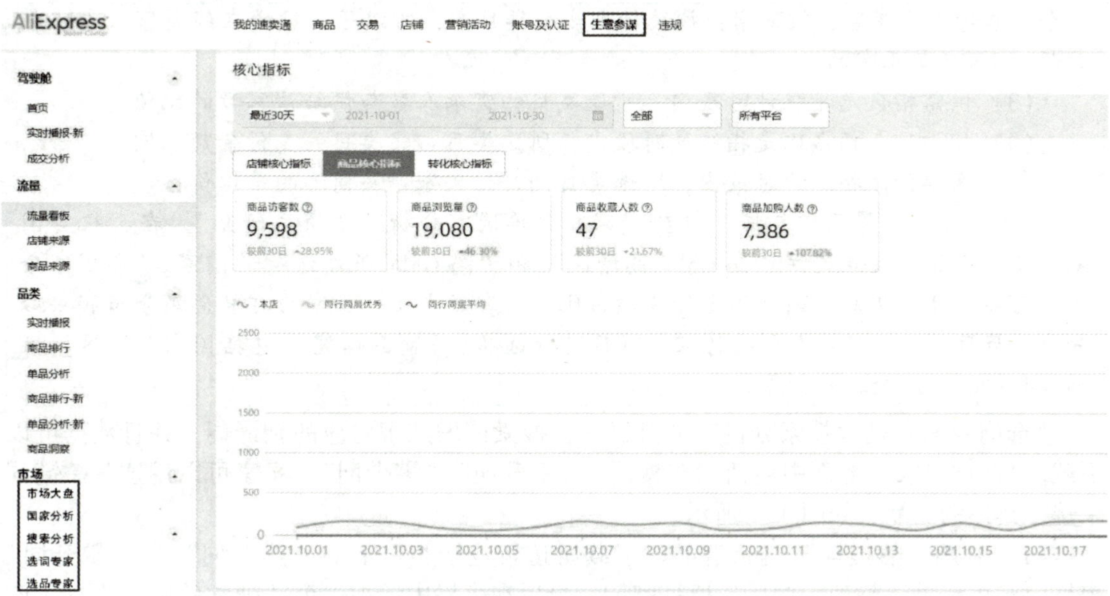


图 4-5 全球速卖通后台的“生意参谋”界面

卖家可以通过“生意参谋”界面“市场”板块中的“市场大盘”“国家分析”“选词专家”来分别选择子类目、主要销售国家、具体产品；利用“选品专家”功能，可进行类目及商品选择。

卖家可以根据“市场大盘”中的“行业构成”数据来选择子类目，如图 4-6 所示。卖家可以根据搜索指数、在线商家占比、供需指数等指标对同行业中的子类目进行对比，研判市场竞争情况，尽量选择搜索指数高但在线商家占比和供需指数低的子类目商品。

行业构成

| 排名 | 行业 | 搜索指数 | 交易指数 | 在线商家占比 | 供需指数 | 父类目金额占比 | 客单价 | 操作 |
| --- | --- | --- | --- | --- | --- | --- | --- | --- |
| 1 | Computer Peripherals<br>较前一日 | 00,100<br>+4.77% | 768,584<br>+4.88% | 36.79%<br>+0.03% | 617<br>+5.37% | 10.88%<br>-0.18% | 18.33<br>+1.38% | 趋势 |
| 2 | Computer Components<br>较前一日 | 75,599<br>+5.68% | 1,006,695<br>+0.61% | 18.29%<br>0.009% | 968<br>+6.18% | 17.76%<br>-7.40% | 39.16<br>-0.76% | 趋势 |
| 3 | Office Electronics<br>较前一日 | 74,638<br>+5.61% | 1,006,749<br>+5.69% | 28.67%<br>+0.14% | 664<br>+6.29% | 17.76%<br>+1.25% | 43.82<br>-2.47% | 趋势 |
| 4 | Tablet Accessories<br>较前一日 | 70,847<br>+5.739% | 687,231<br>+10.06% | 45.72%<br>-0.13% | 471<br>+6.60% | 8.88%<br>+8.96% | 12.75<br>+10.10% | 趋势 |
| 5 | Laptop Parts & Accessories<br>较前一日 | 60,597<br>+5.689% | 620.548<br>+9.88% | 30.24%<br>.-0.07% | 509<br>+6.42% | 7.38%<br>+8.53% | 23.26<br>+11.77% | 趋势 |
| 6 | Computer Cables & Connectors<br>较前一日 | 57,855<br>+7.609% | 436,947<br>+22.60% | 29.99%<br>-0.13% | 485<br>+8.71% | 3.919%<br>+32.09% | 13.82<br>+30.25% | 趋势 |

图 4-6 “市场大盘”中的“行业构成”界面

## 知识拓展

### “行业构成”界面中几个指标的介绍

（1）搜索指数是指统计时段内，所选类目下搜索次数的指数化指标。

（2）在线商家占比是指统计时段内，所选类目占父类目的在线商家数的比例。如果一个商家跨类目经营，该商家会被统计到多个类目中，所以子类目的在线商家数占比相加超过 100%是正常的。

（3）供需指数是指统计时段内，所选类目的需求人数与供给商家数的比值。

（4）父类目金额占比是指统计时段内，所选类目占父类目的支付金额比例。

（5）客单价是指统计时段内，所选类目的每位买家购买商品的平均价格。

“国家分析”界面中包括“机会国家”“单国家分析”“商品研究”。在“机会国家”中，卖家要重点关注“高 GMV 高增速”和“高 GMV 低增速”的国家。“单国家分析”可以具体分析每个国家的支付金额占比、访客数占比、买家的订单金额分布和年龄分布、节日，从而针对人群的特点和节日进行选品。“商品研究”包括国家和地区、性别、年龄、订单金额分析等。

“选词专家”是“搜索分析”的升级版，搜索词增加了对应的翻译词，并且数据可以下载。“选词专家”界面中包括“热搜词”“飙升词”“零少词”，卖家可以用这些关键词来选择具体的产品，如图 4-7 所示。

（1）利用“热搜词”进行选品。下载所选行业子类目下的“热搜词”和“飙升词”表格，对表格进行整理，然后去掉品牌词，最后在表格中增加一个“搜索效果”指标。该指标等于“搜索指数”“点击率”“成交转化率”的乘积，可用于判断搜索词的使用效果。此外，还应考虑关键词的竞争指数大小。一般可使用“搜索效果”值大但“竞争指数”值小的关键词进行选品。

（2）利用“飙升词”进行选品。要关注“飙升词”中“搜索指数”上升很快的关键词，这些词代表某些产品近期市场需求比较大，卖家要抓住机会开发此类产品。

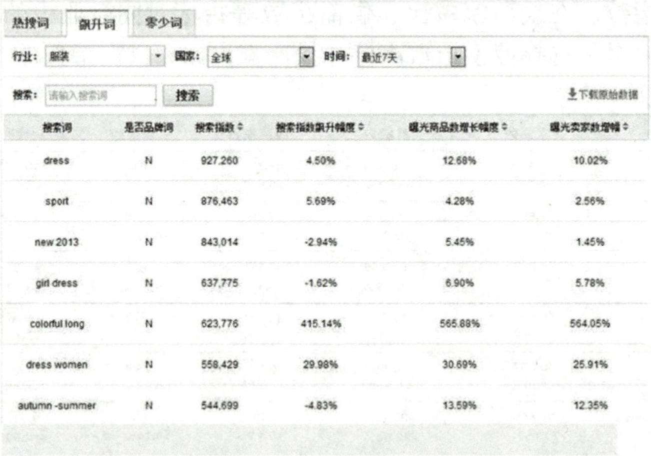


| 搜索词 | 是否品牌词 | 搜索指数 | 搜索指数飙升幅度 | 曝光商品数增长幅度 | 曝光卖家数增幅 |
|---|---|---|---|---|---|
| dress | N | 927,260 | 4.50% | 12.68% | 10.02% |
| sport | N | 876,463 | 5.69% | 4.28% | 2.56% |
| new 2013 | N | 843,014 | -2.94% | 5.45% | 1.45% |
| girl dress | N | 637,775 | -1.62% | 6.90% | 5.78% |
| colorful long | N | 623,776 | 415.14% | 565.88% | 564.05% |
| dress women | N | 558,429 | 29.98% | 30.69% | 25.91% |
| autumn -summer | N | 544,699 | -4.83% | 13.59% | 12.35% |

图 4-7 “选词专家”界面

为了帮助卖家更精准地定位目标品类及对应品类属性，“生意参谋”推出了“选品专家”功能，在卖家的类目选择及商品选择上予以数据支持。“选品专家”包含“热销”“热搜”两个功能。

### 1. “热销”功能

热销功能定位为展示当前商家同类目下各级类目销量表现及竞争表现。

（1）选择目标类目。类目词对应圆圈的大小代表销售热度。圆圈越大，该类目销量越大，同时红色越深表示竞争越激烈。卖家可以根据不同类目的竞争激烈程度及销量情况选择重点类目，一般应选择竞争不激烈且销量大的类目。下面以选择女装类目下的“jacket”子类目为例进行讲解，如图 4-8 所示。

图 4-8　女装类目下的“jacket”子类目界面

（2）分析目标类目下的关联产品。点击“jacket”进入关联产品界面。圆圈越大，表示产品销量越大；连线越粗，表示买家同时关注度越高；颜色越深表示竞争程度越大。建议选择销量大、买家同时关注度高且竞争程度小的类目，如图 4-9 中的“parka”类目。

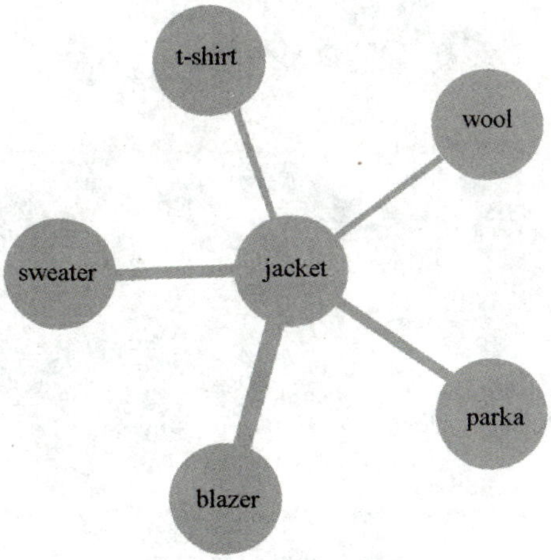


图 4-9　关联产品界面

（3）分析目标类目的热销属性。如图 4－10 展示了“jacket”下面的品牌（brand name）、是否有帽子（hooded）等。圆圈越大表示产品销量越大。

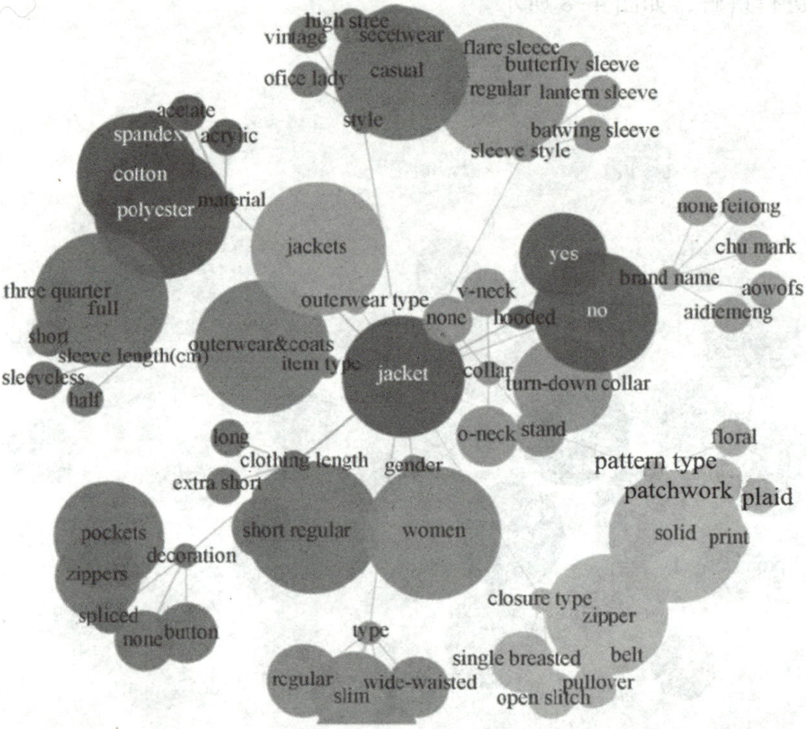


图 4－10　热销属性界面

（4）分析目标类目的属性组合。相同颜色代表一类属性组合，颜色占比越大表示销量越大。卖家可以根据属性组合并结合供应情况进行选品。建议选择同类颜色数量比较多，且圆圈比较大的属性组合，比如选择图 4－11 中的浅绿色属性组合。

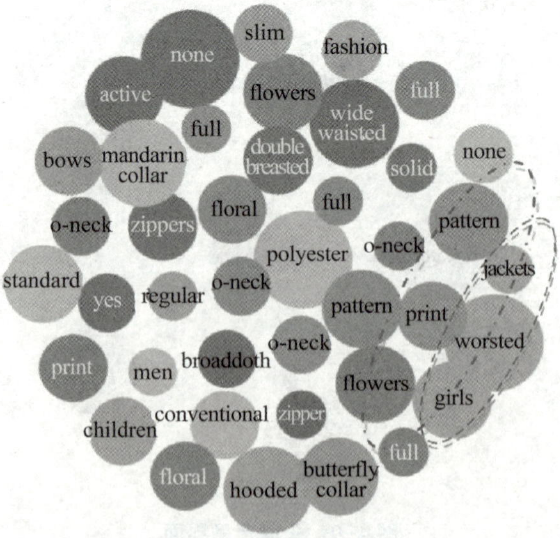


图 4－11　属性组合界面

## 2. “热搜”功能

“热搜”功能定位为展示当前商家同类目下各级类目销量表现及属性组合。

（1）分析目标类目下的热销子类目。以女装类目为例（图 4-12），圆圈越大，表示对应的产品销量越大。

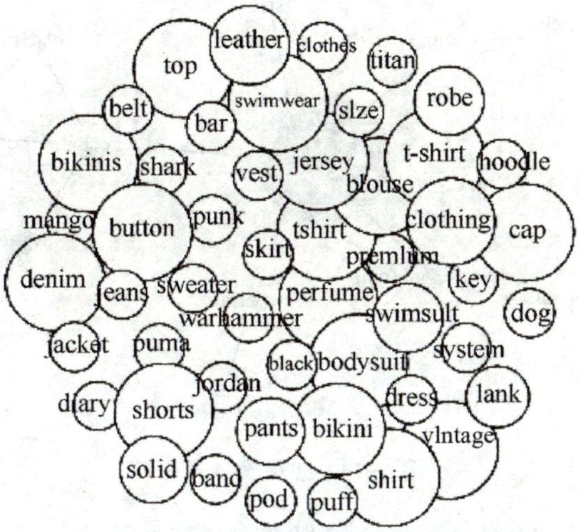


图 4-12 女装类目下的热销子类目界面

（2）分析目标类目下的关联产品。点击“t-shirt”进入该类目的关联产品界面，如图 4-13 所示。圆圈越大，表示产品搜索量越大；连线越粗，表示既搜索关键词 A，又搜索关键词 B 的买家越多。

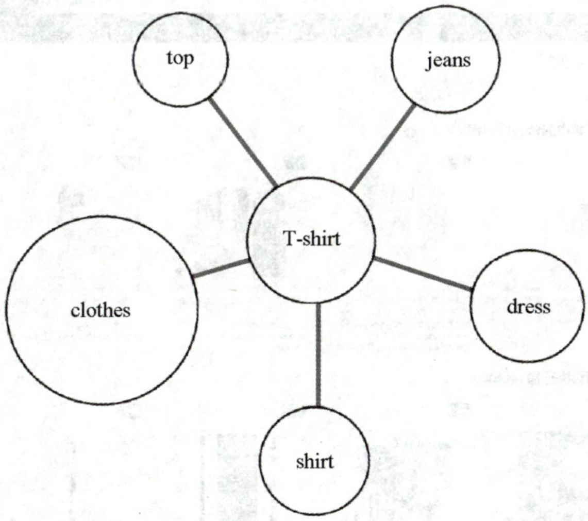


图 4-13 关联产品界面

（3）分析热搜属性。分析目标类目热搜属性，如图 4-14 所示，圆圈越大，表示产品销量越大。

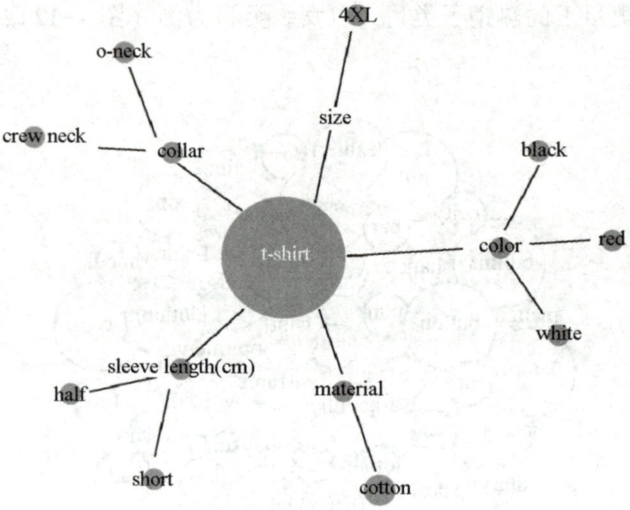


图 4-14　热搜属性界面

## （二）利用亚马逊提供的数据分析功能进行选品

亚马逊会为卖家推荐一些热销品，在亚马逊美国站首页点击“best sellers”菜单后，可分别进入亚马逊的最佳销售排行榜（best sellers）、新品热销榜（new releases）、销量飙升榜单（movers & shakers）、收藏排行榜（most wished for）、礼品推荐榜单（gift ideas）界面，“best sellers”界面如图 4-15 所示。卖家可以根据相应排行榜进行选品。

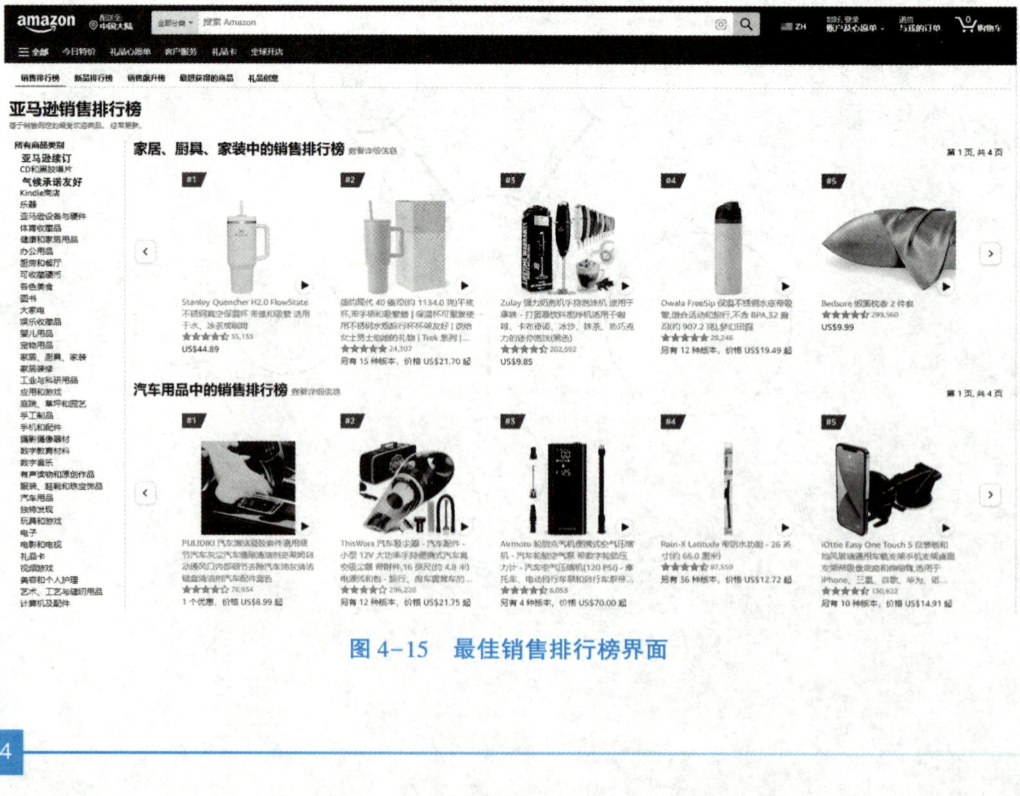


图 4-15　最佳销售排行榜界面

"best sellers"是按照同类目中产品销量来排名的，销量越大，排名越靠前，每小时更新一次。"new releases"是基于产品销量得出的热门新品榜单，每小时更新一次，卖家不仅可以看到目前的热销品，也可以据此预测下一个热销品及产品热销趋势。"movers & shakers"与"new releases"有一定的相似性，不同的是前者反映了1天内同类目销量涨幅最快的产品。"most wished for"也称为愿望清单，当买家把产品加入愿望清单，就会收到来自亚马逊产品降价信息的邮件提醒。"gift ideas"主要针对的是礼品，卖家通过它可以判断买家更愿意选择哪些产品作为礼品，从而在节日来临前更有针对性地进行备货。

如果某款产品同时出现在这几个榜单中，卖家则要多关注，而如果某款产品仅仅出现在收藏排行榜中而没出现在其他榜单中，则不能轻易选择该款产品。

## （三）利用第三方数据分析工具进行选品

第三方数据分析工具有很多，每种数据分析工具的数据分析精准性和针对的平台往往也不一样。跨境电子商务平台常用的第三方数据分析工具如表4-1所示。

表4-1 跨境电子商务平台常用的第三方数据分析工具

| 跨境电子商务平台 | 常用第三方数据分析工具 |
| --- | --- |
| 亚马逊 | Jungle Scout、CamelCamelCamel、Keepa等 |
| 易贝 | Terapeak、数字酋长等 |
| 全球速卖通 | 无 |
| Wish | 牛魔王、海鹰数据、卖家网等 |

以海鹰数据为例介绍如何利用第三方数据分析工具进行选品。海鹰数据是一款第三方数据分析工具，主要为亚马逊、易贝、Wish、Shopee、Lazada等跨境电子商务平台上的卖家提供大数据选品、数据监控等数据分析服务，如图4-16所示。

图4-16 海鹰数据首页

因为海鹰数据对Wish平台的数据抓取最全面，数据分析也更细化具体，所以使用海鹰数据的Wish卖家更多一些，在此以Wish为例进行说明。海鹰数据主要从平台、商品、店铺这三个维度对数据进行分析。

“平台分析”栏目主要从“商品总数”“商品数量”（总购买数大于0）“商品数量（总购买数大于10）”“商品数量（评论数量大于0）”“店铺总数”“店铺数量（评论数量大于0）”“类目数量”等方面对Wish进行分析。“商品分析”栏目分为六个子栏目，分别为“商品搜索”“潜力新品”“热销商品”“热销新品”“海外仓热销商品”“海外仓热销新品”。

在“热销商品”子栏目下，Wish卖家可以设置相应的参数，进而精确搜索自己需要的数据。搜索步骤如下：在商品标题栏中输入商品名称（支持多个名称输入）→设置商品总价→设置商品上架时间→设置销售件数（总销售数）→设置评分和总评论数→设置是否有海外仓→点击“搜索”按钮。根据海鹰数据搜索的结果，Wish卖家可以很直观地分析某类商品在某段时间内，有哪些卖家上架了这类商品，商品定价多少、销量如何。海鹰数据还支持在线打开商品链接和下载数据。

除了“热销商品”子栏目，“热销新品”和“海外仓热销新品”同样是两个重要的子栏目。Wish卖家可以通过这两个子栏目直接看到最近热销的商品，判断哪些商品可能会成为爆款。

“店铺分析”栏目包括“店铺搜索”“店铺热销”“热销新店”三个子栏目。海鹰数据从店铺评分、商品总数、总销售数、总收藏数、总评论数、前30天新增评论数、前60天新上架商品数、店铺开张时间等八个方面来分析店铺数据。卖家可以选择爆款率高的店铺重点研究，参考目标店铺来优化自己店铺商品的图片、文字描述，分析自己商品的定价是否具有竞争力等。

## 知识拓展

### 在Wish上进行选品

一、产品的市场分析

产品的市场容量是子午线公司选品的第一个参考因素，其使用第三方工具分析Wish各个品类的产品，从大品类到细分品类一步步去分析，找出目前潜在的蓝海产品。选择在售产品较少、增长较好、店铺数量较少、产品均价居中的品类，更有可能取得较好的效果。

1. 类目选择

从产品数量、销售增长率等多个角度进行分析，选择在售产品数量较少、销售增长率较高、产品销量较好、销售额较大的类目。

2. 子类目选择

在确定了类目后，子类目可按同样的逻辑进行筛选。产品数量少、店铺数量少、类目的爆品率较低的子类目通常就是一个比较容易进入的蓝海市场。行业在售产品数量和店铺数量较少，说明该子类目的竞争程度低于平均水平。类目的爆品率较低，意味着该类目产品的流量没那么集中，产品成为爆品的潜力就更大。同时，卖家也可以考察产品价格相对于行业平均价格水平的高低，针对不同价格水平的产品采用不同的运营方法。

二、产品的选择与开发

子午线公司选择或开发产品的方式主要有自主开发、现货选择和其他渠道三种，自主开发是子午线公司产品开发的主要方式，约占公司产品的50%。而无论采用何种开发方式，产品都有成为爆款的机会。

子午线公司主营服装品类，季节性是服装品类的主要特性之一，跨境电子商务销售平台、境外的社交媒体、境内的采购网站和供应商等都是产品开发的灵感来源。比如，子午线公司的第一个爆款产品是一款沙滩毯，该产品的开发灵感就来自跨境电子商务平台的相关数据，最终该产品实现了日均超过5 000单的销售业绩。

三、产品数据整合

Wish的发展有其自身的特点，如何结合产品的销售数据，持续打造符合该平台销售规律的产品，持续更新产品，实现长久发展？子午线公司是从以下四个方面进行产品数据整合，实现品类优势，保持持续竞争力的。

1. 分析竞争对手情况，排除竞争对手过多的待开发产品

竞争对手较少的类目更适合产品的发展，过多的竞争对手不利于产品的发展，会加大一款产品发展的难度，产品成为爆款的概率较低。因此子午线公司积极分析产品的竞争对手情况，排除竞争对手过多的待开发产品。

2. 查看同款产品，多维度寻求创新和新的卖点

虽然Wish对新产品的扶持力度较大，但开发一款全新产品的难度也不小，同款是不可避免的，因此，子午线公司希望通过多维度的创新，无论产品的创新还是运营方式、物流方式的创新（如FBW海外仓、WE海外仓的使用）均可，来为消费者提供更多的选择、更实惠的价格。

3. 充分拓展开发品类，形成类目优势

爆款产品毕竟只是单品，子午线公司充分利用爆款产品的优势，寻找相似的元素、款式等，迅速针对此类目进行款式的拓展，不断为消费者提供充满新鲜感的产品，实现对该类目市场的占领，形成类目优势。

4. 不断开发新产品

跨境电子商务的竞争越来越激烈，新品类的成长空间也是巨大的。子午线公司意识到，要想保持竞争力，就需要一直寻找新的品类和产品，只有这样才能实现长久的发展。

从店铺整体来说，子午线公司的产品有明显的分层：以物美价廉的流量款产品进行引流，以多元化的利润款产品来实现主要的利润，以储备创新的类目款产品为店铺未来发展做好准备。多层次的产品组合既保证了店铺的整体利润，又促进了店店铺的持续发展。

# 第三节 跨境电子商务产品定价

无论是国内还是跨境电子商务，商品定价都是相对最重要的一个环节，直接决定着商品的转化率及成交金额。在影响定价的众多因素中，产品成本、顾客需求、市场竞争力是决定价格高低的最主要因素。

## 一、产品定价方法

价格是卖家参与竞争的重要手段，也是影响交易成败的重要因素，因此产品定价非常重要。常用的产品定价方法有成本导向定价法、需求导向定价法和竞争导向定价法。

### （一）成本导向定价法

成本导向定价法是在产品单位成本的基础上，加上预期利润作为产品的销售价格。这是一种比较理性的定价方法，易于理解，使用广泛，但是如果预估成本和实际成本相差较大，就可能会导致企业亏损。

### （二）需求导向定价法

需求导向定价法是根据境内外市场需求状况和消费者对产品的价值感受来确定产品销售价格的，主要考虑的是消费者可以接受的价格以及在这一价格水平上的需求数量，而不是产品的成本。在该定价方法下，即使是同一种产品，只要需求程度不一样，卖家就可以制定不同的价格。

### （三）竞争导向定价法

竞争导向定价法是以市场上竞争者的类似产品的价格作为产品定价参照系的方法。该方法的优点是可增强产品价格在市场上的竞争力；缺点是过分关注价格上的竞争，而容易忽略其他营销组合可能带来的产品差异化竞争优势，容易引起竞争者报复，导致恶性的降价竞争，并且竞争产品价格的变化难以被精确估算。

以上三种产品定价方法各有利弊，卖家要结合实际情况，采用多种组合定价方法，才能更好地适应市场。

## 二、产品定价计算

### （一）产品价格的构成

产品价格是指产品在跨境电子商务平台上销售给客户的价格，一般包含产品价值、跨境电子商务平台费用、物流成本、第三方收款工具费用、其他成本以及销售利润等。其中跨境电子商务平台费用包括交易佣金、月租费或者年费、刊登费等，其他成本指广告费和退货成本等。

### （二）产品定价公式

#### 1. 全球速卖通

在全球速卖通上，对于主流销售国家，卖家刊登的产品价格一般都是包邮的价格。下面以一个卖家通用的产品定价公式为例进行介绍。

产品销售价格（美元）=（产品采购价+境内运费+境外运费）÷（1-全球速卖通佣金率-预期利润率-其他成本比率）÷美元汇率

其中，产品采购价、境内运费、境外运费均以人民币计价，其他成本比率指联盟佣金率、纠纷赔偿率等。

例如，某卖家在1688批发平台上采购了一批连衣裙，采购价为22元/件，境内运费为7元/件，假设当前人民币兑美元汇率是7.08，预期利润率为20%，全球速卖通佣金率为8%，境外运费为30元/件，其他成本比率为3%，请计算该产品的销售价格。

解：产品销售价格=（22+7+30）÷（1-8%-20%-3%）÷7.08≈12.08（美元）

**知识拓展**

### 联盟佣金率

联盟营销是全球速卖通专门针对卖家的产品所做的站外引流，全球速卖通联盟按成交金额的一定比例收费。卖家参加联盟营销，联盟会将产品投放到App、社交及导购网站等站外渠道进行推广，若有买家通过联盟营销的链接进入店铺购买产品并交易成功，卖家则需要支付佣金给联盟。卖家可针对不同产品设置不同的佣金比率，未设置佣金比率的产品，将默认按照该产品对应类目下的标准佣金比率计算佣金。佣金是在订单交易成功（买家确认收货）时扣除的。

#### 2. Wish

Wish上的产品销售价格是指买家为购买产品而支付的金额，不包含国际运费。在实际运用中，产品销售价格会涉及多个因素，卖家可以根据自己的实际情况进行调整。下面以一个卖家通用的计算公式为例进行介绍。

产品销售价格（美元）=（产品采购价+境内运费）÷（1-Wish佣金率-预期利润率-收款手续费率-其他成本比率）÷美元汇率

其中，产品采购价、境内运费均以人民币计价，其他成本比率指退款率、丢包赔偿比率、付费推广费率等。

例如，某卖家在1688批发平台上采购了一批连衣裙，采购价为22元/件，境内快递费为7元/件，假设当前人民币兑美元汇率是7.08，预期利润率为20%，Wish佣金率为15%，收款手续费率为1%，其他成本忽略不计，请计算该产品的销售价格。

解：产品销售价格=（22+7）÷（1-15%-20%-1%）÷7.08≈6.40（美元）

## 三、产品价格设置技巧

### （一）设置非整数

一般情况下，一些消费者在购买日用消费品时，比较乐意接受非整数价格，而不太喜欢整数价格，特别是对于一些购买次数较为频繁的日用品来说更是如此，消费者求廉求实的心理表现更为突出。例如，一袋洗衣粉价格为0.97美元，跟1美元相比，虽然只相差3美分，却给人一种更便宜的感觉，能有效地刺激消费者的购买欲望，从而增加产品的销量。

### （二）设置折扣价格

由于两个价格的对比更容易刺激消费者购买，因此卖家可以同时设置两个价格。比如，在亚马逊上，可以同时设置标准价（standard price）和折扣价（sale price）；在Wish上设置产品销售价格（price）和制造商建议零售价（MSRP）。MSRP与超市中促销的“原价”类似，可以起到促销提示作用。

### （三）设置价格区间

如果某款产品有多个库存保有单位（SKU），卖家可以针对不同的SKU设置不同的价格。价格以区间的方式呈现出来可以提高产品排名，从而有利于提高转化率。

## 知识拓展

**SKU**

库存保有单位（SKU）即库存进出的计量单位，可以以件、盒、托盘等为单位，是物理上不可分割的最小存货单元，可以唯一标识每种产品。对于一种产品，当其品牌、型号、配置、颜色、包装数量、生产日期、用途、产地等属性与其他产品存在不同时，就可单独将其作为一个SKU。

每个卖家可根据需要自行编写SKU代码，大多数卖家常用的SKU编码规则通常为：品类+款式编码+颜色+尺码。

### （四）设置梯度价格

根据一次所购产品数量的不同设置梯度价格，可以刺激消费者购买更多产品。例如，买1支牙膏的价格为3.99美元/支，买3支牙膏的价格为3.69美元/支，买10支牙膏的价格为2.99美元/支。

### （五）设置带有弧形线条数字的价格

带有弧形线条的数字易被人们接受。据国外市场调查发现，在生意兴隆的商场、超级市场中商品定价时所用的数字，按其使用的频率排序，先后依次是5、8、0、3、6、9、2、4、7、1。这种现象不是偶然出现的，究其根源是顾客消费心理的作用。带有弧形线条的数字，如5、8、0、3、6等似乎不带有刺激感，更易为顾客接受；而不带有弧形线条的数字，如4、7、1等相比之下就不大受欢迎。所以，在商场或超市的商品销售价格中，5、8等数字最为常见，而1、4、7出现的次数则要少得多。

## 本章小结

本章主要介绍了优质跨境电子商务选品的判定标准与选品方法，以及如何进行跨境电子商务产品定价等内容。跨境电子商务选品方法有市场化选品和数据化选品两种，通过本章的学习，帮助读者掌握跨境电子商务选品的原则与方法，熟悉产品定价方法，具备作为一个新手卖家应该掌握的选品和定价知识。

## 思考练习

### 一、填空题

1. 跨境电子商务选品指的是通过系统且科学的________及________等科学方法，选出最合适经营的产品、供应商、供应方式，并把控产品质量的过程。

2. 跨境电子商务选品的流程一般可分为________、________、确认供应商提供的样品是否合格、________、________和________六步。

3. 优质跨境电子商务选品的判定标准总结起来是“三高二低”：________、________、________、________、________。

4. ________是在产品单位成本的基础上，加上预期利润作为产品的销售价格。

5. ________是以市场上竞争者的类似产品的价格作为产品定价参照系的方法。

### 二、简答题

1. 简述跨境电子商务选品的意义。

2. 跨境电子商务选品，一般需要遵循哪些基本原则？

3. 市场化选品的优缺点分别有哪些？如何进行市场化选品？

4. 数据化选品的优缺点分别有哪些？如何进行数据化选品？

5. 主流跨境电子商务平台常用的第三方数据分析工具有哪些？

6. 产品定价方法有哪些？

7. 以亚马逊教学实训平台为例，在清晰理解亚马逊新品选品思路的情况下，能够合作完成亚马逊平台某一品类的新品调研并利用站内数据进行选品。每个组员负责大类下的一个子类目，然后将调研和选品的结果交给组长进行汇总，并在全班进行分享。

# 第五章

# 跨境电子商务平台基本操作

## 本章导读

跨境电子商务的发展离不开跨境电子商务平台的有效支撑，卖家要在跨境电子商务平台上销售产品，一般要经过账号注册与认证、后台基础设置和店铺装修、产品发布与推广、订单处理和客户服务等步骤。每个跨境电子商务平台的注册条件、规则和运营技巧等都不一样。本章将主要介绍跨境电子商务网店实操的基础知识。

## 学习目标

### 知识目标

◆了解跨境电子商务主流平台注册流程。

◆熟悉主流跨境电子商务平台后台基础设置和店铺装修。

◆掌握跨境电子商务主流平台产品信息优化和熟悉发布流程。

◆了解跨境电子商务客服职责，掌握如何回复客户问题。

### 技能目标

◆能够熟练地在跨境电子商务平台上注册自己的店铺。

◆能够在自己的店铺发布产品和处理订单。

◆能够使用跨境客服沟通技巧，与客户进行有效沟通。

### 素质目标

◆培养学生以诚待人、以礼待人的良好品德。

## 思政目标

◆践行社会主义核心价值观，培养学生关心国家发展、参与祖国建设的主人翁意识。

◆弘扬社会主义法治精神，建立网络安全意识。

案例导入

**利用客户服务为店铺好评保驾护航**

优秀的客户服务团队及店铺后端的运营状况对店铺很重要，节日旺季马上就到，磨刀不误砍柴工，在旺季正式拉开帷幕前，卖家需要对“后勤”进行把关。主要表现为以下4方面。

一、确保平台能在旺季正常运转

旺季最让卖家崩溃的事情无疑是店铺网站不能正常运转。这样不仅会让此前的预热功亏一篑，也会导致营业收入迅速下降失去客源。因此，卖家在最开始选择及搭建平台时，就要格外关注平台的稳定性，确保要入驻的跨境电子商务平台具有全天候不间断的多语言人工客服支持、高级安全功能及行业领先的正常运行时间。

二、做客户的后盾

卖家需要组建客服团队，以解决客户在销售全过程中提出的问题。旺季时节的繁忙是必然的，但客服团队要时刻准备为客户排解疑难，提高消费体验。

三、为客户提供专业的服务

专业的客服，即使在商品销售的某一环节出了问题，也有能力挽救，为店铺赢来好评。卖家应提供电话、电子邮件和社交媒体等多渠道的客服，并确保能在24~48小时内回复客户提出的疑问。为了进一步提升客户体验，卖家可以考虑以下3点。

1. 使用稳定聊天工具。
2. 及时确认订单信息。
3. 提供常见问题解答。

四、礼貌回复、赢得好评

虽然“您对商品体验如何?”是一个简单的问题，却可以为卖家带来很多价值。卖家不仅能通过此问题获得客户真实的评价，还能了解到店铺需要改进的方面。独立站卖家可以考虑通过赠与客户一次性的特殊折扣或商品包邮来鼓励卖家留评。

客户服务与管理是一个跨境店铺的软实力，优质的客户服务与管理能提高跨境店铺转化率、提高客户满意度和忠诚度，促进客户复购。要想做好客户服务与管理，跨境卖家应具备良好的服务态度，掌握与客户沟通的技巧，妥善处理和解决客户问题。

# 第一节　账号注册与认证

## 一、账号注册材料

卖家要想把产品销售到海外，就要在了解各大跨境电子商务平台特点的基础上，结合自身资金情况、市场定位、货源情况等选择合适的跨境电子商务平台。在每个跨境电子商务平台上注册账号都有一定的门槛，卖家要准备相应的材料，经平台审核通过以后，才能开店。

在亚马逊、易贝、全球速卖通、Wish 四大平台中，Wish 账号注册已改为“邀请制”，只邀请企业入驻。易贝是允许个人开店的。个人账号一般是卖家在跨境电子商务平台官网上自己注册的。企业账号既可自己注册，也可通过招商经理注册。在每个跨境电子商务平台上注册账号所需要提交的材料都不同，平台允许注册的账号数量也不同。相较于其他平台而言，亚马逊账号比较难申请，审核比较严格。主流跨境电子商务平台账号注册对比，如表 5-1 所示。

表 5-1　主流跨境电子商务平台账号注册对比

| 跨境电子商务平台 | 亚马逊 | 易贝 | 全球速卖通 |
| --- | --- | --- | --- |
| 个人是否可以注册 | 不可以 | 可以 | 不可以 |
| 每个实体可以注册的账号数量 | 个实体可以注册多个站点，1 个站点只能申请 1 个账号 | 1 家企业可以注册多个站点，1 个站点可以申请多个账号。个人在 1 个站点只能申请 1 个账号 | 1 个实体最多可开设 6 家店铺，可以经营相同的类目，也可以经营不同的类目 |
| 账号注册所需材料 | 电子邮箱、手机号码、双币信用卡、过去 90 天的信用卡账单、法定代表人的身份证、营业执照、用于收款的银行卡等 | 电子邮箱、手机号码、双币信用卡、身份证、营业执照等 | 企业支付宝账号或企业法人支付宝账号、产品清单、营业执照等 |
| 开店费用 | 佣金、广告费、Payoneer 等收款工具费用、月租费、FBA 费用等 | 佣金、广告费、Payoneer 费用、店铺订阅费、刊登费、特色功能费等 | 佣金、广告费、国际支付宝等收款工具费用、技术服务费年费（或保证金）等 |

在开店费用中，相同的是每个跨境电子商务平台都要收取佣金、广告费和收款工具费用，其中佣金是当商品成功售出时，平台按照买家付款总金额的一定百分比向卖家收取的费用。目前，亚马逊的销售佣金比例为 3%~45%，同时规定了每件商品最低销售佣金为 0.3~2 美元，亚马逊取两者中的较高者计收销售佣金。易贝的成交费按照销售总额的百分比金额加上每笔订单 0.30 美元的固定费用收取，佣金比例为 0.5%~15%，全球速卖通的佣金比例为 5%~10%，Wish 的佣金比例为 5%~25%。不同的是，在亚马逊上，按照店铺的销售计划分为专业和个人两种销售计划，两者在功能、缴费等方面均有所不同。专业销售计划卖家要交月服务费，个人销售计划卖家则按照每售出一件商品缴费。在易贝上，卖家订阅店铺要交店铺订阅费，上传商品要交刊登费，开通特色功能（特大图片展示、副标题服务）也要付费。目前申请入驻的新卖家无须向全球速卖通缴纳年费，仅提供保证金即可。

## 二、亚马逊卖家账户注册

注册亚马逊店铺

亚马逊平台的站点不同，卖家账户注册的流程可能也会不同，顺序会有所变化，但大概流程是一致的。新卖家在注册亚马逊账户前，需先按照要求准备好所有资料，然后再开始注册。

### （一）亚马逊卖家账户注册准备

在注册亚马逊账户前应做好以下准备。

（1）营业执照（注：企业或个体工商户都可以，但不保证个体工商户营业执照能通过，注册成功率可能在50%以下）。

（2）法人身份证。

（3）信用卡一张，需支持外币扣款（推荐使用维萨卡或万事达卡）。

（4）第三方收款账户（Payoneer、连连、Pingpong等）。

（5）新手机号一个。

（6）注册邮箱一个，推荐使用Outlook邮箱。

### （二）亚马逊平台注册基本流程

#### 1. 开始注册

打开亚马逊官网，进入卖家注册页面，单击“成为亚马逊卖家”，如图5-1所示。

图5-1　亚马逊官网卖家注册页面

#### 2. 创建账户

（1）单击“创建您的Amazon账户”，录入申请者邮箱或手机号码，设置好登录密码，如图5-2所示。完成注册信息填写，如图5-3所示。

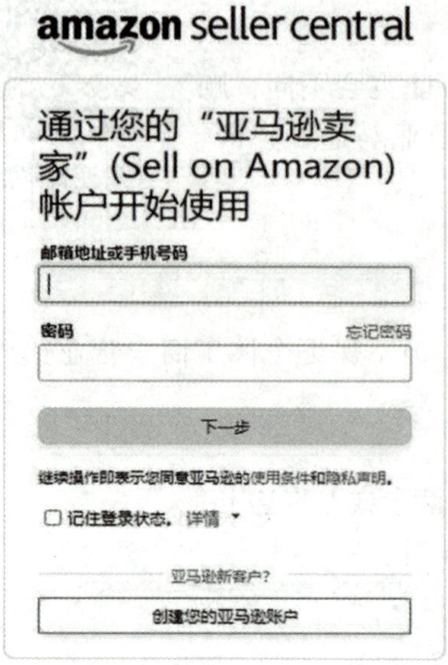


图 5-2　亚马逊创建账户申请

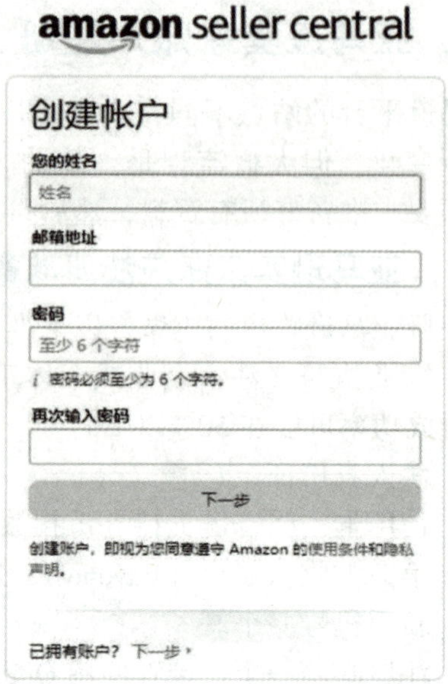


图 5-3　亚马逊创建账户信息录入

（2）上一步填写的邮箱会收到验证码，输入验证码，完成邮箱验证，如图 5-4 所示。

（3）单击“创建您的亚马逊账户”后，根据页面要求，设置公司所在地、业务类型和名称，公司名称应填写英语或拼音，如图 5-5 所示。

图 5-4　亚马逊邮箱验证

图 5-5　公司信息填写

（4）接下来根据系统提示，填写公司信息及卖家个人信息。这里需要注意，公司地址要填写能够收到快递的地址，可以是实际办公地址，因为后面亚马逊会邮寄一张包含验证码的明信片。

### 3. 填写第三方收款账户信息及信用卡信息

在填写信用卡信息的时候要注意，信用卡可以不是法人的，也可以是其他人的信用卡，但是“持卡人姓名”一栏必须填写法人姓名大写全拼，如图 5-6 所示。

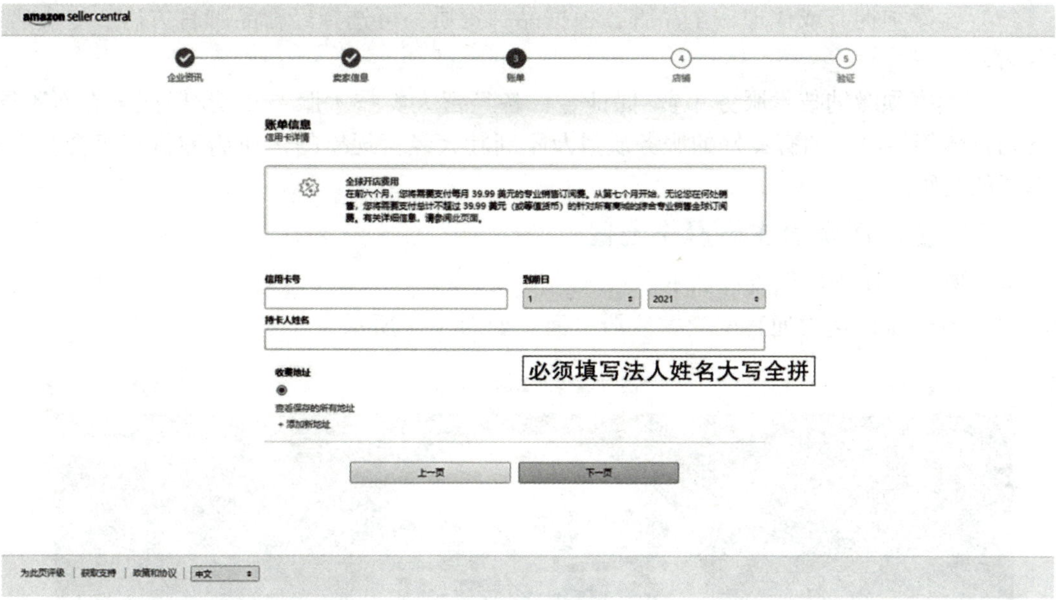


图 5-6　收款账户填写

### 4. 填写店铺信息及提交身份验证

填写店铺信息主要是输入平台店铺名字，建议用英文填写。完成后按要求上传准备好的证件照片，并提交身份验证，这里的身份信息必须是法人的身份信息。

### 5. 身份验证和地址验证

这一步是注册流程的最后一步，有两种不同的情况。

（1）只有地址验证。亚马逊会邮寄一张明信片，里面有一个验证码，申请收到后在后台填写提交进行最终验证。

（2）视频验证加地址验证。在此情况下，亚马逊会先进行视频验证，然后再邮寄明信片。

需要注意，身份验证中如果提示证件照片不符合要求，可以重新扫描或拍照上传，但只有三次重新上传的机会。

上述过程都进行完毕，就可以等待注册结果，一般三个工作日内就会有邮件通知。

## 三、全球速卖通卖家账户注册

全球速卖通是中国最大的跨境出口 B2C 平台之一，同时也是在俄罗斯、西班牙排名第一的电子商务网站。全球速卖通是阿里巴巴集团旗下的电子商务平台，致力于服务全球中小创业者出海，快速连接全球超过 200 个国家和地区的消费者，为全球消费者带去一种崭新的生活方式。

### （一）全球速卖通平台入驻要求

全球速卖通平台入驻有以下要求。

（1）卖家须拥有一个企业支付宝账号，通过企业支付宝账号在全球速卖通完成企业认证。

（2）卖家须拥有或代理一个品牌，根据品牌资质，可选择经营品牌官方店、专卖店或专营店。

（3）卖家须缴纳技术服务年费/保证金，各经营大类技术服务年费/保证金有所不同。经营到自然年年底，拥有良好的服务质量及不断壮大经营规模的优质店铺将有机会获得年费返还的奖励。

## （二）全球速卖通注册操作流程

全球速卖通注册操作流程如下。

（1）打开全球速卖通官网卖家注册页面，如图 5-7 所示。

图 5-7　全球速卖通官网卖家注册页面

（2）单击“注册”，填写并完善注册资料后提交平台审核，如图 5-8 所示。

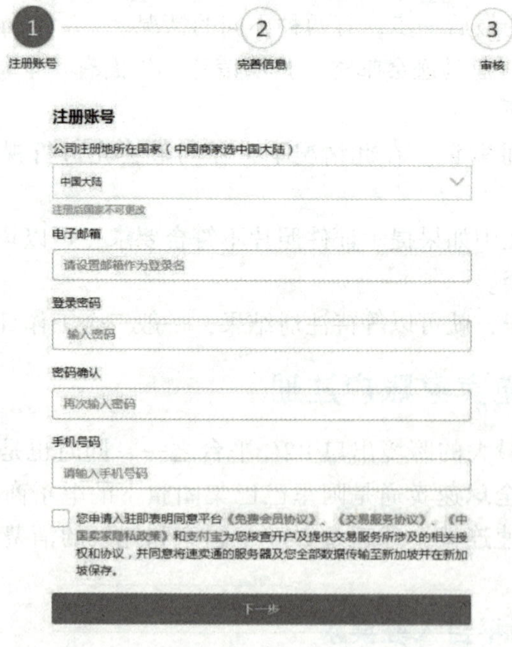


图 5-8　全球速卖通卖家注册信息填写页面

（3）账号实名认证。

卖家通过企业支付宝或企业法人支付宝授权进行账号验证，流程比较简单，按照平台提示去操作即可。

（4）申请经营大类，缴纳保证金。

注册成功之后，卖家需要根据自己选择的类目，缴纳相对应的全球速卖通入驻保证金1 万元（只用于冻结，后续退出会退还）。

# 第二节　后台基础设置和店铺装修

## 一、卖家后台基础设置

卖家账号注册完成以后，要登录跨境电子商务平台进行后台基础设置，设置完成后才能发布产品。每个跨境电子商务平台卖家后台界面和所需设置的内容都是不一样的。下面主要介绍亚马逊、易贝、全球速卖通、Wish 的后台基础设置。

### （一）亚马逊后台基础设置

登录亚马逊美国站后台，可以看到“设置”菜单界面。亚马逊后台基础设置选项包括“账户信息”“通知项选项”“登录设置”“退货设置”“配送设置”“用户权限”“你的信息和政策”“亚马逊物流”等，具体内容如表 5-2 所示。其中，只有使用亚马逊物流的卖家才需要设置“亚马逊物流”选项，自发货的卖家不用设置此选项。自发货的卖家只要把“配送设置”设置好就可以发布产品了。

表 5-2　亚马逊后台基础设置的主要内容

| 设置选项 | 简介 |
| --- | --- |
| 账户信息 | 有关付款信息和公司业务信息等 |
| 通知项选项 | 设置订单通知、退货和索赔通知、商品通知、出价通知等 |
| 登录设置 | 编辑登录姓名、邮箱地址、手机号码、密码、两步验证设置等 |
| 退货设置 | 指定退货条件及退货期限等细节 |
| 配送设置 | 自发货的卖家要进行此项设置，包括指定订单处理时间、提供的物流方式及送达时间、运费等信息 |
| 用户权限 | 不同的用户可以设置不同的权限，被授予权限的用户可完成库存管理、处理发货确认等 |
| 你的信息和政策 | 通过增加卖家个人资料、常见问题解答、凭证和证书等信息，让消费者了解卖家实力 |
| 亚马逊物流 | 使用亚马逊物流的卖家要进行可选服务设置、入库设置、不可售商品自动移除设置等 |

### （二）全球速卖通后台基础设置

登录全球速卖通后台，卖家可以看到“账号及认证”菜单下有“账户管理”和“子账号管理”等选项，如图 5-9 所示。“账户管理”可用于设置账户基本资料，修改注册邮箱、手机和登录密码，代扣支付宝账户绑定设置等。“子账号管理”可用于对不同的子账号设置不同的权限，如发布商品、修改商品、做营销活动、处理订单等。每个主账号（管理员账号）下可以设置 50 个子账号。

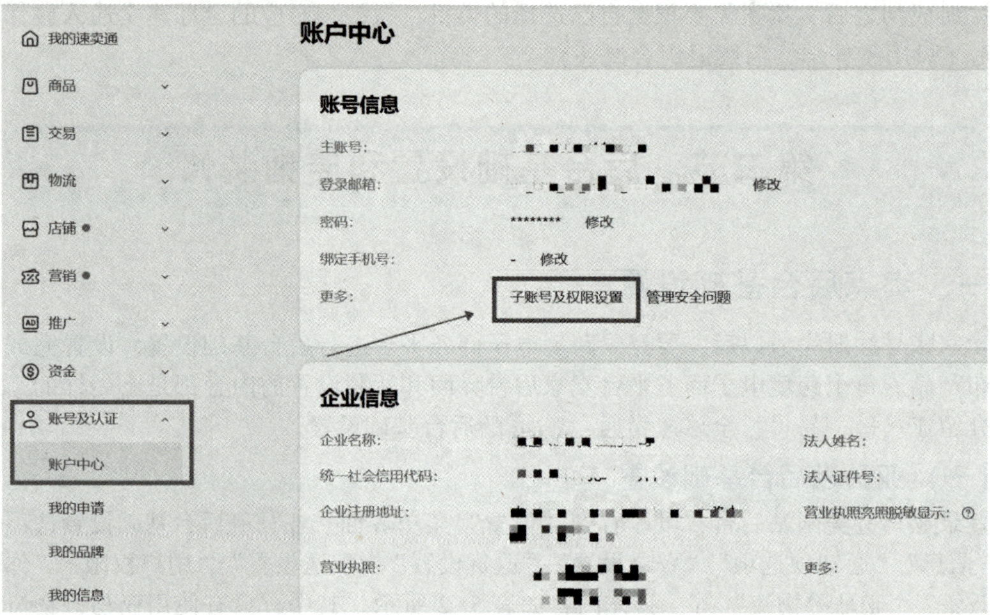


图 5-9　全球速卖通后台设置页面

全球速卖通物流模板设置路径为“商品”→“模板”→“物流模板”→“新增运费模板”，主要可设置物流方式、配送区域、运费等内容，设置页面如图 5-10 所示。

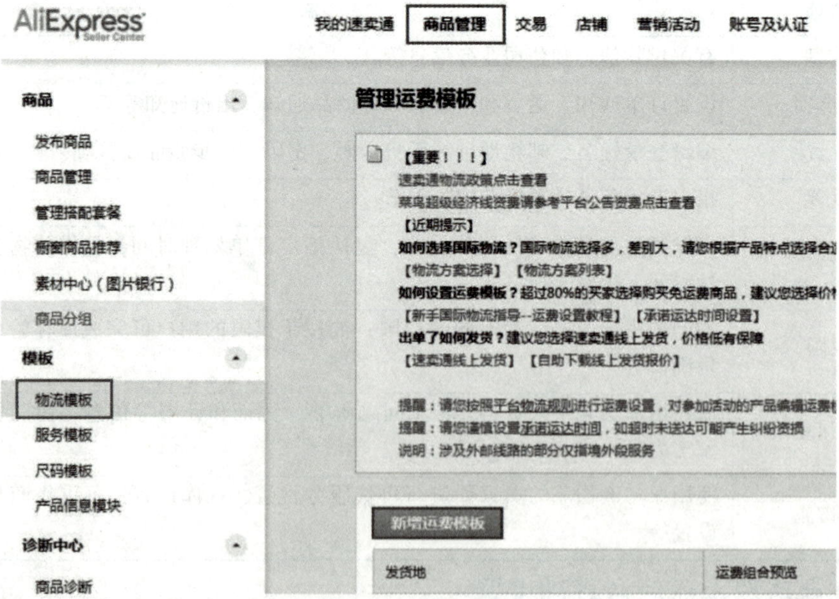


图 5-10　全球速卖通物流模板设置页面

## 二、店铺装修与设计

顾客进入一家店铺，最终是否会购买店铺的商品，受到描述的专业性、可信度及服务保障等很多因素的影响，例如，宝贝主图、首页装修、描述的专业性、描述的可信度、服务保障、质量保证、宝贝参数、使用情况、优惠政策、客服态度等。观察这些影响购买的因素，会发现其中大部分都需要依靠店铺装修来实现，由此可见，店铺装修在店铺运营过程中十分重要。

### （一）全球速卖通店铺装修与设计

全球速卖通店铺是卖家自主经营的重要阵地。卖家拥有店铺后可以自由设置商铺展示的样式和内容，吸引更多的流量、提升客单价和买家转化率。

#### 1. 进入全球速卖通店铺后台

进入全球速卖通后台，单击“进入装修”，如图 5-11 所示。

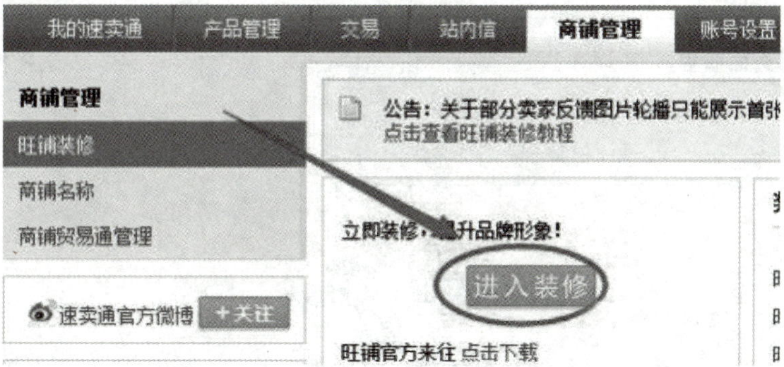


图 5-11　单击“进入装修”

#### 2. PC 端店铺页面装修

进入装修界面后，有两种模式，选择 PC 端页面进行装修，如图 5-12 所示。

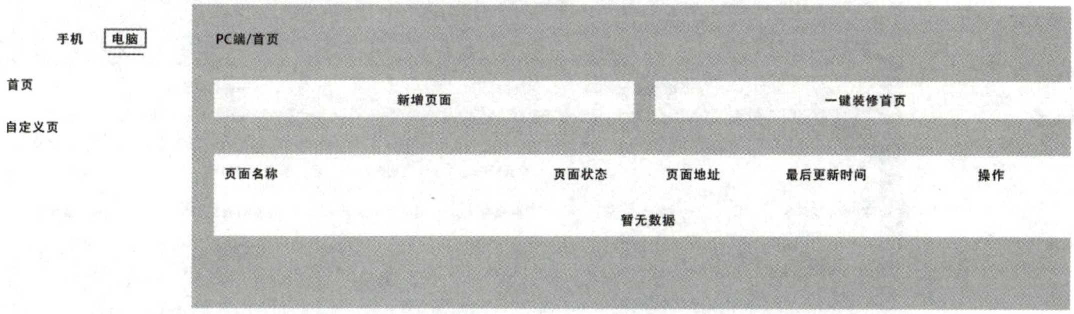


图 5-12　PC 端店铺装修界面

#### 3. 新增页面

（1）输入页面名称，长度不能超过 45 个字符，如图 5-13 所示。

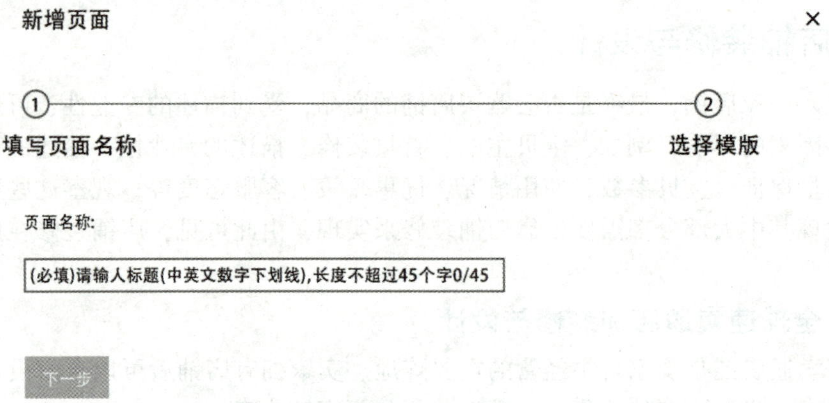


图 5-13　输入页面

（2）勾选“默认”选项，如图 5-14 所示。

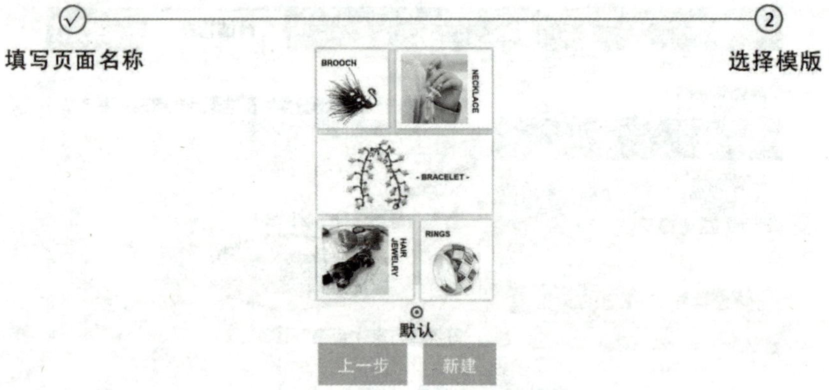


图 5-14　勾选“默认”选项

（3）提交后返回店铺装修界面，如图 5-15 所示。

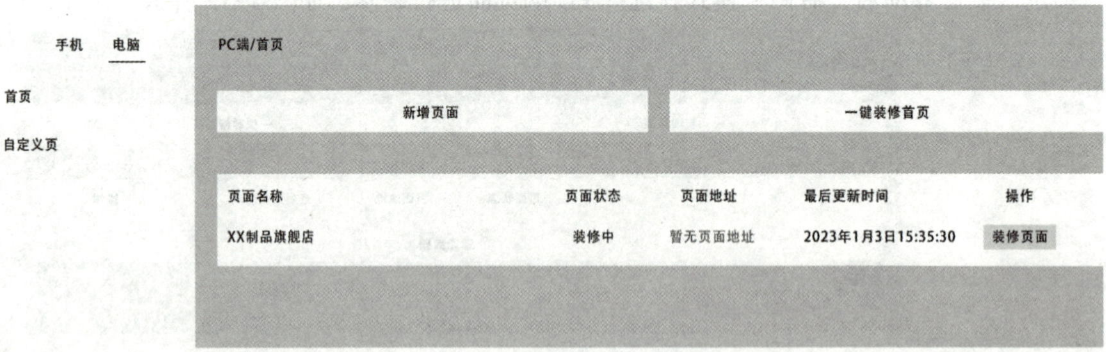


图 5-15　查看店铺装修页面

（4）单击进入店铺首页装修，把准备好的店铺招牌及店铺导航图片上传保存后发布即可，如图 5-16 所示。

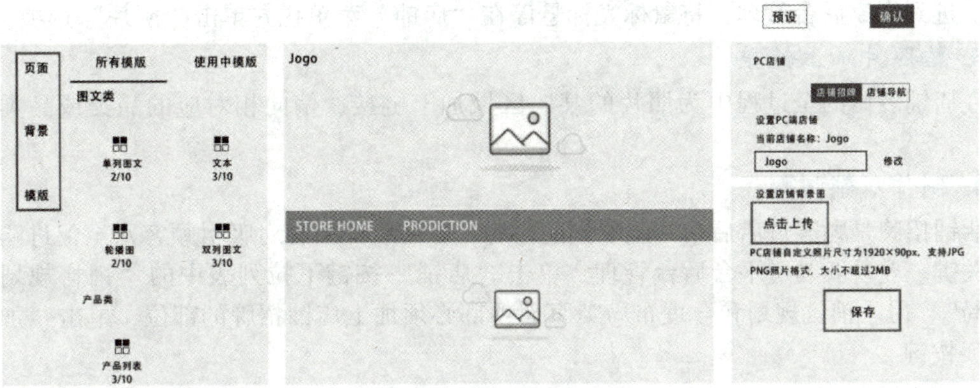


图 5-16 店铺首页装修

## （二）亚马逊店铺装修与设计

亚马逊店铺装修不需要达到什么条件，卖家开通店铺后就可以对店铺进行装修。商家首先要对店铺有基本样式的构思；其次准备店铺的招牌和宣传图片，最后就是布置模块等，如图 5-17 所示。

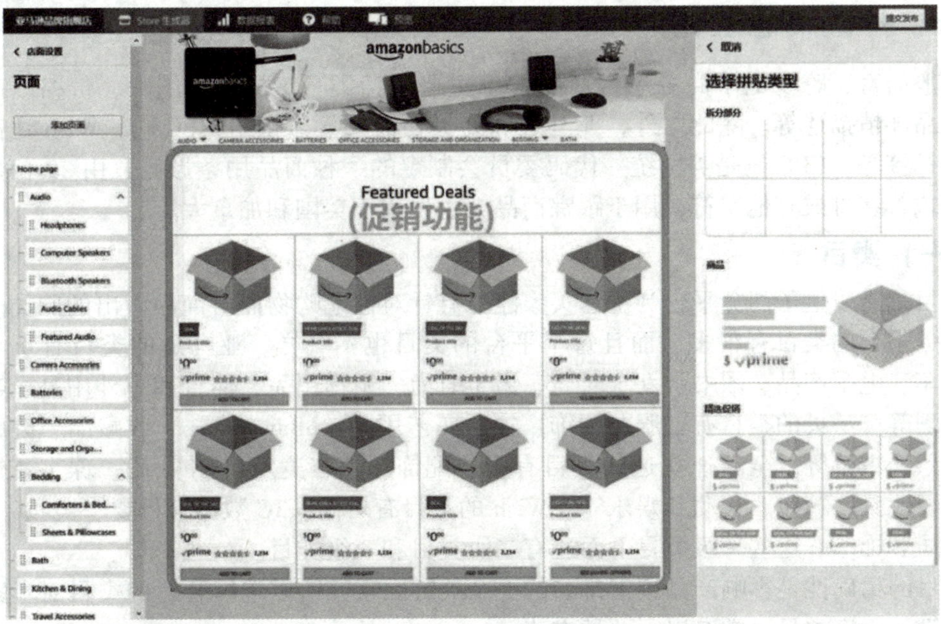


图 5-17 亚马逊店铺装修

### 1. 确定网页布局

有效的网页布局能够正确引导顾客在店铺中开展更合理的访问，当然也就提升了关键商品的呈现概率。进入卖家后台管理，将鼠标光标悬停在“店铺”菜单栏并单击“销售规划和合理布局”选项，即可进行网页布局。

### 2. 提交和管理图片

亚马逊店铺中展现的图片，如店铺招牌、营销页面等都需提前上传到店铺图片管理方法中。进到卖家后台管理，将鼠标光标悬停在“店铺”菜单栏并单击“照片”选项。

#### 3. 给照片加上链接

在店铺装修的全过程中为照片的某一区域加上链接，偏向相对应的品类或品类目录页面。

#### 4. 制作店铺招牌

店铺招牌是顾客进店后第一眼看到的内容，好的店铺招牌对吸引顾客乃至促进购买都十分关键。登录亚马逊平台后台管理，单击“店铺”按键下拉列表中的“销售规划和合理布局”。在“销售规划和合理布局”页面项部必须加上店铺招牌的部位，单击“加上新内容”按键。

# 第三节　产品发布与优化

卖家对跨境电子商务平台后台进行基础设置后，就可以进行选品并收集相应的产品信息，按照跨境电子商务平台的规则和要求发布与推广产品了。

## 一、产品信息优化

一般而言，跨境电子商务平台产品信息主要包括类目、标题、图片、价格、产品属性、产品详情描述等。除此之外，亚马逊和易贝还需要卖家填写 UPC 码，Wish 还需要卖家填写标签等。UPC 码是美国统一代码委员会制定的一种商品用条形码，由 12 位数字组成，不包含字母或其他字符，用于跟踪商品，主要用于美国和加拿大。

### （一）类目

类目是跨境电子商务平台为了让买家能够有针对性地购物而对商品做出的归类。跨境电子商务平台的类目有很多，而且每个平台的类目也不一样。亚马逊的类目有玩具和游戏、汽车、电子产品、图书、女士时尚、男士时尚、宠物用品、体育和户外用品、美容和个人护理等。易贝的类目有鞋服及配饰、家居园艺用品、eBay Motors、收藏品、健康与美容、邮票、古董等。全球速卖通的类目有服装配饰、美容美发、3C 数码、珠宝首饰、家居、母婴玩具、箱包、运动和娱乐等。Wish 的类目有时尚、3C 数码、母婴、美妆、配件、鞋、家居装饰等。这些一级类目下面还有二级类目和三级类目。

类目的精确性是影响产品搜索排名的一个关键因素，所以选择合适的类目对卖家而言非常关键。确定类目通常有以下两种方法。

#### 1. 通过关键词搜索确定类目

在跨境电子商务平台后台用于产品发布的类目搜索框中输入关键词，系统会推荐一些产品的类目，卖家可根据产品的实际情况从中选择一个合适的类目。这种方法遵循的原则是核心关键词必须与类目有关，即产品与类目的匹配度要尽量高。如果有些产品既可以放在 A 类目，也可以放在 B 类目，则选择放在流量较大的类目下更合适。

#### 2. 参考同行类目

在确定类目时，卖家可以参考同行的相似产品类目设置。例如，卖家可以先在亚马逊前台搜索“iphone case”，查看一下各个站点前十几名卖家的类目设置情况，再做出决定。

## （二）标题

### 1. 标题定义

产品的标题是向买家展示产品特点的词语。标题应符合买家的搜索习惯，并且能激发他们的兴趣。一个产品之所以能够出现在买家的搜索结果中并吸引买家点击，标题起着很大的作用。好的标题需包含简单的产品信息，并尽可能包含多个相关性高的产品搜索关键词。

### 2. 撰写标题的基本要求

标题应尽量准确、完整、简洁，用一个完整的语句描述产品。跨境电子商务平台对标题的撰写有一定的要求，其中对标题字符数的规定如表 5-3 所示。除了对标题有字符数的规定以外，各大平台对标题撰写还有一些其他的要求。

表 5-3 跨境电子商务平台对标题字符数的规定

| 跨境电子商务平台 | 亚马逊 | 易贝 | 全球速卖通 | Wish |
|---|---|---|---|---|
| 最大字符数 | 200 个 | 主标题：80 个<br>副标题：55 个 | 128 个 | 200 个 |

（1）亚马逊规定：①标题首位必须是品牌名。②每个词的首字母必须大写，a、an、and，or、for、on、the 之类的词除外。③不能使用特殊字符或标点符号，如®、©™、!、$、&。④数字要用阿拉伯数字，不要用文字，如要写“2”，不能写“Two”。⑤批量销售的产品要在产品名称后面添加“pack of x”，其中“x”指产品个数。⑥不能出现促销和运费或者与产品本身无关的信息等。⑦标题要简明扼要，不要堆砌关键词。

（2）易贝规定：①不得在标题中添加无关的标注符号，不得含有网站地址、电子邮件或电话号码。②不得含有亵渎或猥亵的语言。③不得使用涉及侵权的关键词。④确保标题单词拼写正确等。

（3）全球速卖通规定：①不能堆砌关键词，同一个词不能出现两次以上。②不能使用限制词，如“Free Shipping”“Free Tax”等。③不能使用与产品不同类目的词，如 T-shirt 不能使用“Dress”。

（4）Wish 规定：①标题首字母要大写，介词和连词全部小写。②能使用数字就使用数字，而不使用单词，不能包含类似!、*、$、? 等特殊符号。③只能包括与产品本身相关的信息，不能包括促销信息，例如，不可以写成“Free Shipping”“New Arrival”等。

### 3. 好标题的标准

一个好的标题应该符合以下几个标准：①关键词与产品本身高度相关，按照一定的顺序进行组合，而不是简单堆砌。②能够与买家的搜索习惯相匹配，匹配度越高，被搜索到的次数也就越多。③能够充分利用跨境电子商务平台最大字符数的规定，对产品进行更详尽的描述。④能够为产品导入精准的流量并激发买家的购买欲望。

### 4. 如何撰写好标题

标题的基本要素包括关键词和标题的结构。卖家首先要懂自己的产品，然后再收集和整理关键词，并对关键词进行筛选，最后选择合适的关键词，以恰当的方式将其布局在产品标题中。

（1）收集关键词

标题的关键词越精准，卖家的产品就越能被更多的买家搜索到。收集关键词的方法有以下几种。

① 通过站内搜索确定关键词。例如，在亚马逊前台输入“blooth earphone”，亚马逊推荐的词就会出现在下拉框中。卖家要尽量选用这些关键词，因为它们是买家常常搜索的词，体现了买家的需求。

② 从竞争对手的产品标题中提取关键词。卖家可以参考优秀同行的关键词。向优秀同行学习是卖家得以快速成长的一种行之有效的方法，如在易贝前台找出有“Top Rated Seller”（优秀评级卖家）标志的同行，在亚马逊前台找出类目 TOP100 中的同行，卖家就可以从这些优秀卖家的产品标题中挑选一些高频词。

③ 从竞争对手的 review（评论）中提取关键词。卖家从 review 中能直接了解买家的关注点，比如产品尺寸、是否掉色、是否防水、是否由金属材料制成等，把买家的关注点直接体现在标题中，可以提高产品的曝光量和转化率。

④ 通过平台首页类目查找关键词。卖家可以在平台首页类目中查找关键词。这些类目词一般是大词，如图 5-18 所示。

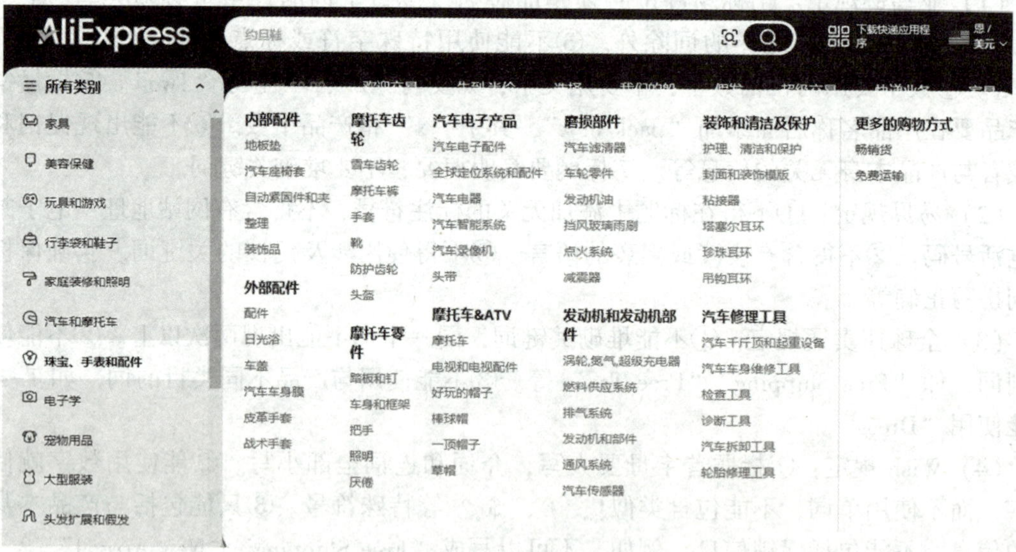


图 5-18 通过平台首页类目查找关键词

⑤ 通过第三方数据分析工具收集关键词。卖家可通过 Terapeak、数字酋长、Merchant Words、Jungle Scout 等第三方数据分析工具收集关键词。

⑥ 参考社交平台热词。卖家可以参考主流社交平台 Facebook、Twitter、Pinterest、Instagram、Linked 等上的热词。

⑦ 参考全球速卖通“搜索词分析”里的关键词。在全球速卖通，卖家可以利用后台“生意参谋”中的“搜索词分析”来整理相关的热搜词和飙升词等关键词。

（2）筛选关键词

卖家在收集了关键词后，还要对关键词进行筛选，最终形成自己的词库表。筛选关键词的方法包括以下几个。

① 去掉品牌词。可以把关键词放到跨境电子商务平台前台的搜索框中检索，查看是否是某个卖家的品牌或商标。

② 去掉相关性差的关键词。如果在标题中放入与自己产品相关性很差的关键词，则不利于买家搜索到自己想要的产品，导致平台不会给该款产品分配太多的流量。所以要把关键词放到跨境电子商务平台前台的搜索框中去检索，通过跨境电子商务前台展现量及展现的产品来判断关键词的相关性。如果展现量较高且产品是相似的，则说明这是一个比较精准的关键词。

③ 去掉搜索量太低的关键词。卖家收集的关键词要有一定的搜索量，如果这个关键词的搜索量太低，则不适合出现在标题中。

**知识拓展**

### 关键词的分类

关键词有很多种类，通常可分为大词、精准词、长尾词、广泛词。大词是所在类目中流量最大的词；精准词是与商品属性最相关的词，质量分相对比较高，转化率很高；长尾词是通过精准属性拓展出来的词，精准性也比较高；广泛词的范围就比较广了，简单来说，是能给这个类目的商品带来更多流量的词。

（3）标题的写法

常见的标题写法为“品牌名+核心关键词+属性词+其他词”，如图 5-19 所示。

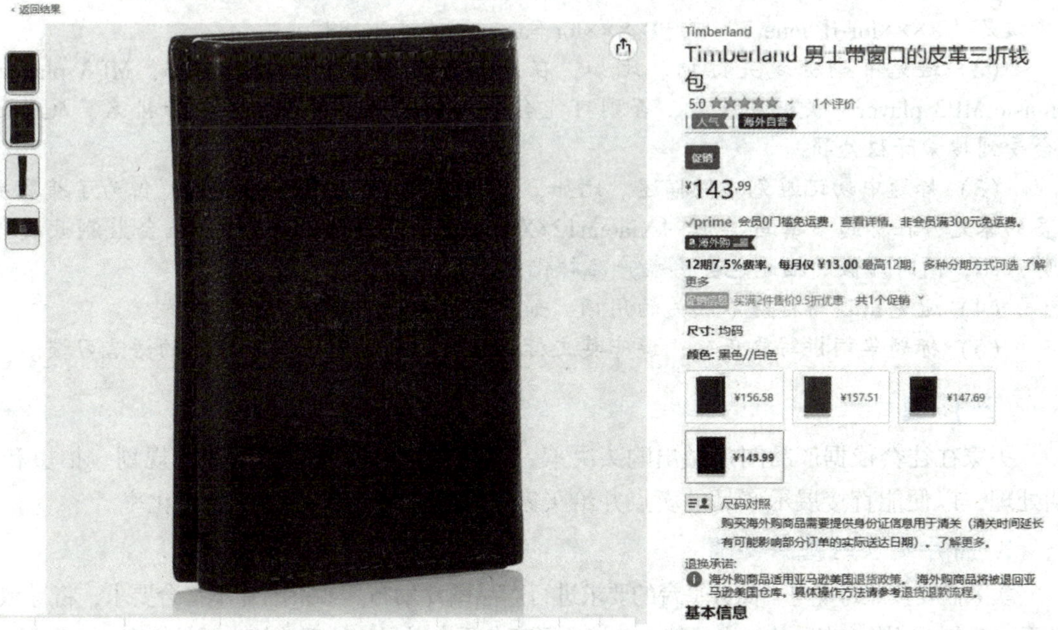


图 5-19 产品标题写法示例

① 品牌名。为了宣传自己的品牌，品牌名可以放在标题的最前面。如果是不知名的品牌，则可以放在标题靠后的位置，但需要注意的是，亚马逊规定品牌词必须放在标题最前面。

② 核心关键词。一般来说，一个标题中包含两三个核心关键词即可。核心关键词主要说明这个产品是什么，其特点是搜索量相对较高，但是用户定位不够精准，竞争相对较大，如“Wireless Headset”“Power Bank”“T-shirt”。

③ 属性词。属性词是指描述产品本身一些功能、特点、材质等的关键词，能体现产品的卖点。产品的卖点要在标题中体现出来，让用户在阅读的一瞬间就能被触及痛点和关切点，如“Waterproof”“Cotton”。

④ 其他词。其他词包括形容词、场景词、适用范围等，如“For Outdoor Activities”。

当然，标题的写法不止一种，卖家在实践中也可以参考跨境电子商务平台官方推荐的标题写法，如表 5-4 所示。

表 5-4　跨境电子商务平台官方推荐的标题写法

| 跨境电子商务平台 | 亚马逊 | 易贝 | 全球速卖通 | Wish |
|---|---|---|---|---|
| 官方推荐的标题写法 | 品牌名+属性+产品名 | 无推荐 | 品牌名+属性+产类型品型号 | 主品牌+子品牌、系列或产品名称+最多 3 个关键属性+通用产品类型 |

## 知识拓展

### 产品标题撰写的注意事项

（1）不得使用涉及侵权的关键词。不能将“iPhone”“iPad”“Samsung”等品牌关键词直接加入标题中，否则会误导买家认为这是苹果或三星等公司的产品。正确的写法应该是“××××for iPhone 7”或“××××for Samsung Galaxy S8”。

（2）避免堆砌标题关键词。比如，在同一标题中不能出现“MP3，MP3 player，music MP3 player”关键词堆砌，否则可能会导致该款产品不但不能提升排名，反而还会受到搜索降权处罚。

（3）标题中切记避免虚假描述。比如，卖家销售的产品是 Xiaomi12，但为了获取更多的曝光，在标题中填写类似“Xiaomi12/Xiaomi13”字样的描述，系统会监测此类作弊产品，同时虚假的描述也会影响产品转化率。

（4）避免出现与标题不相关的用词，如“Free Shipping”“New”等词。

（5）标题单词拼写要正确，遵守英文标题书写规则，符合海外买家的语言习惯。

## （三）图片

买家往往会依据产品图片做出购买决策，因此卖家要重视产品图片的规划、拍摄和后期处理，以便能直接展示产品的卖点并给买家视觉带来冲击，提高产品转化率。

### 1. 图片处理的基本要求

卖家需要按照跨境电子商务平台的要求进行产品图片发布。如果图片不符合要求，将导致产品无法发布或者影响产品的曝光量等。跨境电子商务平台对图片处理的基本要求如表 5-5 所示。

表 5-5 跨境电子商务平台对图片处理的基本要求

| 跨境电子商务平台 | 亚马逊 | 易贝 | 全球速卖通 | Wish |
| --- | --- | --- | --- | --- |
| 主图背景 | 纯白色 | 没有具体要求，建议用纯白色背景 | 白底或者纯色 | 没有具体要求，建议用纯白色背景 |
| 图片大小 | 1 000 像素 × 1 000 像素 ~ 10 000 像素 × 10 000 像素 | 500 像素 × 500 像素 ~ 1 600 像素 × 1 600 像素 | 800 像素 × 800 像素以上 | 800 像素 × 800 像素以上 |
| 边框、水印 | 都不允许 | 允许有水印 | 都不允许 | 都不允许 |
| 建议图片格式 | JPEG | JPEG | JPEG | JPEG |
| 主图主体大小 | 要求产品至少占据图片 85% 的空间 | 没有具体要求，建议产品所占图片的 80% ~ 90% | 各个类目产品占据整个图片的求不一样，如女装和童装是 70% 以上，婚纱礼服类是 80% 以上 | 没有具体要求，产品最好占据图片 85% 左右的空间 |
| Logo | 不允许 | 不允许 | 放置于主图左上角 | 不允许（产品本身的 Logo 是允许的） |
| 刊登图片数量 | 主图 1 张，副图最多 8 张 | 主图 1 张，副图最多 12 张 | 主图最多 6 张，详情图 5 张以上 | 主图 1 张，副图最多 20 张 |

### 2. 优质图片的标准

优质图片的标准如下。

（1）图片要传递真实准确的产品信息给买家。

（2）图片要传递质感和超价值感。

（3）图片要美观大气，不失真。

（4）图片要自己拍摄，不能盗图。

（5）图片要能抓住买家眼球。

（6）要有从不同角度展示产品独特卖点的细节图、功能图和应用场景图等。

## （四）价格

在不同的跨境电子商务平台发布产品时，产品价格的设置也是不一样的。亚马逊的产品价格设置包括标准价格、销售价格和制造商建议零售价格。标准价格是卖家根据自己想要的价格来填写的，一般比销售价格要高一些，销售价格即折扣价格。

全球速卖通的产品价格设置包括零售价格、区域价格和批发价格。零售价格即原价（包含交易手续费）。区域价格指按照不同的国家和地区设置的差异化价格。批发价格是对于支持批发的产品，依据起批数量不同设置的价格。批发价格以折扣形式填写，例如，零售价格为 100 美元，批发价格在零售价格的基础上减免 10%，即 9 折，表示批发价格为 90 美元。

易贝的产品价格设置包括固定价格、拍卖价格、拍卖价格和固定价格并用三种。固定价格即一口价。拍卖价格是以“拍卖方式”销售的产品价格，既可以输入产品的起拍价格，也可以输入产品的保底价格。拍卖价格和固定价格并用是指同一产品既可以设置拍卖价格，也可以设置固定价格。

Wish 的产品价格设置包括销售价格和制造商建议零售价格。制造商建议零售价格在 Wish 上显示为带删除线的价格。

## （五）产品属性

产品属性一般包括颜色、款式、尺码、材质、数量等，需要由卖家按照平台提供的格式填写，有助于买家在搜索产品时按自己的需求进行精确筛选。产品属性需要填写的内容较多，分必填项和可选项，其中以红色星号标识的项目是必填项。不同类目的产品，必填项的内容和数量也不同，卖家要根据产品特性如实填写。产品属性的完整性会影响产品的搜索曝光率，因此卖家应该尽量填写完整。卖家也可以自定义添加买家关注的产品属性，以便让买家清晰地了解产品，减少买家的顾虑，提升交易成功率。

## （六）产品详情描述

### 1. 产品详情描述类型

产品详情描述是对产品详细、准确的描述，分为图文版描述和纯文字描述两种类型，其中图文版描述通过图片和文字相结合的方式展示产品细节，能让整个产品描述页面看起来更活泼。

在亚马逊上填写产品详情描述时，只有成功通过了亚马逊品牌注册的卖家，才可以创建“A+”页面，即图文版产品详情页面。没有通过亚马逊品牌注册的卖家，只能用纯文字展示产品细节。全球速卖通和易贝上的产品详情页都可以通过图文版描述展示产品详情，但在易贝上添加图片时，需要先把图片传到另外的免费图片空间里，再将图片的 HTML 链接地址插入相应的图片位置，相对比较麻烦，卖家可以采用店小秘、芒果店长、马帮等 ERP 工具上传产品图片来解决该问题。Wish 的产品详情描述一般用纯文字描述，没有提供图文版描述的功能。

### 2. 产品详情描述写法

产品详情描述建议按照以下思路填写。

（1）宣传品牌故事和品牌优势。一个有故事的品牌，更能获得买家的认可，引起其情感上的共鸣。

（2）强调产品的差异性。卖家要重点阐述产品的参数、工艺等各种细节，特别是产品的特色。卖家可以向同行竞争对手的 listing 学习，也可以关注和提取同行客户留评中所包含的大量客户关心和需要的有用信息。

（3）提供无忧售后服务。卖家要为客户提供各种品质保证和售后服务，以此打消买家的种种顾虑。

（4）介绍产品包装信息。卖家要把产品、配件和赠品一一罗列在包装清单中，让买家觉得物超所值。

（5）进行关联营销。卖家可以通过以下方法进行关联营销：一是同类关联，如卖手机，那就全部关联手机的页面详情；二是搭配关联，如卖裙子，那就对饰品、腰带、项链等可以搭配在一起的产品进行关联营销。

好的产品详情描述，除了要包含上述内容以外，还要注意页面的排版。比如，在亚马逊，卖家可以运用加粗、换行等功能对产品详情描述文字进行排版，让买家一目了然，这样有助于提高产品转化率。

# 二、产品发布

## （一）产品发布方法

产品发布方法有以下两种。

### 1. 通过跨境电子商务平台后台上传

跨境电子商务平台后台一般提供两种产品上传方式：单个产品上传和批量产品上传。其中，批量产品上传就是根据跨境电子商务平台指定的CSV（Excel的文件格式）模板批量填写产品信息之后生成文件并上传。这两种方法各有利弊，批量产品上传效率高，但容易出错。比如，在Wish批量上传产品过程中，容易发生SKU重复添加、出现系统不支持的颜色、必填属性选项漏写等错误。

### 2. 借助第三方工具上传

常用的上传产品的第三方跨境电子商务ERP工具有店小秘、芒果店长、马帮等。一个ERP账号可同时授权多个平台的多个店铺，从而很好地解决了店铺关联问题。

**知识拓展**

**产品发布注意事项**

产品信息的准确性会影响产品的转化率，同时较高的准确性还可以防范由货不对版问题所引起的纠纷。卖家填写好所有产品信息后，应当核对一遍再提交系统。要重点核对产品的各个参数是否填写齐全，内容是否与标题、产品描述、图片等相一致。卖家发布产品以后，跨境电子商务平台要进行产品审核，审核通过以后产品才能在前台展示，其中Wish的审核时间相对较长。

## （二）产品发布流程

下面以在全球速卖通上传单个产品为例介绍产品发布流程。

（1）登录全球速卖通后台，点击菜单栏“商品”中的“发布产品”，如图5-20所示。

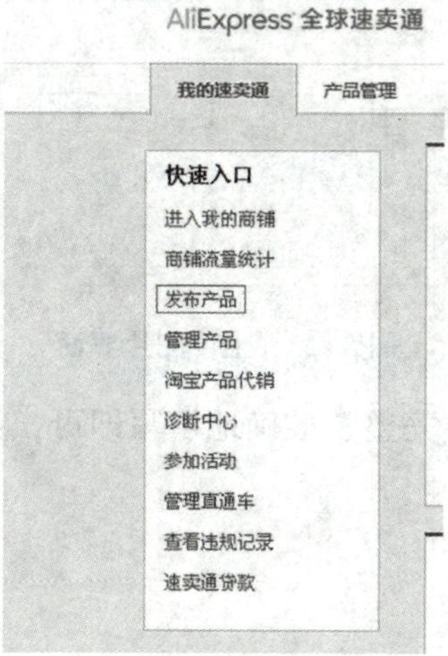


图5-20　点击“发布产品”

（2）进入“基本信息”界面，选择发布语系，输入商品标题并选择商品类目，如图 5-21 所示。标题建议按“品牌名+属性（材质/特点/颜色/风格等）+商品型号/类型”的格式填写，切勿堆砌关键词。

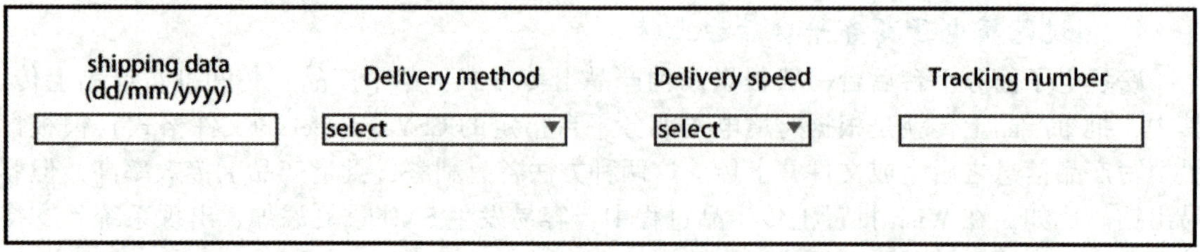


图 5-21　填写基本信息

（3）添加产品正面图、背面图、实拍图、侧面图、细节图等，多角度展示商品的卖点，大大提高买家对商品的兴趣。卖家也可以添加营销图和产品视频，如图 5-22 所示。白底/透明图上传后，后续卖家报名参加任何平台活动，系统会自动引用这张图，无须再次上传。添加产品视频可以提高产品转化率，建议视频比例为 1：1、3：4 或 9：16，时长 30 秒内，大小 2 GB 内，内容含产品主体，非 PPT、无黑边、无水印、无中文等。

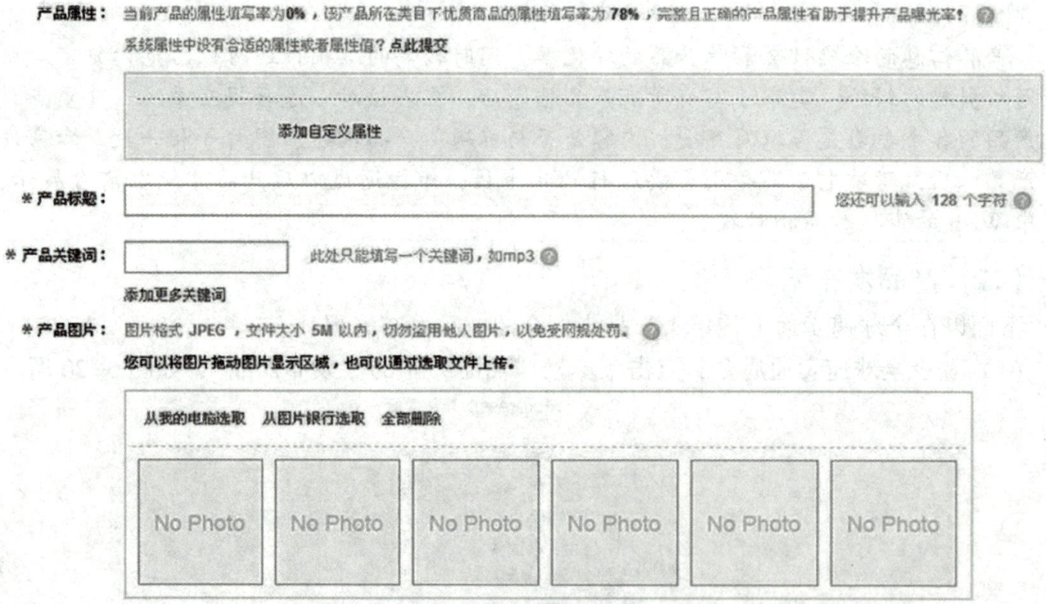


图 5-22　上传图片界面

（4）填写产品属性，如实、完整、准确地填写即可，如图 5-23 所示。

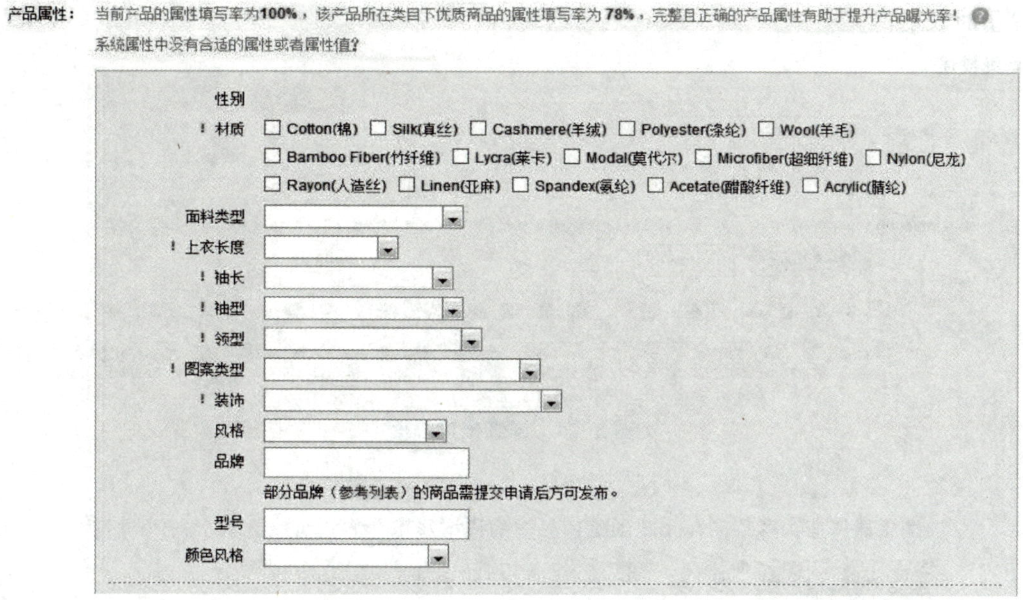


图 5-23 填写产品属性

（5）填写价格与库存，主要包括最小计量单元、销售方式、颜色、尺寸（部分类目）、发货地、零售价（USD）、库存数量、商品编码、区域定价、批发价。

① 最小计量单元：售卖的产品的最小度量单位，即单个产品的量词。

② 销售方式：根据重量、体积和货值决定是单件出售还是打包出售。一般产品单价较高，重量和体积较大的产品适合单件出售；而产品单价较低，质量和体积较小的产品（如 3C 配件等）适合多个组成一包出售。

③ 颜色：可选择一个或多个主色系，并设置对应的自定义名称或上传 SKU 自定义图片。

④ 尺寸：服装等需要设置尺码的类目需要设置尺寸。卖家可以勾选通用尺寸，也可以自定义属性值名称，自定义属性值时只允许输入字母和数字。

⑤ 发货地：根据实际情况选择一个或多个发货地。

⑥ 零售价：即原价（包含交易手续费）。实际收入＝零售价×（1−佣金费率）。多 SKU 产品在设置价格时，首先在标题栏填写零售价、库存数量等信息之后，点击“批量填充”，则全部 SKU 价格将被填充。

⑦ 库存数量：表示特定属性的产品是否有货。

⑧ 区域定价：在产品发布端，按照“ship to”区域不同，向卖家提供差异化定价的功能。

⑨ 批发价：对于支持批发的产品，可勾选“支持”。卖家可以在弹出的窗口中设置起批数量和批发价格，批发价格以折扣形式填写。

（6）填写产品详细描述，平台提供了 PC 详描编辑和无线详描编辑两种模式，如图 5-24 和图 5-25 所示。平台数据显示，添加了无线详描的产品的成交转化率远高于没有添加无线详描的产品。尤其对非标产品来说，更多更高质量的详描展示，有助于增强买家的黏性及停留时长。

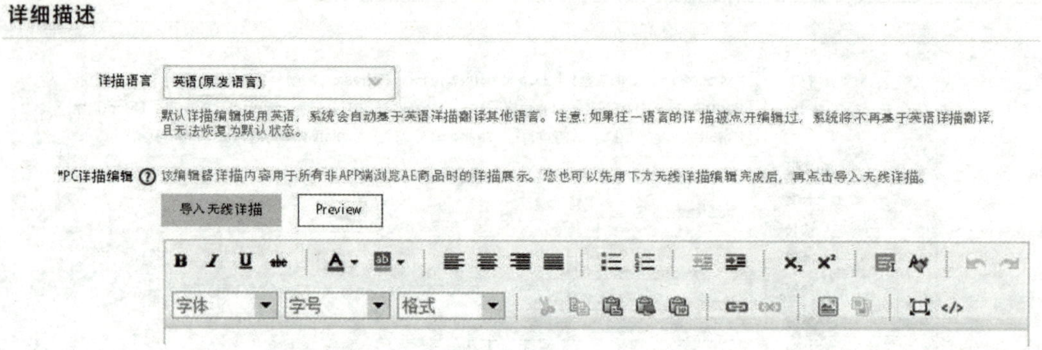


图 5-24　详细描述界面

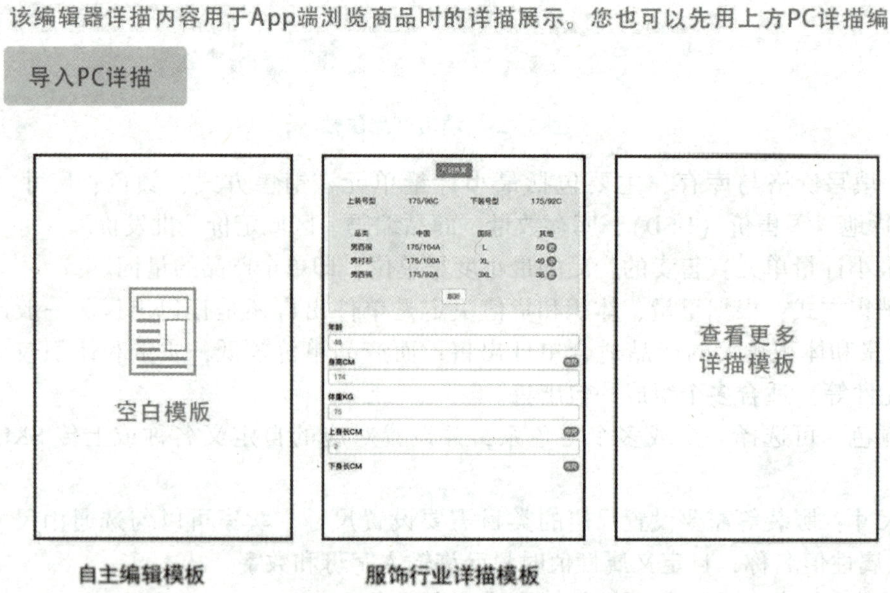


图 5-25　无线详描编辑界面

（7）设置包装与物流（图 5-26）。发货时间从买家下单付款成功且支付信息审核完成（出现发货按钮）后开始计时。假如发货期为 3 天，如在北京时间星期四 17：00，订单支付信息审核通过（出现“发货”按钮），卖家则必须在 3 日内（周末、节假日顺延）填写发货信息，即在北京时间下一个星期二 17：00 前填写发货信息。若未在发货期内填写发货信息，系统将取消订单，货款全额退还给买家。建议卖家及时填写发货信息，避免出现损失订单的情况。卖家要合理设置发货期，避免产生成交不卖的情况；还应准确填写包装后重量和产品包装尺寸，避免因填写错误而造成运费损失和成交活跃度下降。

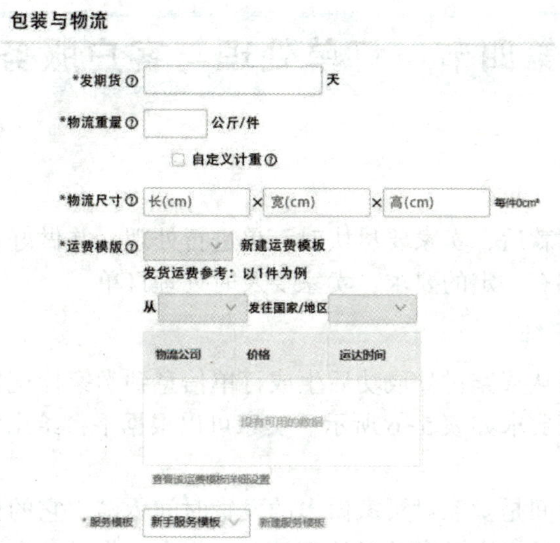


图 5-26　“包装与物流”界面

（8）其他设置界面（图 5-27）。商品分组能帮助买家快速查找商品，也方便卖家管理商品。卖家可以根据需要设置商品组，将同类商品放在一个商品组内。库存扣减方式包括下单减库存和付款减库存。下单减库存是买家拍下商品后即锁定库存，付款成功后进行库存的实际扣减，如超时未付款则释放锁定库存，该方式可避免超卖发生，但是存在被恶拍的风险。付款减库存是买家拍下商品且发起付款时锁定库存，付款成功后进行库存的实际扣减，如超时未付款则释放锁定库存，该方式可较大概率避免商品被恶拍，并且可避免超卖的发生。

图 5-27　其他设置界面

（9）全部信息填写完毕后点击“提交”按钮，至此产品发布完成。

# 第四节　订单处理与客户服务

## 一、订单处理

买家下单并完成付款后，卖家要尽快对订单进行处理，并做好客户服务。跨境电子商务平台对订单处理时间有一定的要求，卖家要及时处理订单。

### （一）订单处理时间

订单处理时间是指从买家付款成功后生成订单信息到卖家标记发货的时间。跨境电子商务平台订单处理时间要求如表 5-6 所示。卖家可以根据平台给出的时间范围自行设置订单处理时间。

设置的订单处理时间是卖家对买家做出的发货时间承诺，它的长短在一定程度上会影响买家的购买决策。如果卖家没有及时处理订单，将会面临平台自动取消订单的风险。如果超过了承诺的时间发货，也会影响平台对卖家的绩效考核，所以卖家及时处理订单非常重要。

表 5-6　跨境电子商务平台订单处理时间要求

| 跨境电子商务平台 | 亚马逊 | 易贝 | 全球速卖通 | Wish |
|---|---|---|---|---|
| 订单处理时间 | 自发货产品不超过 30 天 | 直邮产品为 1 ~ 30 天，海外仓产品为 12 天 | 一般类目最长为 7 个工作日，个别类目最长为 15 天（家纺成品或室内灯饰灯具）或者 30 天（手机、自行车等） | 不超过 5 个自然日 |

### （二）订单处理的一般流程

订单处理的一般流程如下。

#### 1. 订单检查

卖家在发货前须对订单信息进行检查，只有确认无误，才能有效避免不必要的麻烦。针对新买家，需要检查订单上的地址信息、联系电话等是否全面。如果没有包含邮编和电话号码，需与买家联系获取，这对于产品被顺利送达非常重要。另外，还要关注订单备注或留言，查看买家对颜色、尺码等方面的特殊要求，避免因发错货而带来不必要的损失。

#### 2. 填写物流面单

确认订单信息没问题后，填写物流面单。物流面单填写是否正确规范，对于货物的派送及分拣、清关、入关等影响较大，卖家需认真对待。物流面单要整洁干净、字迹清晰、内容完整，有破损或者字迹模糊的物流面单需要重新打印。不同物流方式的面单内容和格式会有所不同，中国邮政国际小包面单，如图 5-28 所示。

中国邮政 CHINA POST　LA POSTE　国际小包面单 TRACKED PACKET　Expres

协议客户：[redacted]

FROM: [redacted]xi hu qu, hang zhou
shi, zhe jiang sheng
[redacted]8285
CHINA 310012　　64140

A: [redacted]
Atlantiques
685557718 33
FRANCE

退件地址：中邮杭州仓

A FLASHER DISTRIBUTION　Pas De Signature

LF011030309CN

图 5-28　中国邮政国际小包面单

### 3. 拣货

卖家拿着拣货单到仓库拣货时，应检查产品质量是否合格、产品是否与自己上传的图片相符、颜色与数量是否正确等。

### 4. 打包

卖家要根据产品类型选择合适的包装材料对产品进行包装，确保包装安全和美观，产品包装好后要把物流面单贴在包装上。贴物流面单时应确保条码不被遮挡和折叠，以免造成物流服务商（货代）扫描不到相关信息而无法派送给买家。

### 5. 发货

卖家预约物流服务商上门揽收。如果卖家不在物流服务商的上门揽收范围，则要把包裹送至物流服务商处。将包裹交给物流服务商后，一般 24~48 小时后可以查询物流信息。

### 6. 填写发货通知

发货完成以后，卖家要填写发货通知。发货通知的内容一般包括发货地、发货时间、物流服务商名称、货运跟踪单号等信息。

## 二、客户服务与管理

客户服务与管理是一个跨境店铺的软实力，优质的客户服务与管理能提高跨境店铺转化率、提高客户满意度和忠诚度，促进客户复购。要想做好客户服务与管理，跨境卖家应具备良好的服务态度，掌握与客户沟通的技巧，妥善处理和解决客户问题。

### （一）跨境客服工作范畴

#### 1. 售前咨询

（1）创建常用回复

首先卖家要深入了解业务知识、操作流程、回复技巧等，并建立一个全面的常用语言文档，可以在日常邮件回复中提高客服的回复效率，节省邮件编辑时间。

(2) 催付提醒

及时给下单但还未付款的客户发催付邮件，一般情况下客户收到卖家温馨提醒的邮件后会尽快付款，给客户留下了良好的印象，也大大提升了转化率。

#### 2. 售中跟进

(1) 已发货通知

第一时间给客户发一封提醒邮件，告知客户物流渠道及物流跟踪号，有预计到达时间更佳，让客户感受到客服无比贴心的服务。

(2) 未发货通知

因特殊情况延迟发货的订单，客服应及时主动联系客户，道歉并说明情况。如遇到客户催发货应尽全力安抚情绪，尽量得到客户的理解。

#### 3. 售后处理

(1) 给客户留评

客户确认收货后，客服应积极地给客户评价，引导客户留下好评，对于店铺评分及缩短资金回款周期都利好。

(2) 建立黑名单

店铺会遇到一些不良客户的恶意诈骗威胁或故意差评，严重者还会造成经济损失。客服在处理差评时，需筛选出这些骗子客户，建立一个黑名单库，做好记录和防范。

(3) 纠纷处理

客户收货后不满意时，就考验客服的应变能力及危机处理能力了，客服要知道客户的问题在哪，给客户满意解决，同时又要权衡利弊。

### （二）客服交流常用的工具

卖家与客户沟通时需要使用相应的工具，在跨境电子商务中，常用的沟通工具包括跨境电子商务平台自带的聊天工具、第三方通信软件和社交媒体。

#### 1. 跨境电子商务平台自带的聊天工具

Trademanager 国际版（又称“国际版阿里旺旺”，简称 TM）是阿里巴巴国际站的在线即时通信工具，也是供阿里巴巴国际站的卖家及客户在线交流的软件，拥有在线沟通、联系人管理、消息管理、登录记录查询等基本功能，客户通过 Trademanager 主动和同行业的客户交流联系，还可以直接登录 My Alibaba 操作系统。对于卖家来说不仅可以在线沟通，而且支持旺铺、网站快捷入口、定位沟通对象及文件图片互通等强大功能，方便客户与卖家更轻松地沟通。

#### 2. 第三方通信软件

(1) Skype

Skype 是一款即时通信软件，具有视频聊天、多人语音会议、多人聊天、传送文件、文字聊天等功能。客户可以使用 Skype 拨打手机和座机，进行语音通话，还可以发送视频、语音或文字信息，实现与他人的联系。

（2）WhatsApp

WhatsApp Messenger（简称 WhatsApp）是一款用于智能手机之间通信的应用程序。该应用程序借助推送通知服务，让客户可以即刻接收亲友和同事发送的信息。客户可以免费从发送手机短信转为使用 WhatsApp 程序，以发送和接收文字、图片、音频文件和视频信息。

WhatsApp 使用手机号码注册，客户在注册时输入自己的手机号码，并接收一条验证短信，然后 WhatsApp 会搜索客户手机联系人中已经使用 WhatsApp 的人，并将他们自动添加到 WhatsApp 联系人名单中。

### 3. 社交媒体工具

对于跨境电子商务卖家来说，Facebook、Twitter、Linkdin、WeChat 等社交媒体，不仅是开展营销推广的有效工具，也是与客户建立联系、保持沟通的良好渠道。卖家可以通过社交软件与客户连线对话，也可以向添加自己为好友的客户推送消息。例如，Twitter 允许客户使用手机以短信的形式向自己的“Followes”（关注者）发送信息，此外，客户还可以使用 Twitter 账户绑定即时通信软件。

## （三）提升客户满意度与纠纷处理

### 1. 提升客户满意度的技巧

（1）诚实地对待客户

客户的忠诚度始终以信任为基础，欺骗性的商业行为对业务发展百害无一利。为确保与客户真诚坦白地互动，建立相互信任和顾客忠诚度，可以安排一名工作人员检查所有广告宣传，并采用透明营销和定价方式，这些简单的做法不仅可以提高客户的满意度，还向客户表明卖家是值得保持长期联系的。

（2）真诚地为错误道歉

当卖家为错误道歉时，将获得客户的尊重。如果错误是较为普遍的，则卖家可以公开道歉并向客户提供商品折扣或其他优惠，以表明想要弥补过错的诚意。

（3）让客户自己选择沟通交流

与客户积极地沟通交流能让客户对卖家所提供的服务感到满意，但切勿与客户太高频地交谈，会适得其反。客户希望对卖家的业务有所了解，但不需要太频繁。许多人都会使用垃圾邮件过滤器，以便自动屏蔽那些持续发送资料的公司。让客户能够自己选择想要了解的信息，才是有效途径。

（4）确保客户服务的质量

许多客户都需要客服帮助，无论是在店铺中寻找商品还是网购后申请退货，客户都将与客服人员交流互动。

客服经验很重要，糟糕的客服会使卖家无法吸引新客户，并影响当前客户的忠诚度。许多客户在得知客服质量不佳后，便不会再消费。

（5）获得客户的认同感

卖家所提供的商品或服务令客户满意，从而建立联系。卖家需要确认是什么吸引并留住客户，将其保持下去，这将使卖家的业务成为顾客生活中不可或缺的一部分。这种认同感让客户觉得卖家值得长期托付，从而增加客户的忠诚度和信任度。

卖家要提供优质服务，上述要点缺一不可。如果想从一个普通卖家向一个与客户建立了长期联系的优秀卖家转变，需要整体分析、评估业务，以确定自己的缺点，然后制订并实施改良计划，以提高客户的满意度。

### 2. 全球速卖通纠纷处理

在全球速卖通平台中，纠纷问题一旦处理不好，店铺都有可能被屏蔽。

（1）全球速卖通纠纷的分类

全球速卖通平台的纠纷可以分为有关物流问题的纠纷和有关商品问题的纠纷两种。从卖家角度看，可以将其看成处于不同物流状况下的纠纷，可以标记为已收寄的纠纷、运输过程的纠纷、已签收的纠纷。

全球速卖通纠纷给账号表现分带来的影响主要表现在两个方面：纠纷提起率和仲裁有责率。客户提起纠纷，卖家有 5 天的时间响应，如果在 5 天内未达成共识，卖家可以通过拒绝纠纷让其上升至平台等待仲裁，在这期间有 3 天时间等待卖家和客户双方响应，如果还未达成共识，就会由平台纠纷小组裁决。简单来说，从客户提起纠纷到纠纷完成，客户如果没有关闭纠纷，那么此纠纷会算入纠纷提起率一栏。仲裁有责率指纠纷上升至仲裁且裁决结果为卖家输，那么就计入卖家的仲裁有责率。

（2）全球速卖通纠纷处理原则

① 每天查看，及时回复。全球速卖通平台规定纠纷响应时间是 5 天，如果卖家超过 5 天不回应，响应超时，平台会直接退款。

② 一切以店铺安全为前提，理智处理。纠纷里物流原因直接决定卖家商品 DSR，商品质量纠纷直接决定货不对板纠纷提起率，卖家应理智处理，切记店铺安全第一。

③ 客服有义务将纠纷损失降到最低。纠纷引起退款的损失，客服有义务与客户沟通，将损失降到最低。

（3）全球速卖通处理纠纷的回复模板

① 正常包裹投诉物流。投诉前提：常规时间、包裹状态正常，投诉未到货。参考模板如下。

Dear friend,

Per the checking, the parcel status that you mention is normal:

Status:

(查询结果粘贴)

You may refer to the following for the details:

(查询网址粘贴)

We are also expecting that the parcel would deliver to you early. However, shipping to your country needs about 7 ~ 30 business days, you may get the parcel about 20 days later, hope you cancel the dispute to keep waiting. We appreciate your patience.

Best regards,

Jenny

② 特定情况包裹延迟。投诉前提：由于旺季、气候、战争等原因造成包裹延误。参考模板如下。

Dear buyer,

Thanks for your order with us, but we are sorry to tell you that due to peak season these days, the shipping time to your country was delayed.

We will keep tracking the shipping status and keep you posted of any update.

Sorry for the inconvenience caused, we will give you 5% off to your next order for your great understanding.

Thanks!

Best regards,

Sam

③ 已发货但未更新。如果已发货但未及时更新物流，可以参考如下模板。

Dear Valued Customer,

Really sorry for the inconvenience. We ship the package to Aliexpress Warehouse yesterday, so they need some time to deal with it, and will update the tracking information on website soon. Here's the tracking website, you can track it by yourself.

LINK：×××.

Really hope you can help me cancel the dispute first, if you still not see the tracking information updated, you can open dispute again.

Await your kindly reply.

Best wishes,

Sam

④ 卖家私自更改物流方式。如果卖家私自更改了物流方式，可以参考如下模板。

Dear Valued Customer,

Sorry for the inconvenience, I just help you track the parcel, it shows delivered successfully. Since you are already my VIP customer, hope you can help me cancel the dispute. Next time we will confirm with you carefully when we need change the shipping way.

And we can give you discount coupon of $8 on each order over $80 when you buy in our store next time. If you have any problem, leave message here, we will reply you ASAP.

Best wishes,

Sam

⑤ 货物损坏。货物损坏，但商品本身质量没有问题，可以参考如下模板。

Hi James,

I am so sorry for the problem. Our products are in high quality and experience three checking. It may my colleague make mistake in checking quality. We will take more attention to quality.

If you agree, we refund you××as compensation. Hope you cancel the dispute, it's so harmful to my store.

Thanks for your kindly understanding. Have a nice day.

Best regards,

Sam

⑥ 货物损坏接受纠纷退款。对于货物损坏，卖家接收纠纷退款的情况，可以参考如下模板。

Dear Kevin,

I am so sorry to make you trouble. I will agree your dispute and give your money back. You will receive the item a few days later. I hope you can give me a favor for leaving me 5 stars of the feedback, which is very important to me. I want to give you the best products and customer service.

Please kindly understand. Thank you very much.

Best regards,

Sam

（4）全球速卖通纠纷处理技巧

① 定期统计及跟踪纠纷。

② 面对纠纷客户，可以尝试多种方式联系客户，如订单留言、站内信、电邮，SMS 等。

③ 使用第三方工具，让客户感觉到诚意，如收发后留言，发货后留言，到货提醒留言等。

④ 设置快捷短语，尽量做到旺旺全天在线并及时回复。

⑤ 大公司可以设定纠纷解决目标并考核，并考虑以挽回的经济损失的一部分来奖励员工。

⑥ 对于物流出现结构性延迟的国家，如巴西，建议卖家主动延长收货期 30 天。

### 3. 亚马逊纠纷处理

亚马逊对卖家的售后服务要求比较高，但还是无法避免纠纷。Amazon A to Z 纠纷申诉的结果分为索赔已被拒绝（claim closed）、亚马逊已经提供了资金（amazon funded）、索赔已被撤销（claim withdrawn）、卖家已经提供了资金（seller funded）、订单已退款（order refunded）5 种。除亚马逊已经提供了资金外，其余几种申诉的结果都可以更改，具体根据实际订单情况和卖家如何申诉而定。

（1）顾客未收到商品

① 后台没有跟踪号。如果卖家发货后没有上传跟踪号（通常为小额定单），顾客投诉没有收到货物，亚马逊会自动从卖家的账户扣款给顾客，卖家没有申诉的机会。

如果卖家已经补发，但顾客没有耐心等待并发起纠纷，说没有收到新的包裹，这时卖家可以申诉，说明已经补发，希望亚马逊会考虑这种情况，更改纠纷的结果。

② 订单带有跟踪号。当客户发起了 Amazon A to Z，亚马逊会给卖家 3 天时间申诉，申诉时，需要填写发货日期、物流商和对应的包裹跟踪号，如图 5-29 所示。

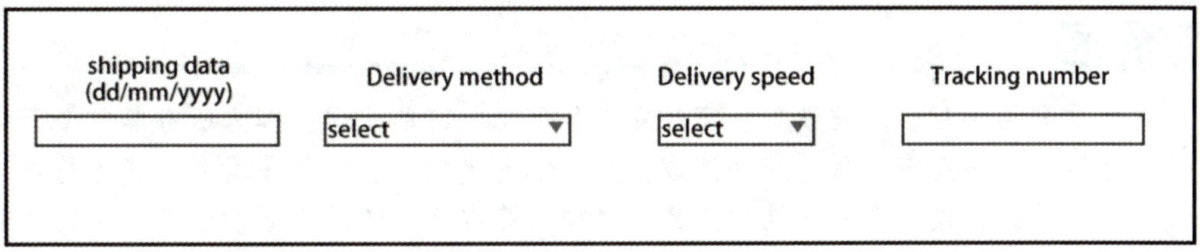


图 5-29　包裹跟踪号填写

一旦申诉，亚马逊会在 24 小时之内为回应卖家的申诉。如果包裹已经签收，亚马逊会向卖家索取客户签收包裹的证明。若遇到包裹被退回或没有显示成功签收等情况，建议卖家与客户协商是否接受重发，再向亚马逊申诉。亚马逊会酌情考虑，关闭纠纷。

（2）商品与描述不符

① 因客户原因导致（与期望不符合、下错订单等）。根据亚马逊的退货政策，在收到包裹的 30 天内，如果对商品不满意，客户有权利无条件把商品退回。申诉时记得要向亚马逊阐明卖家并无过错，如果包裹不是损坏或发错的，退回商品的运费应由客户承担，前提是卖家提供的退货地址必须是本地的。

② 卖家原因导致（收到损坏、缺配件等）。

客户没有来信，直接投诉。卖家应在 24 小时内联系客户并提供解决方法，让亚马逊看到卖家的诚意。如果在 3 天内客户还是没有回信，可以向亚马逊说明情况，希望可以关闭纠纷。

因卖家错误导致。卖家应尽量满足客户的要求，提供最佳的解决方案。如果客户购买的是低单价商品，可以重发一个商品，虽然导致了亏损，但为了顾客满意，也是值得的。重发后，可以向亚马逊说明并提供跟踪号，告知亚马逊事情已经解决，恳请关闭纠纷。

如果客户买了贵重商品，这类客诉比较难处理，重发一个亏损严重，部分退款客户又不接受。对于贵重商品，要先考虑是否还有退回维修的价值，如果有，联系顾客退回应提供当地地址作为退货地址，如果没有，亚马逊会从卖家的账户扣全款返还客户。没有本地仓的卖家，也可以给客户一个付了运费后的退货单，方便客户退回。

应注意必须收到客户的退件后才可以给客户退款。退款的金额可以根据退件状态调整，一般不低于客户付款的 70%。如果收到的退件无法维修，卖家可以提供照片给亚马逊商讨能否少退些，把损失减少到最低。

亚马逊做出了纠纷的判决，但是卖家觉得处理结果不能接受，可以在纠纷页面上诉，提供相关证据。亚马逊会根据卖家的申诉给出答复，胜算要看卖家提供的证据是否有力。

纠纷会影响订单缺陷率（order defect rate，ODR），亚马逊通常要求店铺 ODR 低于 1%，如果超过 1% 有被关店的风险。因此，卖家收到客诉时应尽量满足客户，避免纠纷。

## 本章小结

本章主要介绍了后台基础设置、产品发布与优化、订单处理、客户服务等整个开店流程，其中重点介绍了发布产品前应如何进行产品信息优化，包括收集类目、撰写标题、上传图片、设定价格、设置产品属性和产品详情描述等内容。通过本章的学习，帮助读者在跨境电子商务平台上进行店铺注册、订单处理等操作，能在亚马逊、易贝、速卖通、Wish上正确发布产品。

## 思考练习

### 一、填空题

1. 跨境电子商务平台产品信息主要包括________、________、________、________、________和产品详情描述等。

2. 标题的基本要素包括________和________。

3. 产品发布方法有________和________两种。

4. 速卖通平台的纠纷可以分为________和________两种。

### 二、简答题

1. 搜索 eBay 平台上个人卖家账号注册所需准备的材料，结合所学的平台账号注册的实操步骤，尝试注册一个 eBay 个人卖家账号，并进行步骤截图记录。

2. 在速卖通上注册账户需要准备哪些资料？

3. 简述亚马逊后台基础设置的主要内容。

4. 好标题的标准是什么？如何写好标题？

5. 如何写好产品详情描述？

6. 如果卖家没有及时处理订单，会产生怎样的后果？

# 第六章

# 跨境电子商务营销推广

## 本章导读

众所周知，在电子商务领域，流量是一切销量的基础，没有流量的网站、App 和第三方平台的店铺都将是“一潭死水”，销量和盈利根本无从谈起。如何吸引境外买家的注意，并将其注意力转化为购买力是值得跨境电子商务卖家关注的问题。跨境卖家只有不断积累跨境电子商务营销的经验，利用多种渠道，合理应用如搜索引擎、社交媒体、网络广告等各种营销工具引入更多流量，并将其转化为销量，同时达到塑造品牌形象和扩大品牌影响力的目的，才能在跨境电子商务竞争中处于有利的地位。

## 学习目标

### 知识目标

◆了解跨境电子商务平台活动的基本规则和报名流程。

◆了解跨境电子商务店铺自主营销的方式。

◆掌握跨境电子商务店铺自主营销工具的使用方法。

◆了解跨境电子商务站外引流。学会运用社交网站进行引流的方法。

### 技能目标

◆能够掌握店铺营销工具的设置方法并将其应用在具体的工作中。

◆能够掌握站外营销推广引流技巧并能在实践中运用。

### 素质目标

◆提高学生营销理论知识与实操技能，培养高素质跨境电子商务人才。

## 思政目标

◆培养学生踔厉奋发、勇毅前行，科技强国的意识和信念。

◆弘扬劳动精神、奋斗精神、创造精神，为培养担当民族复兴大任的时代新人做出积极贡献。

案例导入

**用诚信留给买家好印象**

在校学生团队在运营全球速卖通店铺中进行了一次营销推广活动。在营销活动尚未终止的情况下，该团队发放了100个10美元的优惠券。第二天，接到65个订单，但是惊讶地发现，每个订单的金额只有零点几美元。65个订单总额也只有50多美元，该店铺经营的是连衣裙，这个结果显然是不正常的。

经过团队的分析，发现优惠券是针对几十美元的连衣裙发放，但是定价在十几美元的T恤也可以把折扣和优惠券同时使用，这就造成这些十几美元的T恤打完折后不足1美元的情况，作为消费者，当然不会放过这个机会，造就了这65个订单。

当时，学生团队面临亏损，这对于团队的打击无疑是巨大的，但是他们选择的是面对，将这些订单造成的损失一一承担，也得到了买家一致的好评，从他们与买家交流的过程得到了买家良好的反馈，其中一位买家回复道：你们这次活动一定有很大的损失，但是你们真实地发货了，是诚实的卖家。

在跨境电子商务B2C平台营销推广中，越来越多的平台开始重视买家的反馈和体验感，主要有两方面的原因。

一方面是买家是平台的用户，卖家是平台的供应商，以全球速卖通平台为例，现在基本趋于数据化运营与管理，买家在全球速卖通平台上采购什么，偏好什么，全球速卖通平台可以通过这些行为动向采集买家的数据。而为了留住这些买家，全球速卖通平台通过对采集的数据进行整理分析，从而关注并提高买家的体验度。

另一方面是流量增长较为平缓，用户规模触达网民规模天花板，广告渠道越来越多，价格却越来越贵。随着全球速卖通平台越来越成熟，新用户流量达到饱和，行业进入存量时代，各大跨境电子商务企业为对已有用户的维护与竞争采取不同的流量广告投放，使得广告商通过抬高价格决定流量池的分布。

# 第一节　跨境电子商务平台活动

## 一、跨境电子商务平台大促

以全球速卖通为例，“平台活动”就是全球速卖通平台在某个时段或特定节假日，整合相关资源，利用专门设立的特定频道，或者给予特殊的推广渠道资源，快速为店铺带来大量的流量和曝光，而且转化率较高，是店铺营销的利器之一。

### （一）平台活动的常见类型

目前，全球速卖通平台活动一般分为国家站团购、秒杀、行业热销品和新品、应季主题活动、大型促销活动等。活动的名称和方式会随时变化，每期活动都有其不同的消费客户群及活动特色，所促销的商品和要求不同，所实现的效果也会有所不同。

### 1. 国家站团购

针对主要国家市场，全球速卖通平台开放单独的国家团购页面，目前其所对应的国家（地区）并不多，主要有俄罗斯、巴西、印度尼西亚和西班牙四个国家。

俄罗斯团购比较有代表性，整个活动的流量也非常大。其报名条件要求较高，还要求卖家尽快发货，尽可能使买家获得最优的购物体验。严禁提价销售，团购商品要求一口价。如果商品折扣力度大、库存多，在审核的时候，平台会优先考虑。

参加俄罗斯团购，选品要体现出商品的优势，主要表现在商品的历史成交量、好评率、日均销量等方面，可以参考以下几个标准。

（1）选择爆款品类且近期俄语系销量多的商品。

（2）商品热销价格定为 1.5~20 美元为宜。

（3）选择的商品一定要有品牌。

（4）尽量选择单属性的库存量单位（SKU）。

（5）商品的折扣力度大，从报名至活动结束前都不能出现价格低于或等于报名活动价格的情况。

（6）最好不要选择首页评价中有两个差评的商品。

（7）平台对商品有疲劳度控制，不要重复报名。

卖家可以通过俄罗斯团购官网进入对应的品类查看每期活动都有哪些商品，了解平台会选什么样的商品参加俄罗斯团购，帮助自己选品。

印度尼西亚和西班牙团购招商的条件要求较低，比较适合中小卖家和刚开张不久的新店铺。针对单一国家的团购活动是卖家打开这些国家市场的敲门砖。

### 2. 秒杀

为了更好地提升活动流量、提高商品曝光率，全球速卖通平台将“无线抢购”和“Super Deals”活动合并升级，推出“Flash Deals”。“Flash Deals”在买家版首页的入口非常明显，如图 6-1 所示。

图 6-1　买家版首页的“Flash Deals”位置

3. 行业热销品和新品

针对不同行业的热销品和新品，全球速卖通平台会定期在首页相关类目的推广模块中投放资源。热销品和新品会在搜索结果页面以专辑的形式显示，点开专辑后，将出现热销品集中展示页面。

为了打造多元化、丰富的行业市场，全球速卖通大 FASHION 行业力推卖家上新品，平台对新品给予更多的关注和流量支持。女装、男装、配饰、鞋、包、珠宝、手表、婚纱礼服、扮演服等品类均属于大 FASHION 行业。店铺首次上架的新款（店铺老款重发不算，平台已有老款不算）可受到平台力推，享受更多的资源扶持。新品图片要求主图无水印、无拼图。

4. 应季主题活动

对于周年庆、情人节、万圣节等各类节日和活动庆典，全球速卖通平台都会推出有相应主题的促销活动，且在买家版首页上占据非常明显的推广位置。

5. 大型促销活动

通常平台大型促销活动一年会开展 3 次。根据实际情况，平台会适当地增加或减少活动次数。大型促销活动的促销力度很大，流量也非常大。

目前，全球速卖通平台大型促销活动主要有年初的 Shopping Festival、年中的 Superova Sale 及年底的 Double Eleven Carnival（11 月 11 日）。从活动促销的力度来看，Double Eleven Carnival 的促销力度最大，同时流量也是最大的。

每次的大型促销活动都是平台精心策划准备的，吸引了大量的商家和优质的商品，流量也很大，因此促销活动的效果远远高于其他的营销活动。活动中的商品销量会计入商品搜索排名评分当中。活动的大量流量能为单品带来很大的销量，快速提升商品的搜索排名。

## （二）做好平台活动需注意的细节

对于卖家来说，平台活动是一个绝佳的销售机会。卖家要想抓住活动机会，让店铺营业额实现跨越式的增长，需要做好以下几个方面的工作。

1. 清楚活动要求

对于不同的活动，参加的条件会略有不同。卖家可以登录平台活动报名的详情页查看对应的活动要求，如渠道要求、价格门槛、支付时限、商品销售量、好评度及图片要求等。平台资源是有限的，报名参加活动的卖家众多，竞争十分激烈。在这种情况下，卖家就需要事先做好准备，在平时就要努力提高店铺经营等级，使各个指标符合活动的要求，这样入选的概率就会大很多，而且参加活动后的效果也会较好。

2. 确定活动审核时间

卖家应清楚活动的审核时间，在审核时间截止之前完成报名。建议卖家在招商开始一个星期内完成报名，以方便平台工作人员审核。

3. 做好商品优化

卖家应事先将商品优化好，如商品的主图、标题、价格等。商品图片要清晰、美观，商品详情页的描述要详细，尤其是需要将价格设置好，留有足够的优惠空间。一般活动的力度都比较大，有些折扣甚至会达到50%以上，在这种情况下就要考虑商品的利润率是否有足够的折扣空间。

4. 准备好商品库存

卖家事先也要准备好库存，因为一旦参与活动，销量相对而言是很大的，防止出现由于库存不足而发生成交不卖的情况，更重要的是避免浪费极好的展示机会。

5. 做好宣传推广

卖家还可以事先利用电子邮件或其他手段通知老客户，或者通过各种手段广而告之，以增加活动效果。活动开始后，要及时催款、及时发货、及时总结，使活动落到实处。

## 二、跨境电子商务平台活动的基本规则与报名流程

全球速卖通的平台活动是专门为卖家提供的一项引流推广服务，是完全免费的，不过有的活动需要满足一定的条件才有资格参加。卖家可以在平台的“营销中心”板块浏览当期的活动内容，自主选择符合条件的活动进行报名。如果平台审核通过，卖家申报的商品就会被平台活动推广，获得大量的免费流量。

### （一）报名前的准备

一旦报名参加了平台活动，中间就不允许退出，一直到整个促销活动结束。参加活动的商品审核主要分为两个流程。先由系统自动审核，主要审核一些硬性指标，如销量、转化率等。系统筛选出符合报名条件的商品后，再交由人工审核，人工审核主要审核商品的活动主图、详情信息等。因此，做好报名前期的准备工作非常重要。

1. 选品

选择需要推广的并且符合平台活动报名要求的商品。如果选择的商品不符合要求，那么活动审核的第一关都过不了。这就需要卖家认真阅读平台活动的相关细则。

2. 商品优化

选择好合适的商品后，需要对商品进行优化，如商品的标题创意优化、关键词优化、价格优化、详情页面优化等。总之，要不断地提升商品的信息质量，增加商品入选的可能性。

3. 完善供应链环节

检查商品的实际库存与参报活动的商品数量是否保持一致，一定要做到准确无误。因为活动报名成功后，如果商品的品质较好、深受买家的青睐，那么将会产生大量的订单；若因实际库存不足、补货不及时影响发货时间等，就会产生大量的订单纠纷问题，一环扣一环，这对卖家来说得不偿失。所以，卖家在报名时一定要注意商品数量之类的细节问题，避免带来不必要的麻烦。

### （二）报名流程

在每一期的平台活动招商中，卖家都可以在卖家后台的“营销活动”板块下的“平台活动”页面中找到报名入口。单击“营销活动”按钮，进入“平台活动”页面，查看是否有适合自己报名的平台活动，如图6-2所示。

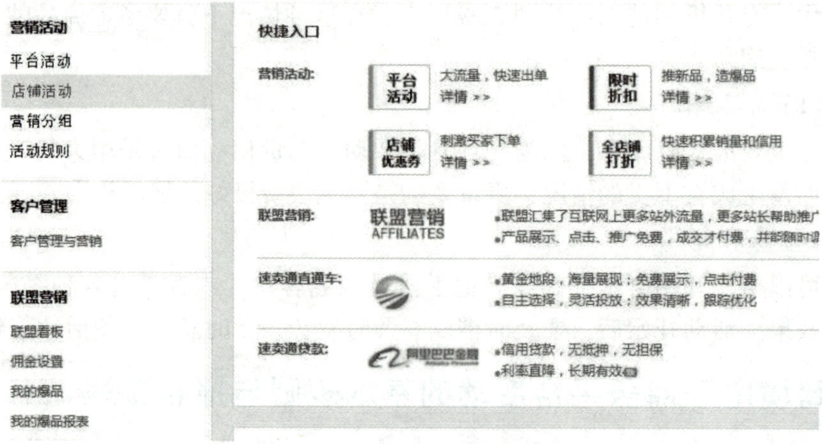


图 6-2 “平台活动”页面

如果不符合报名条件，平台会给出不符合的原因。一般情况下，参加平台活动的卖家需要准备有一定的销量和评价的商品，同时设置的折扣需要符合平台活动的相关要求，所选的商品和类目也要符合平台活动的要求。

可以通过筛选栏找到符合自己要求的平台活动，查看活动报名要求，找到符合要求的活动进行报名，具体步骤如下。

（1）登录“我的全球速卖通”，进入“营销活动”板块下的“平台活动”页面，仔细阅读活动描述和活动其他信息后，选择感兴趣的活动，单击“立即报名”按钮，如图 6-3 所示。

（2）阅读活动信息后，打开“选择产品”下拉列表，选择要参加该活动的产品。

（3）选择好产品后，单击“确定”按钮。

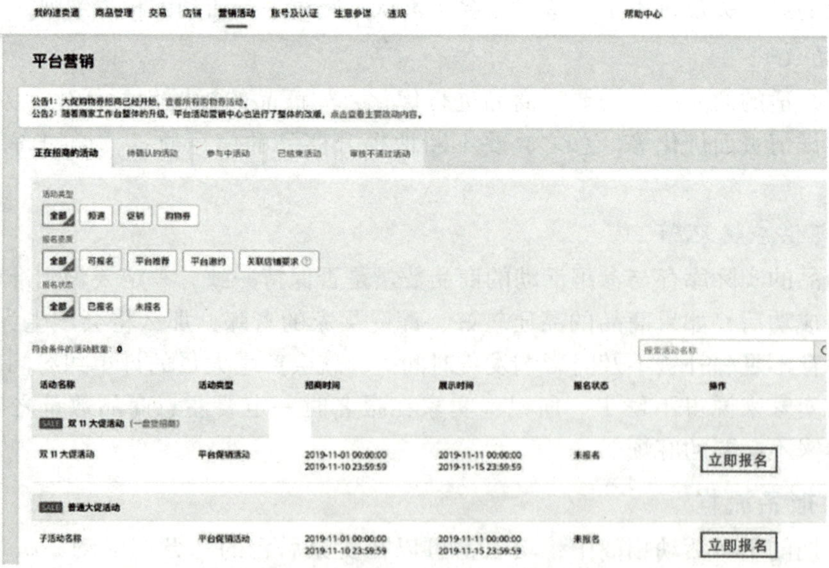


图 6-3 “平台活动”报名页面

### （三）报名时的注意事项

报名活动时需注意以下事项。

（1）活动价格。不同活动的价格也不一样，具体信息可以参考活动相关细则。

（2）活动库存。一定要注意参与活动的商品数量，也就是活动商品的库存量。因为活动报名成功后，库存信息是不能修改的，即使订单数量超出了实际的库存数量，活动也会继续。具体情况可以参见不同活动所要求的库存量。

（3）运费模板。注意每个活动对商品包邮情况的要求。比如，在团购活动中，俄罗斯团购要求必须对俄语系国家包邮，巴西团购要求对葡语系国家包邮。因此在活动报名时，一定要仔细检查运费模板是否符合活动要求，如果有遗漏或信息不完善之处一定要尽快调整。活动报名成功后，运费模板是不能修改的，如果不符合要求，则该卖家在审核中将会直接被淘汰。

（4）提前报名。平台活动的报名数额是有限的，为了避免在同一时间段与别的卖家竞争抢机会，应尽量提前报名，从而提升入选的可能性。

### （四）报名成功后的管理

活动报名成功后，并不代表就可以等着订单出现了。卖家还要对商品、店铺、活动等做好管理，做好充分的接单准备和售后服务等。

首先，需要对店铺进行装修，附上活动的海报，并通过客户的购物车、收藏夹等给予活动的相关提醒，通过优惠券、满立减等营销活动配合平台活动，积极开展促销，实现流量的最大化，提高商品的转化率。

其次，提高客服服务质量，增加客服人数和在线时长，提升客服回复速度，注意不同国家（地区）的时区、时差，知悉客户网络购物的高峰时段，做好准备工作，避免发生“拥堵现象”。

最后，积极做好售后服务工作，及时发货，注意与客户之间的交流沟通，提升客户的购买体验和服务体验，提升好评率，提高客户的回头率。

## 第二节　跨境电子商务店铺自主营销

许多跨境电子商务平台为卖家提供了多种店铺自主营销手段，如满减活动、单品折扣、店铺优惠券、搭配活动等。这些营销手段各有优势和不足，卖家合理有效地使用这些手段会明显提高出单量和转化率。

## 一、单品折扣

单品折扣是指单品级优惠后的价格（商品详情页价格），是用于店铺自主营销的最核心的方法。

单品的打折减价、促销价等信息将在搜索页面、详情页面、购物车等买家路径中展示，这样可以提高买家购买转化，快速出单。在店铺中，有折扣的商品必然比无折扣的商品更有优势，转化率更高。

### （一）单品折扣设置的注意事项

以全球速卖通平台为例，单品折扣设置注意事项有以下几点。

（1）设置名称。活动名称最长不超过 32 个字符，只供查看，不展示在买家端。

（2）设置时间。活动起止时间为美国太平洋时间。活动设置的时间开始后，活动即时生效（如在设置过程中到了活动展示时间，则设置完成后活动立即开始）。

（3）设置时长。最长支持设置 180 天的活动，且取消每月活动时长、次数的限制。

（4）生效时间。设置后即时生效。

注意：同一个商品只能参与同个时间段内一场单品折扣活动，可同时参加同个时间段的平台活动，平台活动等级优先于单品折扣，因此平台活动折扣生效。

### （二）“单品折扣”设置的操作步骤

（1）登录全球速卖通后台，然后单击“营销活动”中“店铺活动”，选择“单品折扣”，然后单击“创建”，完成“单品折扣优惠”的创建，如图 6-4 所示。

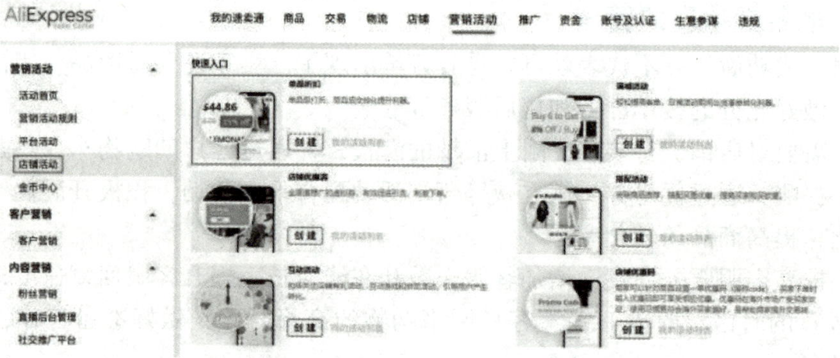


图 6-4　创建“单品折扣优惠”

（2）单击“创建活动”，然后编辑活动基本信息（活动名称、活动起止时间等），如图 6-5 所示。

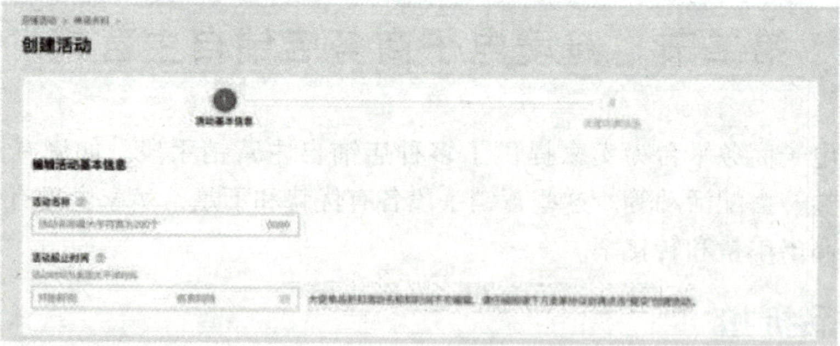


图 6-5　单击“创建活动”

（3）编辑活动基本信息完成后，单击“活动优惠信息设置”，可筛选全部已选商品和未设置优惠商品，此时可以通过输入商品 ID 进行搜索，如图 6-6 所示。

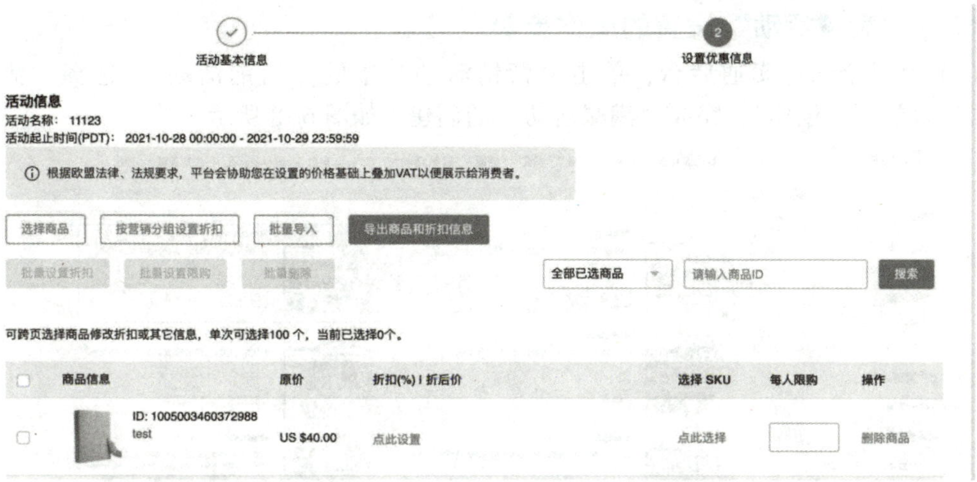


图 6-6　单击“活动优惠信息设置”

然后可以批量设置折扣、批量设置限购、批量删除，如图 6-7 所示。注意在“批量设置”的操作中，默认所有商品 SKU 都参加活动。

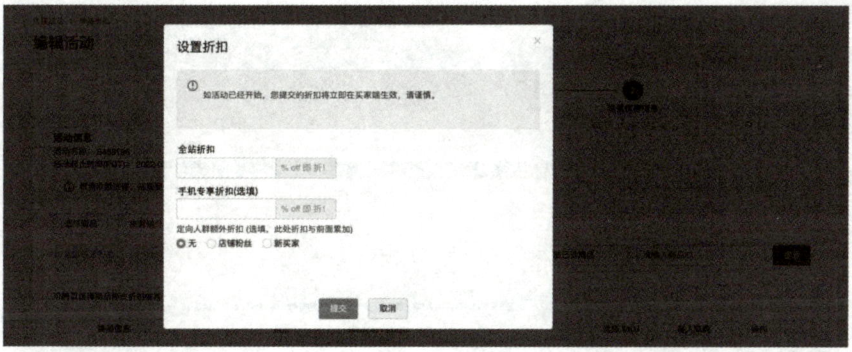


图 6-7　批量“设置折扣”

## 二、满减活动

满减活动是一款有效的店铺促销工具，可以根据卖家自身经营状况，对店铺设置“满 X 元优惠 Y 元”的促销规则，即订单总额满足 X 元，买家付款时则享受 Y 元扣减。

满减折/满立减的优惠是与其他店铺活动优惠叠加使用的，对于已经参加折扣活动的商品，买家购买时以折扣后的价格计入满减折/满立减规则。

### （一）满减活动订单运费设置

满减活动分为全店满减活动和商品满减活动两种。

（1）选择“全店所有商品”，即为全店所有商品均设置了参与满立减活动，订单金额包含商品价格（不含运费），所有商品按折后价参与。

（2）选择“部分商品”，即为活动的部分商品设置了参与满立减活动，订单金额包含商品价格（不包含运费），商品按折后价参与。

## （二）“满减活动”设置的操作步骤

（1）登录全球速卖通后台，单击“营销活动”中的“店铺活动”，选择“满减活动”，然后单击“创建”，完成“满减活动”的创建，如图 6-8 所示。

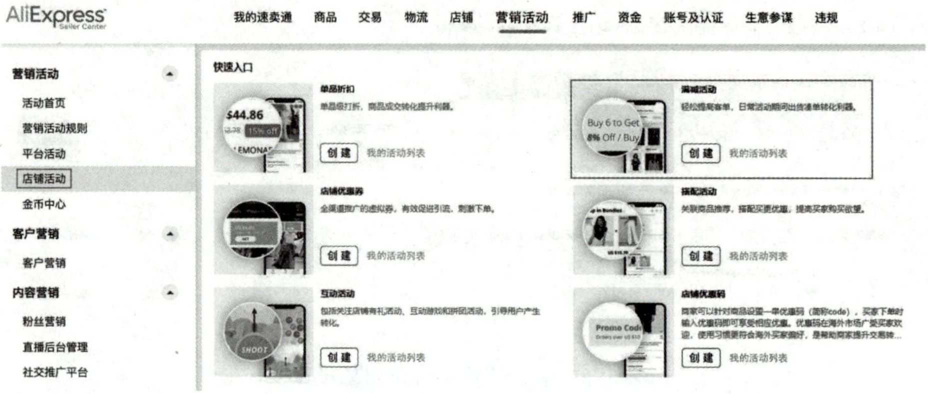


图 6-8　创建“满减活动”

（2）单击“创建活动”，然后编辑活动基本信息（活动名称、活动起止时间等），如图 6-9 所示。

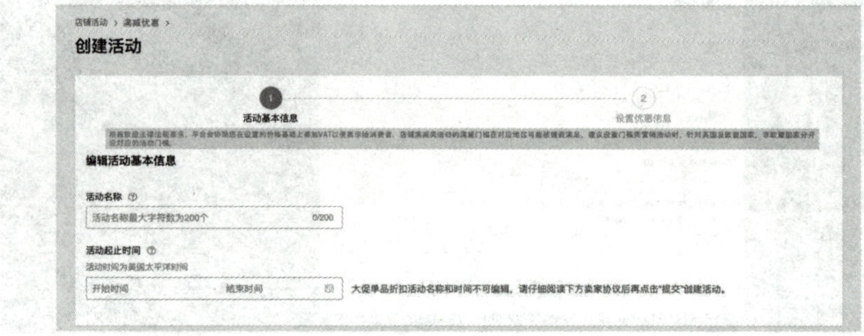


图 6-9　编辑活动基本信息

（3）编辑活动基本信息完成后，单击“设置活动类型和活动详情”，完成相关信息的设置，如图 6-10 所示。

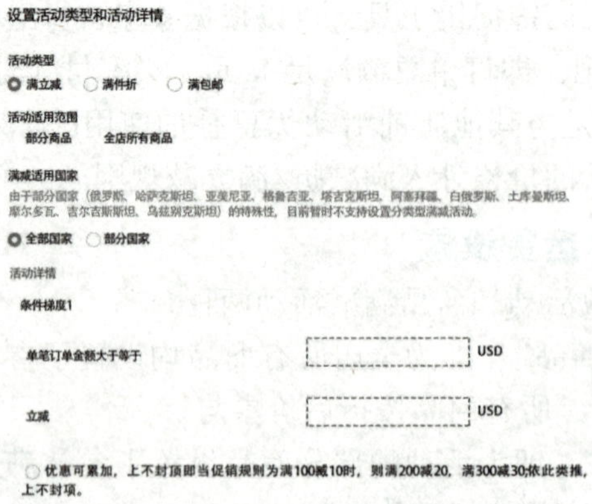


图 6-10　单击“设置活动类型和活动详情”

## 三、店铺优惠券

店铺优惠券是用于店铺自主营销与推广的工具。它可以通过多种渠道进行推广，通过设置优惠金额和使用门槛，刺激转化提高客单量。常用的优惠券有领取型、定向发放型和互动型三种类型。

### （一）店铺优惠券的使用规则

一笔订单只能使用一张店铺优惠券，店铺优惠券不能叠加使用。若买家拥有店铺里多种类型的优惠券，如金币兑换的优惠券、领取型优惠券及定向发放型优惠券等，在一个订单里也只能使用一张优惠券；若买家既有店铺优惠券又有平台优惠券，则一个订单可以用一张店铺优惠券和一张平台优惠券。

### （二）"店铺优惠券"设置的操作步骤

（1）登录全球速卖通后台，单击"营销活动"中的"店铺活动"，选择"店铺优惠券"，然后单击"创建"，完成"店铺优惠券"的创建，如图 6-11 所示。

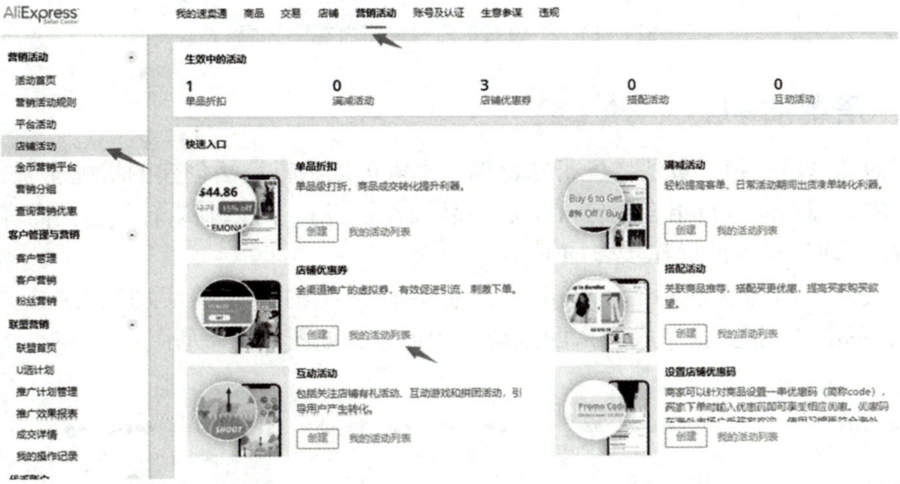


图 6-11　创建"店铺优惠券"

（2）单击"创建活动"，然后编辑活动基本信息（发放渠道、活动起止时间、活动名称等），如图 6-12 所示。

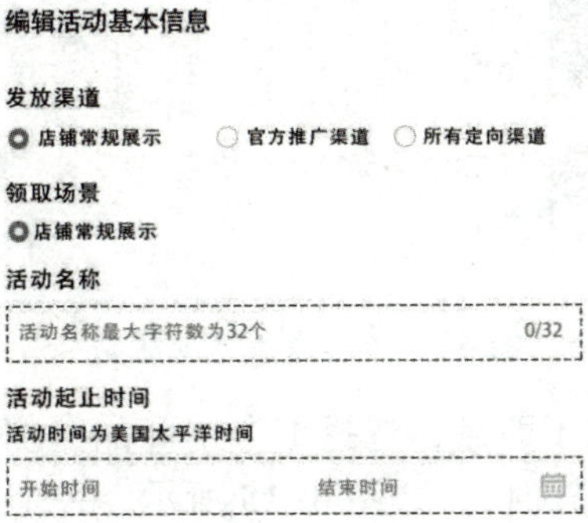


图 6-12　"编辑活动基本信息"界面

（3）编辑活动基本信息完成后，单击“设置优惠券详细内容”，完成相关信息的设置，如图 6-13 所示。

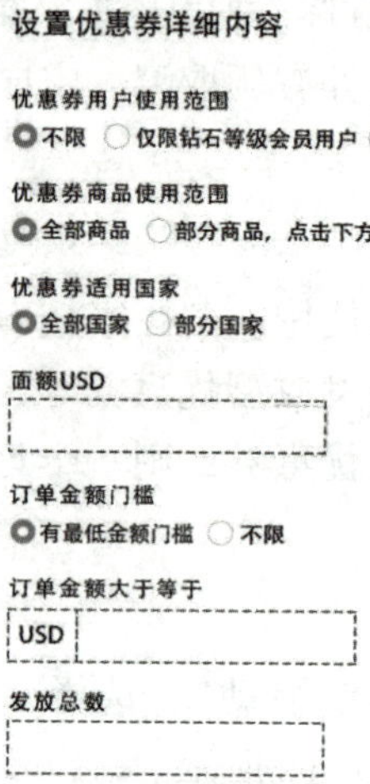


图 6-13 “设置优惠券详细内容”界面

## 四、搭配活动

搭配活动是指去掉了算法搭配折扣比例，卖家可以编辑算法创建的搭配套餐，进行自主定价。将店铺商品进行组合销售（关联商品推荐销售），可以刺激转化，提高客单量。

“搭配活动”设置的操作步骤如下。

（1）登录全球速卖通后台，单击“营销活动”中的“店铺活动”，选择“搭配活动”，然后单击“创建”，完成“搭配活动”的创建，如图 6-14 所示。

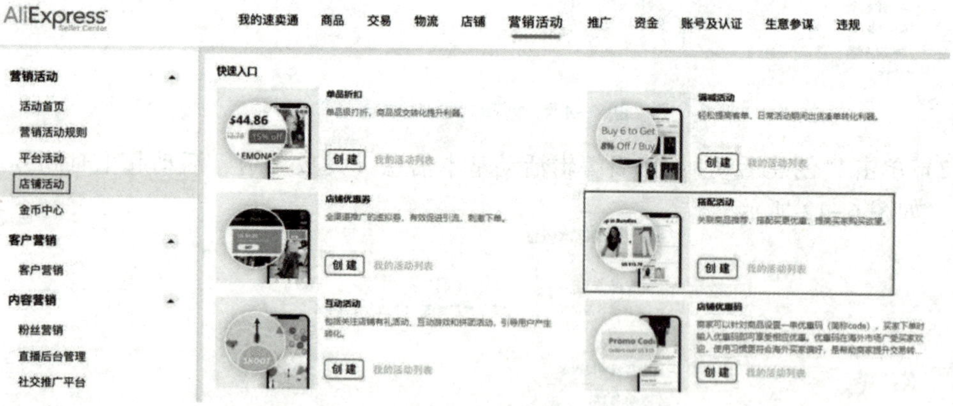


图 6-14 创建“搭配活动”

（2）选择主商品和搭配的子商品，选择 1 个主商品（必须有）和 1~4 个子商品（最多选择 4 个商品），同时设置搭配价，如图 6-15 所示。一个商品最多可作为主商品出现在 3 个搭配套餐中，最多可作为子商品出现在 100 个搭配套餐中。

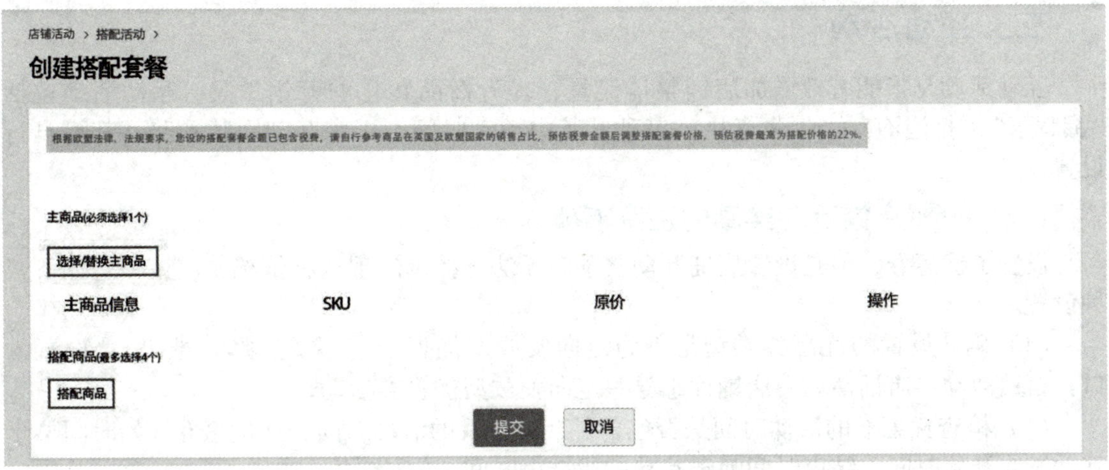


图 6-15　“创建搭配套餐”界面

“创建搭配套餐”注意事项如下。

① 设置搭配价，可以批量设置或单个进行设置，搭配价不能高于商品原价。

② 通过“删除”已选的商品，重新进行商品选择。

③ 通过“前移”“后移”，可以进行子商品的顺序移动，确认在对消费者展示时的子商品搭配顺序。

（3）编辑搭配商品信息后提交创建搭配套餐，完成“搭配套餐”活动的创建，如图 6-16 所示。

图 6-16　选择搭配主商品和子商品

## 五、互动活动

互动活动是指能有效增加店铺整体流量，提升商品转化的营销工具。互动活动包括“翻牌子”“打泡泡”“收藏有礼”三种，其中活动时间、买家互动次数和奖品都可自行设置。

### （一）设置店铺互动奖励的注意事项

设置了优惠券，但是设置店铺互动奖励时无法选择。出现这种情况，应该核查如下三种设置。

（1）确认设置的优惠券类型是否为定向发放型优惠券（不要选择二维码）。设置入口：营销活动→店铺活动→店铺优惠券→定向发放型优惠券活动。

（2）检查优惠券的活动时间是否包含了互动游戏的活动时间，即优惠券开始时间早于互动游戏开始时间，结束时间晚于互动游戏结束时间。

（3）请确认优惠券没有被发放完毕，仍旧有可发放的数量。

### （二）“互动活动”设置的操作步骤

（1）登录全球速卖通后台，单击“营销活动”中的“店铺活动”，选择“互动活动”，再单击“创建”，完成“互动活动”的创建，如图 6-17 所示。

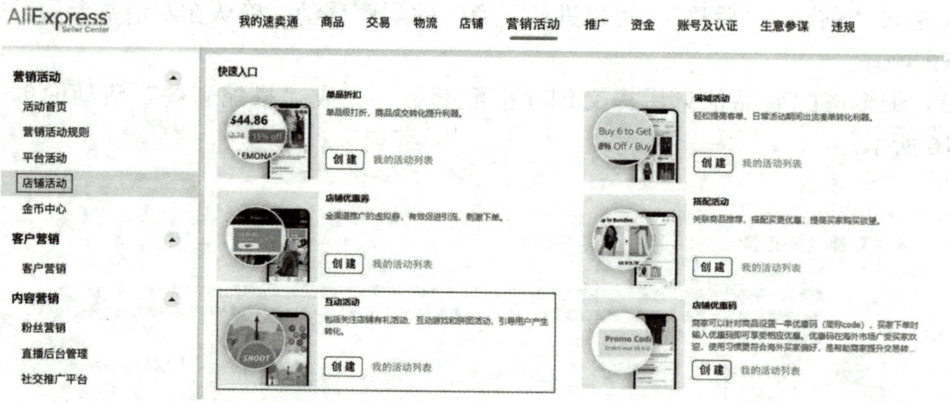


图 6-17　创建“互动活动”

（2）单击“创建活动”，然后编辑活动基本信息（活动名称、活动起止时间等），如图 6-18 所示。

图 6-18　“编辑活动基本信息”界面

（3）编辑活动基本信息完成后，单击“设置游戏类型和详情”，完成相关信息的设置，如图 6-19 所示。

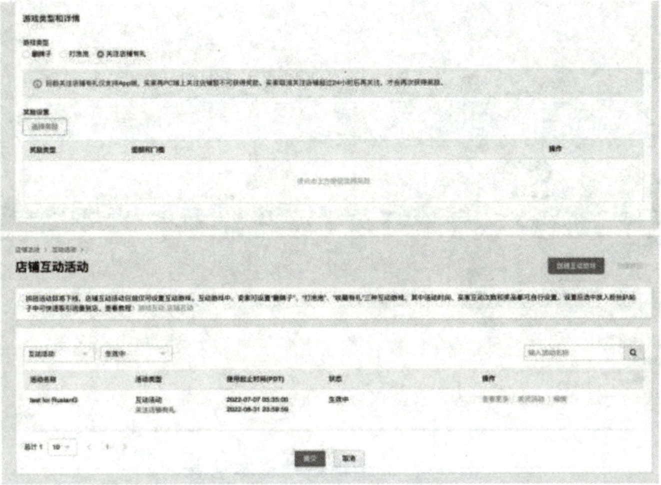


图 6-19　“游戏类型和详情”界面

## 六、店铺优惠码

卖家可针对商品设置一串优惠码，客户在下订单时输入优惠码即可享受相应优惠。优惠码在海外市场广受买家欢迎，使用习惯更符合海外买家偏好，可帮助商家提升转化率和客单量。

### （一）店铺优惠码买家使用规则

店铺优惠码一般由卖家自行设置，卖家可以设置一个用户多次领取，也可以设置仅能领取一次。这样的设置可以让更多买家参与到活动中来，能够显著提升店铺的销售数据，从而获得更好的活动宣传效果。

### （二）“店铺优惠码”设置的操作步骤

（1）登录全球速卖通后台，单击“营销活动”中的“店铺活动”，选择“店铺优惠码”，然后单击“创建”，完成“店铺优惠码”的创建，如图 6-20 所示。

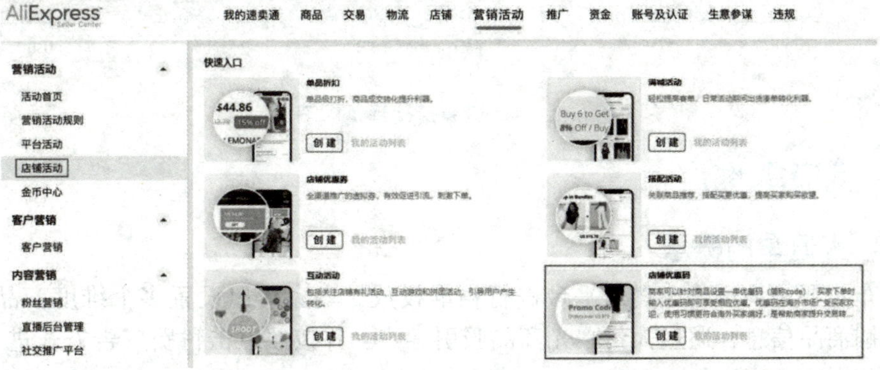


图 6-20　创建“店铺优惠码”

### （二）“编辑活动基本信息”设置的操作步骤

单击“创建活动”，然后编辑活动基本信息（活动名称、活动起止时间等），如图 6-21 所示。

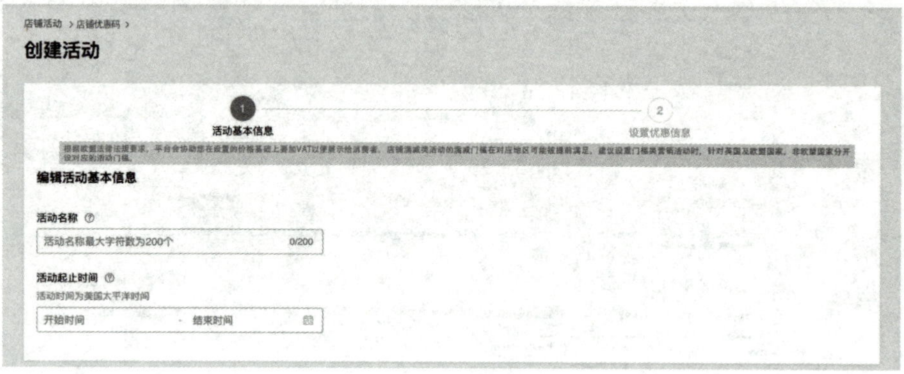


图 6-21　编辑活动基本信息

### （三）“设置活动详情”设置的操作步骤

编辑活动信息完成后，单击“设置活动详情”，完成相关信息的设置，如图 6-22 所示。

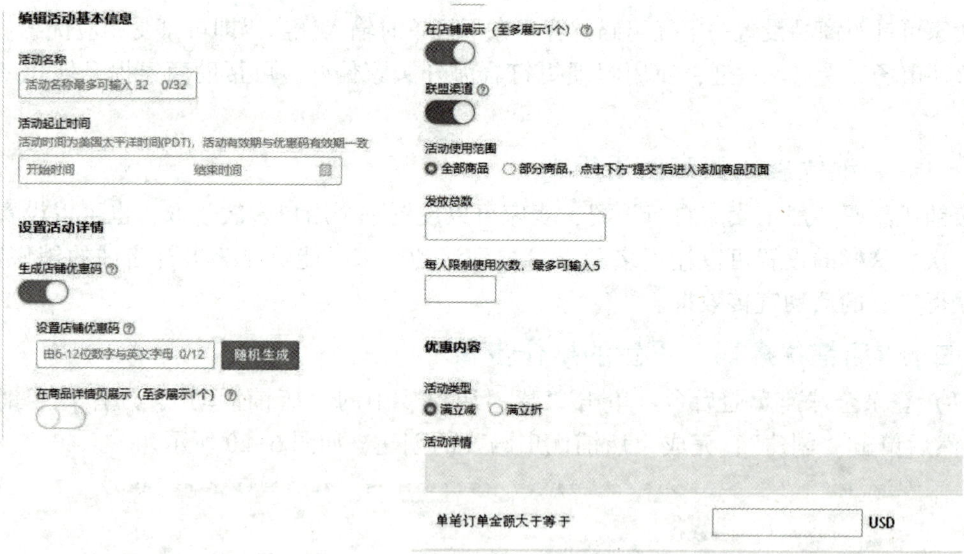


图 6-22　“设置活动详情”界面

## 七、直通车推广

### （一）直通车的概念

直通车主要是为全球速卖通平台进行精准投放，卖家可以设置多个维度商品关键词，来展示店铺商品信息，通过大量曝光商品吸引客户，并按照点击付费广告方式进行营销推广工具，如图 6-23 所示。

图 6-23　全球速卖通平台直通车推广界面

## （二）新增推广计划的操作步骤

（1）登录全球速卖通后台，单击“直通车”中的“推广管理”，选择“新建推广计划”，如图 6-24 所示。

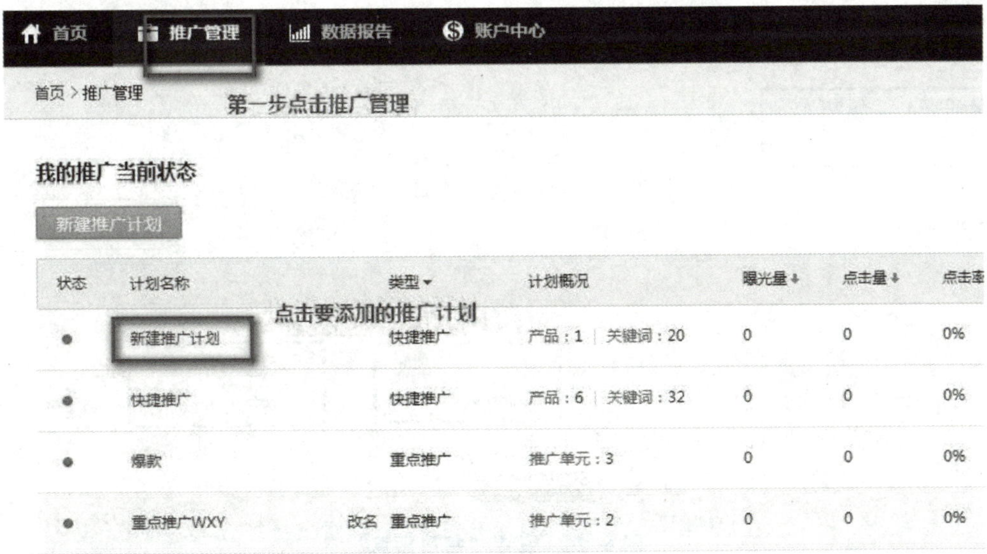


图 6-24　单击“新增推广计划”

（2）进入“添加商品”页面，然后填写相关信息，如图 6-25 所示。完成后单击“下一步，设置推广详情”。

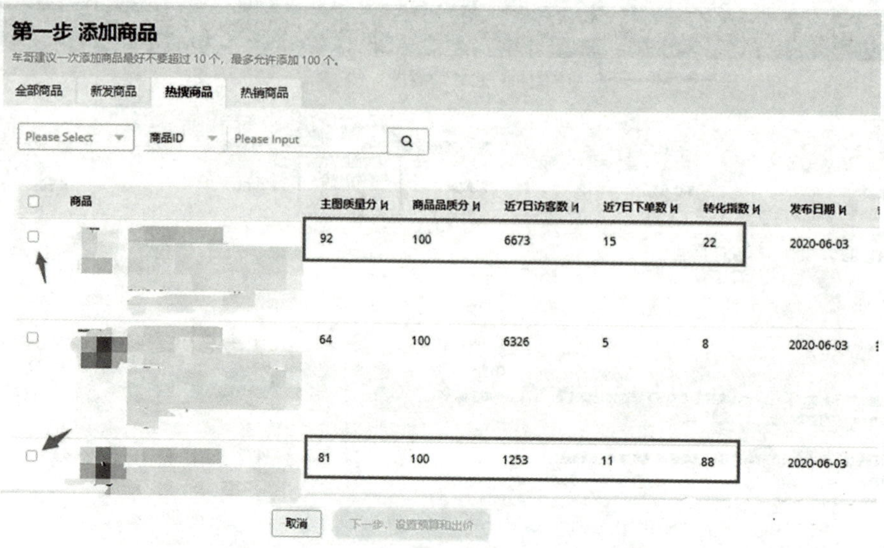


图 6-25 “第一步 添加商品”界面

（3）在推广详情页面中选择推广方式，填写“计划推广名称”，设置“每日预算”，如图 6-26 所示。

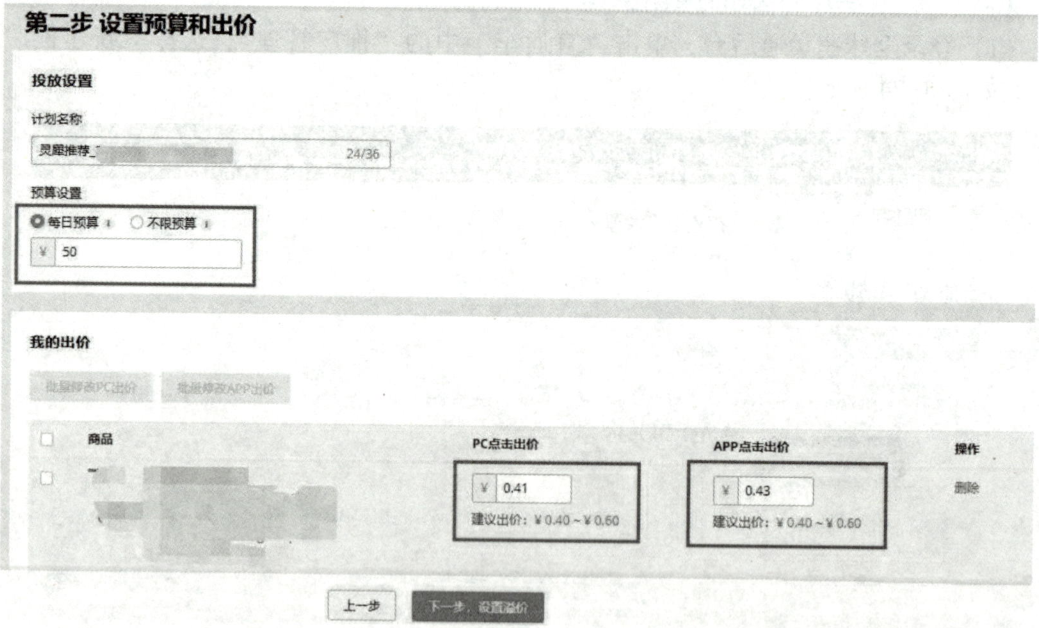


图 6-26 设置“每日预算”

（4）选择“设置关键词和创意”（按照不同商品平台自动推荐关键词供卖家选择），设置关键词出价（手机端和 PC 端），价格由卖家自定。

（5）单击“设置投放地域”，可以设置“全部地域”或针对地域，如欧洲、北美洲、南美洲、亚洲、大洋洲、非洲等地区进行投放。

（6）单击“增加投放人群标签”，根据实际情况设置相关信息，然后单击“提交，开始推广”，直通车推广流程就设置完成了。

### （三）直通车推广技巧

#### 1. 操作技巧

先看直通车的展示位置，假设排名在第 5 页，竞争对手在首页展示。listing 的综合推广评分会与“商品信息质量、关键词是否有关联、客户认可度”挂钩，否则 listing 进行直通车推广综合质量不佳，只会浪费广告费用。

#### 2. 推广方式

推广方式有重点推广和快捷推广两种，重点推广主要针对店铺有潜力、有销量的商品进行推广，可以起到“爆款”效果；快捷推广主要针对新品，添加多个关键词，可以起到测词效果。

#### 3. 筛选关键词

直通车推广进行一星期后，应检查使用的关键词是否有曝光率、点击率，如果有曝光率，没有点击率，关键词不符合商品本身，可以考虑更换关键词；如果有曝光率，有点击率，但两者都不高，可以尝试调整关键词出价。

# 第三节　跨境电子商务站外引流

站外推广是指应用站外推广渠道，将站外流量吸引到平台内的推广方式。跨境电子商务站外引流常见的方式有搜索引擎营销、社交媒体营销等。搜索引擎营销包括竞价排名、购买关键词广告和搜索引擎优化，其中搜索引擎优化因其低成本和高效率而备受广大卖家重视。社交媒体营销的形式丰富，是依托各社交媒体网站或网络用户而进行的内容营销，是当下流行的网络营销方式。

## 一、运用谷歌进行引流

### （一）搜索引擎营销介绍

搜索引擎是近 20 年来互联网行业发展迅速的领域之一。互联网就像一个巨型的网络图书馆，在这个网络图书馆里存在着并且时时刻刻都在产生着大量的信息。数以亿计的信息远超出了人类的想象与掌控。如果没有搜索引擎，那么人们将难以找到想要的目标信息。

搜索引擎营销是一种网络营销形式，即全面而有效地利用搜索引擎来进行网络营销和推广。搜索引擎营销追求最高的性价比，即以最小的投入获得最大的来自搜索引擎的访问量，并产生商业价值。

搜索引擎营销一般包括竞价排名、购买关键词广告和搜索引擎优化。

### 1. 竞价排名

竞价排名顾名思义就是网站付费后才能被搜索引擎收录，付费越高者排名越靠前。竞价排名服务，是由用户为自己的网页购买关键词排名，按点击计费的一种服务。用户可以通过调整每次点击付费价格，控制自己在特定关键字搜索结果中的排名，并可以通过设定不同的关键词捕捉到不同类型的目标访问者。

### 2. 购买关键词广告

购买关键词广告即在搜索结果页面中显示广告内容，实现高级定位投放，用户可以根据需要更换关键词，相当于在不同页面轮换投放广告。

### 3. 搜索引擎优化

搜索引擎优化就是通过对网站优化设计，使得网站排名在搜索结果中靠前。搜索引擎优化包括网站内容优化、关键词优化、外部链接优化、内部链接优化、代码优化、图片优化、搜索引擎登录等。

## （二）谷歌的运用

Google 搜索引擎是世界上最大的搜索引擎之一。谷歌广告 Google Ads 因为广告流量巨大，很多跨境电子商务卖家将其作为海外营销推广的手段之一。Google Ads 是一种通过 Google 关键词广告或 Google 遍布全球的内容联盟网络进行推广的付费网购推广方式，它可以选择文字、图片和视频广告等多种广告形式。

Google Ads 可以投放五种类型的广告，分别是搜索广告、展示广告、购物广告、视频广告、应用推广广告。

### 1. 搜索广告

搜索广告是有人搜索才展示的广告。当用户对某些关键词进行搜索时，相应的文字广告会出现在用户的搜索结果中（可设置仅限谷歌搜索引擎或包括谷歌的合作伙伴）。

其工作原理是根据用户搜索的字词或词组与广告设置的关键词进行匹配，相匹配且质量较高的广告可能会在用户搜索结果中得到展示。

### 2. 展示广告

展示广告是向广告投放者定位的特定群体或网站展示的广告，出现在众多网站、移动应用和视频内容中。Google 展示广告网络包含约 200 万家网站，覆盖全球 90% 以上的互联网用户。展示广告可以设置自适应广告、图片广告、互动广告、Gmail 广告等。

投放者可以按照特定受众群体有针对性地展示广告。例如，曾经访问过网站的用户、将产品加入购物车但未下单的用户、可能有意向购买特定产品的用户，以及具有明显受众特征的用户等。

投放者也可以通过定位内容来使广告展示在特定类别内容的网页或网站上。例如，对于卖瑜伽袜的广告，投放者可以定位广告内容从而将广告展示在瑜伽博客上。

### 3. 购物广告

购物广告是将包含产品照片、名称、价格、商店名称等的广告展示在用户的搜索结果中的广告。

购物广告的投放需要投放者设置 Google Merchant Center 账户，并将其与 Google Ads 账号绑定。

#### 4. 视频广告

视频广告是可以在 YouTube 上或整个 Google 展示广告网络上展示视频的广告。视频广告分为三种：插播广告、内投放广告和短视频广告。

（1）插播广告

插播广告，既可以在其他 YouTube 视频播放前、播放中或播放后投放，也可以在整个 Google 展示广告网络的网站、游戏或应用中投放，还可以在嵌入其他网站的 YouTube 视频中投放。视频播放一定时间之后，观看者可以选择跳过广告。

（2）内投广告

广告只限于在 YouTube 内投放。当用户点击广告的缩略图时，广告视频会在 YouTube 或频道主页上播放。由于此种广告的外观取决于具体视频所支持的广告尺寸和广告格式，所以此种广告的外观会有所区别。

（3）短视频广告

短视频广告是一种短视频广告，可利用它来吸引客户、提升品牌认知度。此类广告的时长为 6 秒或更短，且观看者无法选择跳过广告。

#### 5. 应用推广广告

这种广告主要用来推广 App，吸引用户下载。与其他广告不同的是，这种广告不需要投放者设置具体的广告，只需要提供一些文字、设置起始出价和预算、定位语言和地理位置，然后系统会对不同的广告组合进行测试，选择投放效果最佳的广告并频繁投放。应用推广广告的展示位置包括 Google Search、Google Play，YouTube 和 Google Display Network 等。

## 二、利用社交网站引流

跨境电子商务的引流方式

### （一）社交媒体营销的概念

社交媒体营销（social media marketing）是指利用消费者在博客、论坛、在线社区、百科和其他社交媒体平台上发布的内容来进行营销推广和客户服务维护/开拓的一种营销方式。与搜索引擎、电子邮件等网络营销方式相比，社交媒体营销以信任为基础的传播机制和用户的高主动参与性，更能影响网民的消费决策，并且为品牌提供了大量被传播和被放大的机会。社交媒体用户黏性和稳定性高、定位明确，可以为品牌提供更细分的目标群体。目前，社交媒体营销的市场仍在不断扩大，成为一种全新的商业竞争模式。

在国际上具有代表性的社交媒体平台有推特（Twitter）、照片墙（Instagram）、拼趣（Pinterest）、VKontakte（VK）、领英（LinkedIn）、YouTube 等。全球速卖通平台在产品详情页为用户提供了一键分享到各大社交平台的功能，如图 6-27 所示。

图 6-27　全球速卖通产品详情页提供一键分享到各大社交平台的功能

## （二）主要社交媒体平台介绍

### 1. Twitter

Twitter 是由 Jack Dorsey 在 2006 年 3 月创办，并于当年 7 月启动的一家美国社交网站，是全球互联网上访问量最大的十个网站之一。Twitter 最初为突出“微”，讲究言简意赅，限制用户发送不超过 140 个字符的消息，称作“推文”（Tweet），现此限制已被取消。

Twitter 有自己的优势：在 Twitter 上，广告会显示在时间线上，即屏幕中心位置，能吸引更多的用户；与其他社交软件复杂的广告界面相比，Twitter 的广告界面体现了很高的用户友好性，通过信息中心和广告界面可以轻松创建广告。

### 2. Instagram

Instagram 由 Kevin Systrom 和 Mike Krieger 于美国旧金山联合创办，2010 年 10 月正式上线，随后其用户数迅速增长。Instagram 以一种快速、美妙和有趣的方式让用户彼此分享抓拍的图片。Instagram 的使用群体非常广泛，时尚博主都在使用 Instagram 发布自己的生活照、街拍照等，是时尚类品牌的良好营销渠道。

### 3. Pinterest

Pinterest 由美国一个名为 Cold Brew Labs 的团队创建，于 2010 年正式上线，是世界上较大的图片社交分享网站之一。Pinterest 采用瀑布流的形式展示图片，无须用户翻页，页面底端会不断加载新图片。Pinterest 允许用户创建和管理主题图片集合，如按照事件、兴趣和爱好等分类的图片集合。

#### 4. VK

VK 是俄罗斯最大的社交网站。除俄罗斯外，VK 还是乌克兰、白俄罗斯、哈萨克斯坦等俄语系国家的主流社交媒体平台。此外，VK 还推出了多语言版本，让其他国家或地区的用户也可以在平台与俄语系市场的客户进行互动。俄罗斯是中国跨境电子商务的重要市场之一，因此 VK 也成为跨境电子商务营销人员的必争之地。

#### 5. LinkedIn

LinkedIn 于 2002 年 12 月在美国成立，2003 年启动上线，是大型职业社交网站，其全球会员已超过 5 亿名。LinkedIn 致力于向全球职场人士提供沟通平台，并协助他们发挥所长，打造专属人脉。2016 年 6 月，LinkedIn 被微软全资收购。

LinkedIn 不仅是跨国求职的重要利器，还为品牌与产品推广提供了优质曝光的精准渠道。LinkedIn 有公司专页，公司专页可以完整地呈现公司及产品介绍，定期更新公司动态，让感兴趣的用户追踪、评价和推荐，还可以链接公司员工的简历，增加公司的曝光度与影响力。

LinkedIn 广告主要有动态赞助和文字广告两种。前者是付费让自己公司的动态消息让更多人看到；后者是以简单的图文广告形式展示在网站的右侧，或者以纯文字的形式出现在网站搜寻列下方，并通过广告将用户导入公司专页或公司网站。收费方式有按点击收费和按曝光次数收费两种。

#### 6. YouTube

YouTube 是由美籍华人陈士骏等人于 2005 年创立的视频网站。2006 年 11 月，Google 公司收购了 YouTube，并把它当作一家子公司来经营。作为当前行业内领先的在线视频服务提供商，YouTube 拥有 10 亿名活跃用户，接近全球人口的 1/7，YouTube 的系统每天要处理上千万个视频片段，为全球用户提供高水平的视频上传、下载、分发、展示和浏览服务。

### （三）社交媒体营销技巧

社交媒体营销的三大技巧主要包括事件营销、红人营销、信息流与瀑布流营销。

#### 1. 事件营销

卖家可以通过 Instagram、Twitter 等社交媒体渠道制造营销型事件，引起用户关注，并通过引发持续关注、发酵事件增加用户的兴趣。卖家可以输入品牌故事，以品牌价值渲染提升影响力；也可以通过各种不同渠道的“再营销”模式去促进销售，分享已购买用户的体验及心得，引爆商品卖点。

#### 2. 红人营销

红人营销，就是通过那些在特定领域拥有影响力的人物，让自己的品牌和产品和受众建立联系，并且保持互动。这种营销可以给推广计划带来可信度，增强品牌属性，获得潜在客户。红人营销被视为一种新的营销手段，它发挥了社交媒体在覆盖面和影响力方面的优势。

#### 3. 信息流与瀑布流营销

信息流是以信息为内容排列展示的模块，广义上指在空间和时间上向同一方向运动的一组信息，它们有共同的信息源和信息的接收者。瀑布流就像瀑布一样，源源不断地向用户展示信息，视觉表现为参差不齐的多栏布局，随着页面滚动条向下滚动，典型例子是将推广的产品直接发布到 Pinterest 上进行分享。

## 本章小结

本章主要介绍了跨境电子商务平台活动类型和活动的基本规则与流程，跨境电子商务店铺自主营销的手段和方法，以及跨境电子商务站外引流，包括运用谷歌进行引流和利用社交网站引流等。通过本章的学习，帮助读者了解跨境电子商务营销推广的方法，为跨境电子商务企业和卖家扩大品牌影响力、增加销量奠定基础。

## 思考练习

### 一、填空题

1. 跨境电子商务全球速卖通平台活动报名前的准备有：________、________和________等。

2. 跨境电子商务全球速卖通平台活动报名时的需注意事项包括：________、________、________和________。

3. 跨境电子商务店铺自主营销手段有________、________、________和________等。

4. 搜索引擎营销包括________、________和搜索引擎优化，其中搜索引擎优化因其低成本和高效率而备受广大卖家重视。

5. ________是指利用消费者在博客、论坛、在线社区、百科和其他社交媒体平台上发布的内容来进行营销推广和客户服务维护/开拓的一种营销方式。

### 二、简答题

1. 跨境电子商务常见的平台活动有哪些？
2. 简述报名跨境电子商务平台活动的基本规则。
3. 跨境电子商务平台为卖家了哪些店铺自主营销手段？
4. 简述店铺优惠券的使用规则。
5. 简述直通车推广的技巧。
6. 选择一家跨境电子商务店铺，试为其撰写搜索引擎营销方案。

# 第七章

# 跨境电子商务数据分析

## 本章导读

数据在人们的工作和生活中已经成了必需品。数据思维或数据分析能力已经成为这个时代的必需项，而不是可选项。近年，全球跨境电子商务高速发展。全球消费趋势从线下转到线上，跨境电子商务行业的发展机遇与挑战并存。随着跨境电子商务消费者中年轻一代比例的上升，跨境电子商务平台可以结合数据来对消费者画像、消费喜好等方面进行评估，进而针对跨境电子商务自身特点，做好电子商务平台的运营数据工作的分析。

## 学习目标

### 知识目标

◆了解跨境电子商务数据分析的目标和步骤。

◆掌握跨境电子商务数据分析的关键指标。

◆熟悉跨境电子商务数据分析工具。

◆掌握跨境电子商务主流平台店铺数据分析要点。

### 技能目标

◆能根据需求进行跨境电子商务数据分析与处理。

◆能够运用跨境电子商务第三方数据分析工具做好店铺各方面运营及决策。

### 素质目标

◆培养学生认真负责的工作态度和严谨细致的工作作风。

## 思政目标

◆弘扬社会主义法治精神，引导学生做社会主义法治的忠实崇尚者、自觉遵守者。

◆培养学生踔厉奋发、勇毅前行，科技强国的意识和信念。

案例导入

**有效数据分析，助力电子商务运营**

某金公司是一家从事跨境电子商务平台运营的科技型企业，主营产品为婚纱礼服。早期某金公司以在跨境电子商务平台自运营婚纱礼服产品为主，但某金公司发现在信息技术和互联网发展新浪潮的推动下，诸多线下传统企业停滞不前，亟须转型升级。在捕捉到跨境电子商务运营这个商机后，某金公司决策层决定开拓跨境电子商务代运营业务。通过深入研究敦煌网、亚马逊、eBay、全球速卖通等知名跨境电子商务平台的运营规则和方式，某金公司打造了一套完整有效的跨境电子商务代运营服务模式。从店铺管理、产品管理、数据分析、订单管理、营销推广到技能培训，一体化跨境电子商务代运营服务开始运作。迄今为止，某金公司已为近千家企业提供了专业的跨境电子商务服务，其中上百家企业已成为各大跨境电子商务平台的领先品牌。在助力线下传统企业转型和跨境电子商务企业提档升级的过程中，某金公司发现，跨境电子商务的成功运营离不开企业对市场的洞察、对行业发展趋势的敏锐判断，以及在整个运营过程中对开店、产品上架、营销推广等一系列活动时机的判断和精准策划，而敏锐的洞察力来自企业多年经营的经验积累，来自大数据的支持和商业理论的支持，即从数据和理论中获得洞察力。

传统渠道不能快速地得到市场信息，而某金公司开发海外市场的时候发现，其他国家的文化和中国文化有很大区别。中国品牌想拓展海外市场绝不能用传统的思维去思考其他国家发生的事情，一定要得到足够的数据和理论支持。电子商务对企业发展有利的一点是它的系统让企业可以直接了解到消费者的评价。“我们每天都要去看评价，以了解消费者对我们的商品是否喜欢。消费者的打分，对于我们来说是关键的考核指标，也帮助我们在海外市场开发品牌。”同时，数据也让企业实现更精准的投放。越来越多的跨境电子商务企业专门成立了数据分析团队，或依靠专业的数据解决方案供应商为企业的运营助力。

# 第一节　跨境电子商务数据分析概述

过去几年，全球跨境电子商务高速发展。全球消费趋势从线下转到线上，跨境电子商务行业的发展机遇与挑战并存。随着跨境电子商务消费者中年轻一代比例的上升，跨境电子商务平台可以结合数据来对消费者画像、消费喜好等方面进行评估，进而针对跨境电子商务自身特点，做好电子商务平台的运营数据工作的分析。

## 一、跨境电子商务数据分析目标

对于跨境电子商务基础卖家，需要掌握选择商品、编辑商品、采购货物、正常发运等技能；对于跨境电子商务进阶卖家，需要做好客服工作，开好直通车，做好店铺活动营销，保证店铺销售平稳增长等重点工作；对于跨境电子商务超级卖家，要整合供应链，提高库存周转率，提升议价能力，建立品牌意识，做行业 TOP10 店铺。以上工作都需要以数据分析为背景支持进行调整和优化。

跨境电子商务店铺运营包括行业对比、选品开发、店铺监控、商品分析、打造爆款等，在所有运营环节中能够为决策提供客观依据的就是数据分析。数据分析的目标是找到最适合自己店铺的运营方案，达到销售利润最大化。通过聚合跨境电子商务全渠道、全平台、全触点的用户反馈声音，挖掘结构化与非结构化文本数据背后的知识洞察和趋势分布，助力企业精准判断消费者的需求“痛点”和兴趣偏好，打通消费者反馈闭环，实现数据驱动的决策运营。

因此，跨境电子商务数据分析的最终目的是收集数据，了解客户，优化商品和流程，以满足并超越用户的期望为目标，最终帮助企业提高市场占有率和核心竞争力。

## 二、跨境电子商务数据分析步骤

亚马逊运营数据分析能力

### （一）确定目标

在获取数据之前，运营人员应该明确通过数据分析需要解决说明的问题。如果没有明确的目的和分析内容的框架，在这个过程中会非常迷茫。因为没有明确的目的，就不知道该做什么，只是一张又一张不停地做图表，却没有想过做这张图表有什么用、能达到什么目的。因此，在数据分析时，第一步要做的是确定想要的结果是什么，梳理好分析思路，把目标分解开来。

### （二）收集数据

收集数据的工作往往从以下三个方面开展。

#### 1. 店铺数据

对于收集店铺数据而言，以前的销售记录、交易转化数据、广告推广效果等是最真实、最有价值的，应该定期收集整理存档。

#### 2. 平台数据

以全球速卖通为例，卖家后台提供的数据纵横工具，是全球速卖通基于平台海量数据打造的一款数据商品，卖家可以充分利用它了解行业状况。平台买家端会有销量榜、热销榜等榜单信息，仔细观察可以收集到行业销售数据和竞品数据。

#### 3. 第三方数据

有的平台提供给卖家的数据不丰富，无法满足卖家对数据分析的需求，因此可以利用第三方数据工具收集更多的数据。有些第三方数据工具是专门服务于跨境电子商务卖家的，通常可以监测平台整体数据、行业数据、竞品数据等；有些是体现全网网民搜索趋势的，如 Google 趋势。

### （三）整理数据

即使有了明确的目的和分析内容的框架，采集到的数据也难免是杂乱无章的、不规律的，这个时候需要进行数据处理，如取消合并单元格，文本转换为数字，统一格式、制作数据可视化图表，除此之外，也可用 Excel 的公式及数据透视表功能进行统计运算等。

### （四）对比数据

通常需要通过对比数据才能得出结论和做出判断，如本月和上月的数据对比、不同商品的数据对比等。数据对比主要是横向和纵向两个角度，横向对比可以认识预期值的合理性，纵向对比可以分析变化趋势。

1. 纵向对比

把一段时间的成交额显示在坐标轴上，这样就可以很明显地看到这段时间的成交额是否达到了预期。另外，要结合实际场景进行分析，如通过数据发现今天的成交额比昨天高很多，可能因为今天是周六或者是节日等。因此，在做纵向对比时，要判断今天（假设是周六）的成交额是否合理，除了看最近 30 天的趋势数据，还可以看一下最近 10 周的周六的成交额趋势。如果今天是节日，就可以和上一年的同一天做对比，不过因为间隔时间比较长，掺杂的干扰因素可能比较多，数据反映出来的意义比较有限。

2. 横向对比

如果店铺这周的成交额上涨了 10%，是不是一个好消息呢？上涨看起来应该是进步了，但是也可能是一种落后的表现，假设通过横向对比后发现竞争对手们这周的成交额都上涨了 20%，那这 10%就是一种坏现象。也就是说，判断一个现象好不好，是需要参照体系的。

### （五）做出判断，优化方案

通过对比数据发现需要改进的地方，或筛选出较优的方案。尝试建一个新方案进行数据测试，如做直通车推广时多尝试几张不同风格的广告图。测试 A、B 方案后选择最优方案，达到效果最优化。

## 知识拓展

### 跨境电子商务数据来源渠道分析

数据来源渠道分析，如表 7-1 所示。

表 7-1　数据来源渠道分析

| 数据来源渠道 | 数据分析关键点 |
|---|---|
| 平台数据 | 有些需要借助软件或程序，没有软件也可以从平台上获取一些商品销售相关的数据（如销售情况、评价情况、图片质量，价格、发货地，listing 时间，类目名次等），有些平台的大数据（如阿里巴巴国际站、阿里巴巴全球速卖通的后台数据）也可供参考，按品类选择查看一些宏观数据，对选品，最优化商品结构，对目标市场都有指导性意义 |
| 店铺数据 | 如果店铺运营一段时间，会获取该店铺在平台内部的一些数据，如每个 SKU 曝光点击销售情况，店铺在平台内的流量来源，转化率情况等。这些数据看似不重要，但是如果深度挖掘，你会发现未来需要重视哪些流量，主推哪些商品，淘汰哪些商品，优化哪些商品（价格、图片、描述）等 |
| 关键词数据 | 只要有搜索，就有搜索排名规则，就与关键词密切相关。无论亚马逊、全球速卖通，还是其他平台都可以从平台、竞争对手、Google 及一些关键词分析挖掘工具，去完善自己的关键词数据 |
| 价格数据 | 完成选品后，该如何定价？需要将相似商品、相似品牌、相似卖家的价格做个对比，从而形成一个价格分析数据表供参考。最终定价还是要依托商品本身，市场接受预期及盈利目标等 |

当然，有很多数据初期很难获取，但经过3~6个月的积累，就会获得一些宝贵的基础数据沉淀，这个时候就需要沉下心，慢慢去分析。这几个月投入了什么，数据是否匹配，然后根据数据做运营调整。降价销售量就上升、做FBA的销售明显增加、采购成本是否还有余地、某些商品是否可以下架、促销是否有带动其他商品销售、要不要持续做活动、是否可以优化物流方案、运营人员的提成比例是否合适、如何留住跳出率高的流量、是否增加新品类等，这些都要通过数据来证明。

## 三、跨境电子商务数据分析关键指标

跨境电子商务数据分析的基本指标体系主要分为六大类：总体运营指标、网站流量指标、销售转化指标、客户价值指标、商品类指标、市场竞争类指标。

### （一）总体运营指标

把控运营趋势总体运营指标是从流量、订单、总体销售业绩等方面进行整体把控，总体运营指标包括流量类指标、订单产生效率指标、总体销售业绩指标、整体指标，如图7-1所示。

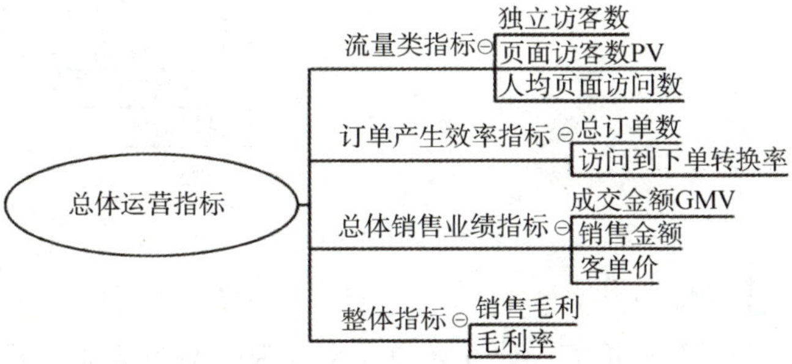


图7-1　总体运营指标

### （二）网站流量指标

网站流量指标即对访问网站的访客进行分析，基于这些数据可以对网页进行改进，从而得出运营细节中的重点，并在运营过程中将这些重点逐个突破，成功改善消费者的购物体验。网站流量指标包括流量规模类指标、流量成本类指标、流量质量类指标与会员类指标，如图7-2所示。

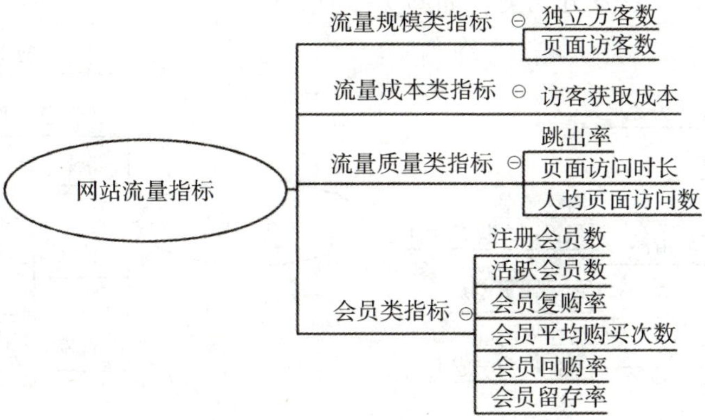


图7-2　网站流量指标

## （三）销售转化指标

销售转化指标是指分析从下单到支付过程的消费者决策因素，帮助商家提升商品转化率，也被用来分析一些频繁异常的数据。销售转化指标包括购物车类指标、下单类指标、支付类指标、交易类指标，如图 7-3 所示。

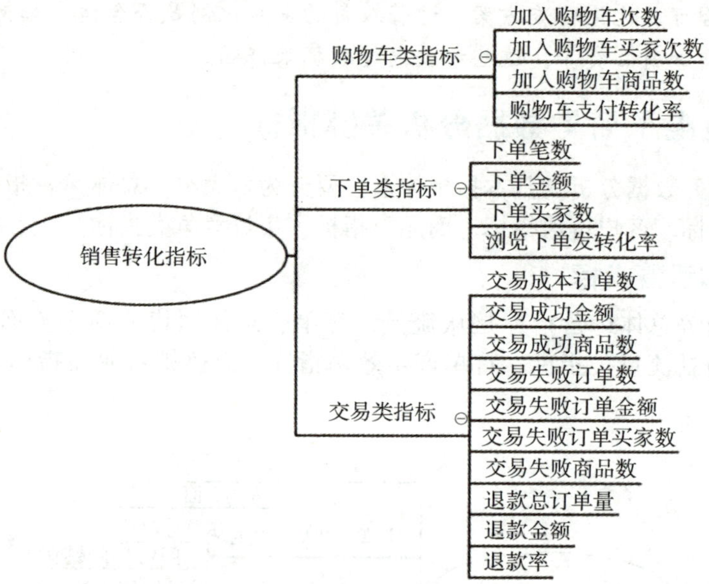


图 7-3　销售转化指标

## （四）客户价值指标

客户价值指标是分析客户价值，建立客户关系管理模型的基础。客户价值指标有利于商家快速找到有价值的客户，进行精准营销。客户价值指标包括累计购买客户数、客单价、老客户指标、新客户指标四个方面，如图 7-4 所示。

## （五）商品类指标

商品类指标主要分析商品的种类，便于商家建立关联模型，对热销商品与滞销商品进行捆绑销售，带动店铺其他商品的销售。商品类指标包括商品总数指标、商品优势性指标、品牌存量、上架、首发五大类，如图 7-5 所示。

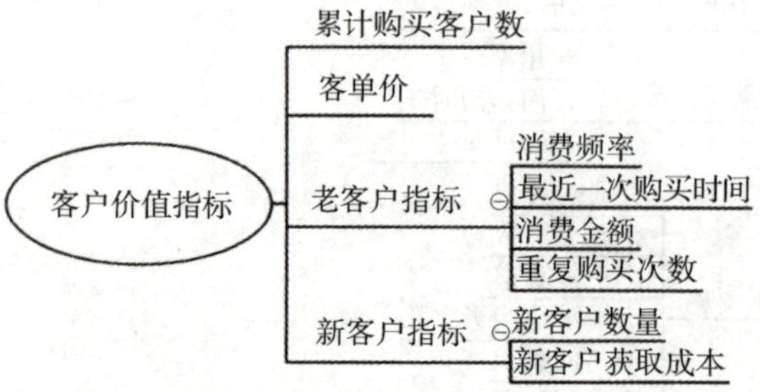


图 7-4　客户价值指标

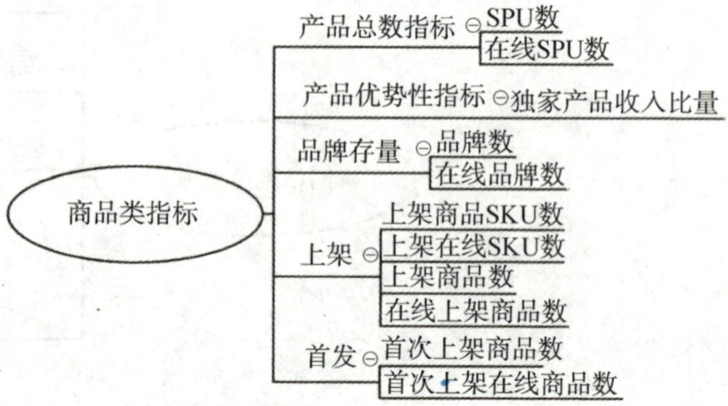


图 7-5　商品类指标

**知识拓展**

## SPU 和 SKU 的区别

① SPU 和 SKU 者概念对比，如表 7-2 所示。

表 7-2 SPU 和 SKU 的概念对比

| 指标 | 全称 | 英文名 | 内涵 |
| --- | --- | --- | --- |
| SPU | 标准化商品单元 | standard product unit | SPU 是商品信息聚合的最小单位，是一组可复用、易检索的标准化信息的集合，该集合描述了一个商品的特性。通俗点讲，属性值、特性相同的商品就可以称为一个 SPU |
| SKU | 库存量单位 | stock keeping unit | SKU 即库存进出计量的单位，可以是以件、盒、托盘等为单位。SKU 是物理上不可分割的最小存货单元。在使用时要根据不同业态，不同管理模式来处理。在服装、鞋类商品中使用最多最普遍 |

② 举例说明。

你想要一台华为 P13，店员也会再继续问：你想要 16G 银色还是 64G 白色？每一台华为 P13 的毛重都是 420.00g，产地也都是中国，这两个属性就属于 SPU 属性。而容量和颜色会影响价格和库存的（如 16G 与 64G 的价格不同，16G 银色还有货，金色卖完了）属性就是 SKU 属性。

SPU 属性：毛重 420.00g；产地中国。

SKU 属性：容量：16G、64G、128G；颜色：银、白、玫瑰金。

例如，华为 P13 可以确定一个商品即为一个 SPU。华为 P13 银色则是一个 SKU。

### （六）市场竞争类指标

市场竞争类指标主要分析市场份额及网站排名，有助于进一步优化改进店铺及商品。市场份额包括市场占有率、市场扩大率、用户份额等。网站排名包括交易额排名、流量排名等，如图 7-6 所示。

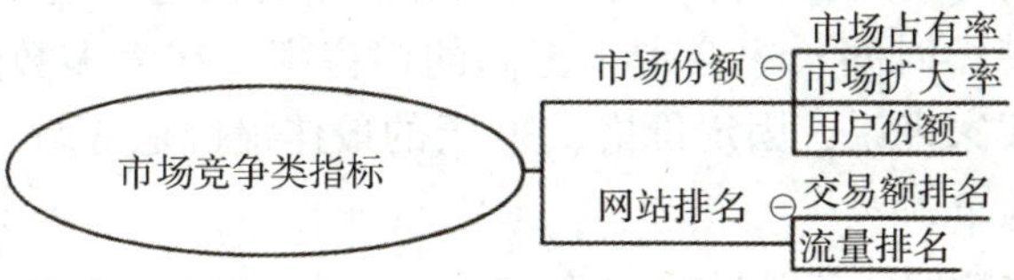


图 7-6 市场竞争类指标

## 四、跨境电子商务数据分析工具

在大数据背景时代，“坐井观天”将会远远落后于时代潮流。如果经营着一家店铺，却仅着眼于本平台的数据调研与分析，没有纵观全球局势和数据分析，则将影响店铺未来的发展。因此，辅助运用跨境电子商务第三方数据分析工具可以帮助卖家更准确和客观地做好各方面运营及决策。

## （一）第三方数据分析工具 Terapeak

Terapeak 是一家位于多伦多的公司，该公司使用供应、需求和定价数据来帮助跨境电子商务卖家了解卖什么、何时卖，以及在 eBay 等平台上以什么价格出售。Terapeak 团队已加入 eBay 的 B2C 销售和卖方体验小组。该工具既可以在互联网上也可以在移动设备上使用，并可以存储从 eBay 提取的数据长达一年。以下列出了 Terapeak 可以帮助 eBay 卖家提高销售额的一些相关数据信息。

### 1. 项目绩效

了解哪些项目效果不错，哪些项目效果不好。Terapeak 展示了整个 eBay 类别在最近一周或一个月内的表现。它还显示了不同的指标，包括总销量、总列表量、总成功列表量、出价活动、平均每个列表出价活动、销售率和平均售价。

### 2. 热门产品

Terapeak 提供了当前最好的 eBay 产品类别的可排序列表，列出了该类别产品的总体销售排名及该列表中所列项目的销售率。但是，产品销售情况好并不意味着就能获利。eBay 80%的产品都是新产品（有些是从中国进口的），如 iPhone 外壳和复杂的微调框之类的产品可能很热门，而且很流行，但卖家可能只能从中赚取微薄的利润。很高的销售率通常表示项目利润较低。

### 3. 上市升级

Terapeak 帮助卖家发现功能、产品详情描述、关键词，以及列表升级将推动销售。对于在某些细分市场（如时尚或流行家居装饰）中不精通关键词的卖家，此功能可能非常有用。关键词功能可帮助卖家发现和学习使用流行词，从而使其产品信息与买家的搜索结果相匹配。

### 4. 竞争对手研究

卖家不仅可以收集数据，还可以从竞争对手那里收集清单，在清单上可以查看结果并找出产品描述、标题和其他清单资产的最佳做法；不仅可以按产品搜索，还可以按卖家搜索，根据竞争对手的指标进行数据分析，包括销售业绩、平均售价和其他信息。

### 5. 清单类型和持续时间

Terapeak 提供有关列表类型和持续时间的数据。了解固定价格或拍卖对于特定类型的产品是否更好，以及持续时间长短会带来更高的销售率。在大多数情况下，对于将 eBay 作为企业进行经营的卖家来说，固定价格、30 天的最佳报价是常态。

### 6. 较长的存档清单

Terapeak 虽仅存档数据，但其数据可用于上一年的自定义搜索，而不是像 eBay 那样仅存档前 90 天的数据，因此卖家可以监视进度，包括竞争对手的进度及自己的进度。

## （二）Google 旗下的第三方数据分析工具

### 1. 消费者晴雨表

消费者晴雨表是帮助专家了解全球的人们是如何使用互联网的。消费者晴雨表主要作用如下。

（1）通过图形来了解数据，创建自定义的消费者网络行为分析。

（2）通过时间更迭来衡量数据变化趋势，了解世界各地的互联网访问和设备使用情况。

（3）学习经典的互网络用户数据分析。

（4）洞察全球互联网用户的使用情况。

### 2. 谷歌全球商机洞察

凭借谷歌全球商机洞察，企业可以通过输入关键词的方式找到商机，将广告信息传达给全世界的用户。以下是谷歌全球商机洞察的三大特点。

（1）帮助企业立即进军全球市场，自动将关键词翻译为客户所用的语言。

（2）呈现客户的地理分布，了解客户都在哪些地方搜索产品。

（3）估算费用，针对不同的语言和地理位置比较估算费用，让广告获得最理想的效果。

谷歌全球商机洞察使用步骤如下。

（1）进入谷歌全球商机洞察首页。

（2）选择国家和语言，输入产品关键词，在右侧“Filter”窗格中选择目标市场，如图 7-7 所示。

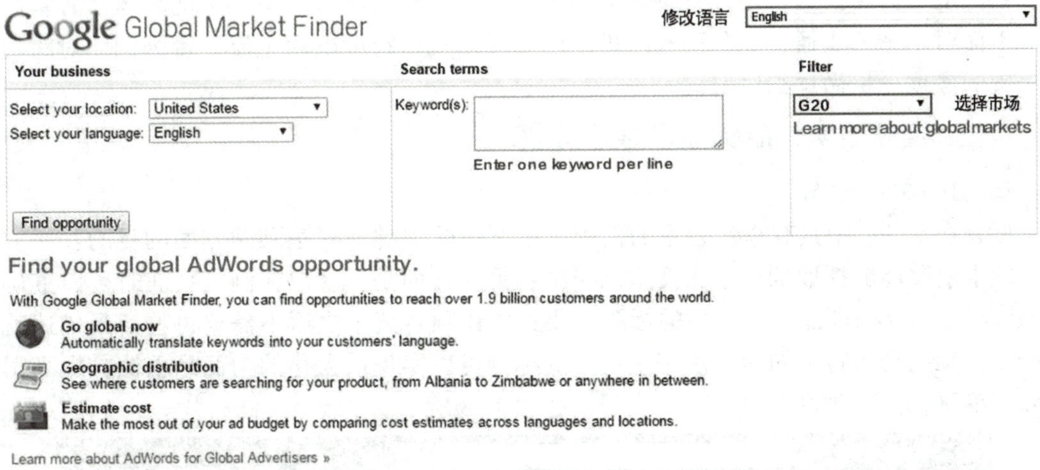


图 7-7 谷歌全球商机洞察首页界面

（3）单击“Find opportunity”按钮，就可以看到结果。

### 3. 谷歌趋势

通过谷歌趋势，跨境电子商务卖家不仅能看到各个国家和地区当下搜索度最高的关键词，还可以自主搜索产品关键词、定义时间轴、随时监督产品随时间变化而产生的热度变化，并以这些数据分析结果为参考，安排产品的生产、销售及推广。

### 4. 谷歌关键词

谷歌关键词是谷歌于 2000 年推出的数字营销自助服务平台。谷歌关键词利用数字“精准”营销的优势，在恰当的时间和恰当的位置，通过恰当的设备（PC 端、笔记本电脑、平板及移动端），向目标群体呈现高度相关的推广信息。

谷歌关键词推广原理是当客户搜索产品或服务相关的字词时，或者当客户所访问网站的内容与业务相关时，用户的广告就会展示在他们面前。

依托谷歌关键词，企业能够摆脱以前烦琐、耗费资金的市场调研。在当下的大数据时代，用户的所有信息都可以用数据显示，用户的所有消费行为都可以从数据中看出。借助谷歌关键词，以及现在正在融入的 AI 技术，企业的产品能够更轻松地呈现在目标客户面前，帮助企业开拓出更为广阔的市场空间。

需要特别提醒的是，永远不要依赖原始数据，最好的决策者依赖的应该是自己的大脑。研究工具仅能帮助卖家提升业绩，而不能替代卖家做出决定。所以，善于利用这些分析工具作为辅助，加上谨慎的判断，才能更好地促进跨境电子商务产品的销售。

# 第二节　跨境电子商务主流平台店铺数据分析

## 一、全球速卖通店铺数据分析

在跨境电商店铺运营中，具备数据整理、数据分析的能力，是一个优秀运营必备的技能。下面对全球速卖通、亚马孙和阿里巴巴国际站三个跨境电商主流平台为例，对跨境电商店铺的数据分析做详细讲解。

### （一）全球速卖通店铺竞品数据分析

#### 1. 竞品标题分析

标题在 listing 中具有举足轻重的作用。标题中的关键词要达到两方面的目的：一方面是，搜索引擎能够抓取到，进入搜索结果中；另一方面是，客户在浏览页面时可以准确理解该 listing 是什么商品。一个好的标题，要具备让顾客读了之后不需要再看商品描述就能够产生正确的购买行为的能力。一个优秀的标题可以实现最大化的为商品引流，提高曝光量和订单量，同时激发客户的购买欲望，如图 7-8 所示。

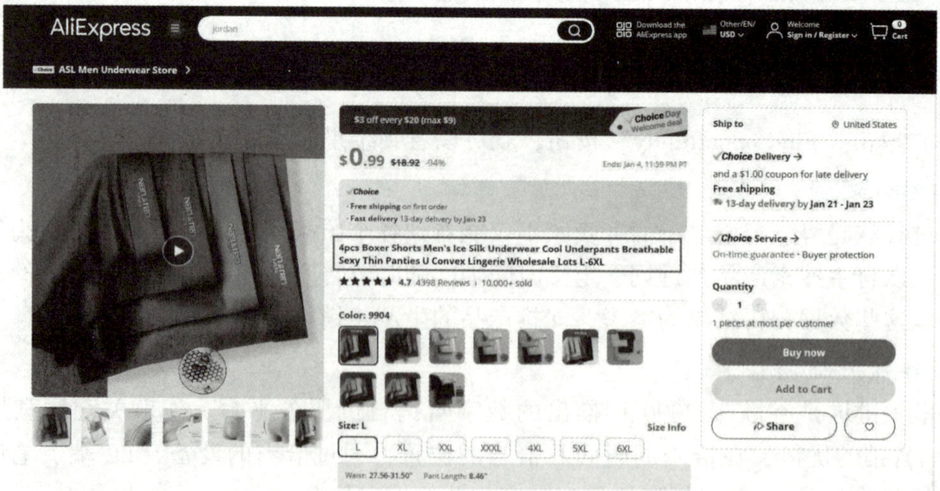


图 7-8　优秀商品标题示例

在标题的设置中，借助于多个竞争对手的标题来作为参考，逐层过滤筛选。除了精准关键词，为了涵盖更多的搜索，标题中不妨加入相关度较高的宽泛关键词和长尾关键词，如在商品标题中加入品牌、材质、实用场景等关键词，如图 7-9 所示。

图 7-9　商品标题长尾关键词

全球速卖通店铺标题应注意以下四点。

（1）真实准确的概括描述商品，符合海外买家的语法习惯，没有错别字及语法错误。

（2）标题中切记避免关键词堆砌。

（3）标题中切记避免虚假描述，如卖家销售的商品是 curtains，但为了获取更多的曝光，在标题中填写类似“cloth”字样的描述，有算法可以监测此类的作弊商品，同时虚假的描述也会影响商品的转化情况，得不偿失。

（4）标题除必须写出商品名称外，商品的属性、尺寸等都应标出，但是，切记不要加标点符号，特别是引号、句号等。因为客户搜索商品从来不会在关键词之间加这样的标点符号，大部分都是用空格。

## 2. 竞品主图分析

标题可以体现出该商品的属性及特征，而主图可以直观体现出商品的款式及优点。观察商品的图片，确认竞品与描述是否一致，商品标题与图片匹配度越高，越能增加买家下单的信心，提高转化率。分析竞争对手主图展示的主要信息，以及其他几张图片是如何展示的，从而在上架商品的时候能够在商品图片中更好地突出自己的卖点，进行图片布局，如图 7-10 所示。

图 7-10　主图展示界面

## 3. 竞品价格分析

在店铺经营活动中，价格是消费者最关注的，自然也就影响着店铺的转化率。用户在前台搜索商品时，会有价格排名，单击价格排名，商品就会根据价格的高低来展现，如图 7-11 所示。

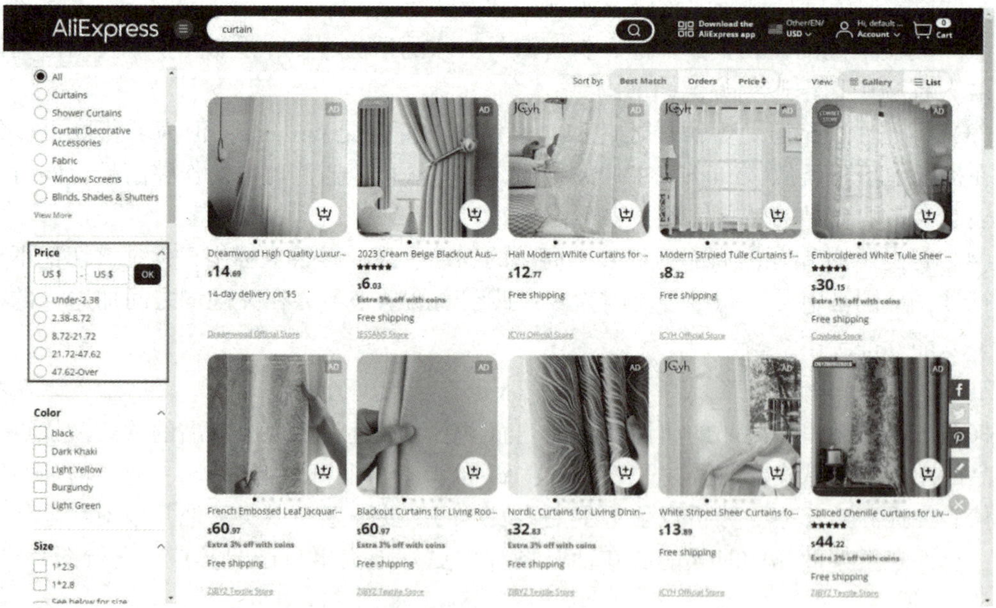

图 7-11　价格排名界面

仔细观察，什么价位的商品才是消费者点击次数最多的，即买家最能接受的商品价格范围。这能让卖家更简单也更准确地了解消费者对商品的价格需求，也能有效地帮助商品找到合适的价格定位。

一般情况下，卖家需要权衡是追求数量最大化，还是利润最大化。利润率高，单量少；利润率低，单量多。

分析对手价格，思考自己的哪些卖点能赋予商品更高的价值。切记价格要结合对手的热销商品价格，主推关键词，对手的对应市场的价格来分析。最后结合自己店铺目标客户群体，进行商品价格的调整优化，才能更好地提高自身商品的转化率。

### 4. 竞品收藏数分析

用户浏览店铺商品时遇较比较喜欢的商品，会单击收藏。竞品的收藏数量可以从侧面反映商品受买家喜爱的程度，如图 7-12 所示。在做竞品分析时，可以进入商品的详情页面，通过观察和收集商品的收藏数据，对比自身商品，找出差距。可以以某个时间区间为标准收集，如一周或一个月的商品的收藏数量。最好能够制作成趋势图，观察竞品收藏数据的变化。如果通过一个时间区间的观察，发现竞品的收藏数据呈上涨的虚趋势，说明竞品是比较受客户欢迎的；如果同一时期内自身商品的收藏数量过少，可以尝试设置一些店铺活动，如常见的收藏有礼或参加平台的活动等。此外，还可以通过优化商品主图/详情页、增加商品视频等方式，提升自身商品的收藏数。

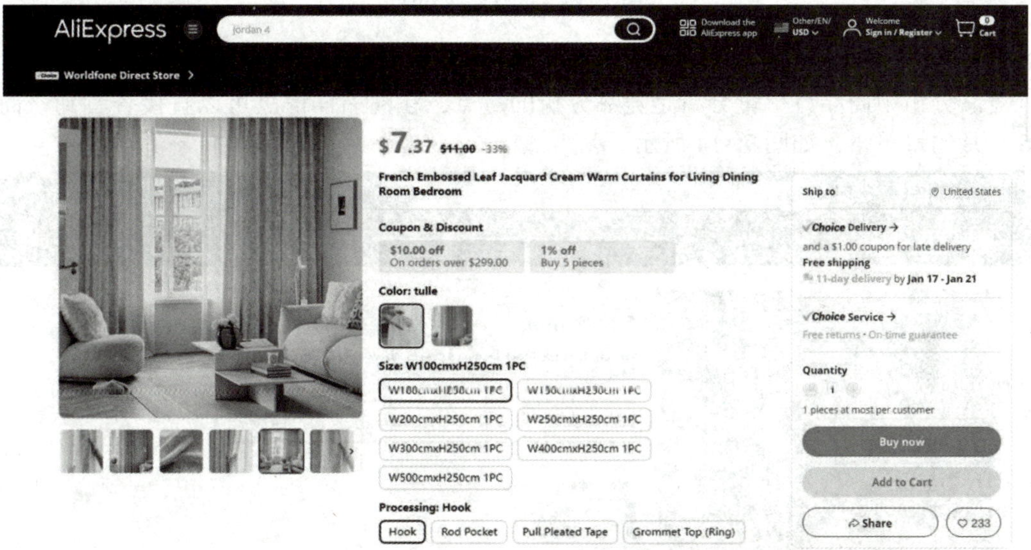


图 7-12　查看商品收藏数量

### 5. 竞品营销活动分析

全球速卖通店铺经常会开展各种营销活动，如发放店铺优惠券和满减等。有时候还会根据节假日的流量情况，定期组织营销活动。在竞品分析的过程中，要及时了解优惠活动的力度及时间安排，如图 7-13 所示。同时也可以观察竞品是否参加了平台权益计划，如西法 10 日达、AE plus 计划等。店铺优惠活动可以提高商品转化率，而加入平台的一些权益计划，将获得额外的打标、曝光等权益。通过竞品分析，在自身运营商品的过程中，可以提供营销推广活动设置方面的参考。此外也可以在优惠方式的设置上与竞品区分开来，以获得更多展示机会。

图 7-13　优惠活动界面

### 6. 竞品订单量分析

竞品分析中商品订单量分析是竞品分析的重点，在商品详情页可以直接查看到该商品近 6 个月的订单量，如图 7-14 所示。

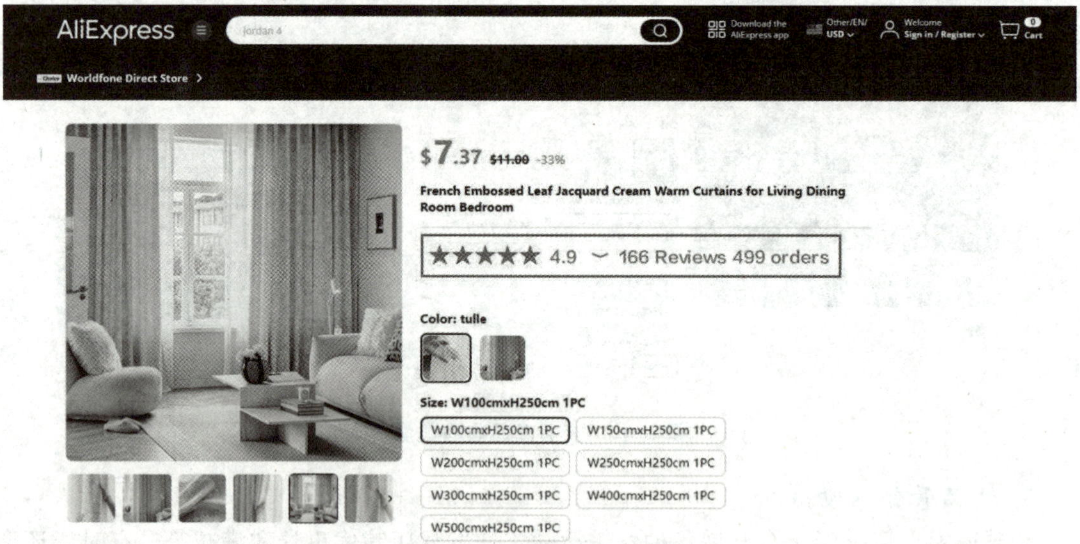


图 7-14　商品订单量界面

商品页面展示的是 180 天的订单量，可以参考得出同类商品每天出单量，然后为自身商品定制每天的出单目标提供参考。同时也要注意分析竞争对手有没有刷单的嫌疑。结合卖家的 ID 和国家简称，检查是否一致。例如，卖家的 ID 和国家都是法国的，但评价内容全是英文，或连续的评价都来自俄罗斯，卖家秀图片拍摄角度也差不多，那么这类订单极有可能是刷单的订单。在结合竞品销量制定自身销量目标时，需要考虑完成该销量目标的普遍前提是什么。以服装为例，自身商品颜色尺码如果不全，卖家数量会减少，也会影响商品转化率。与竞品价格接近，如果自身商品价格高于竞品，那自身商品的市场竞争力就会下降；与竞品运费模板相似，如果自身商品运输方式不全，主流销售国家运费不包邮或运费偏高也会影响商品转化率。

### 7. 竞品运费模板分析

在跨境电子商务运营过程中，商品的运费是非常大的支出，占成本的比重较大。因此在进行竞品分析的过程当中，要仔细对标竞品运费模板的设置。可以查看竞品选择了哪些物流方式，是否包邮，是否需要补运费差价，如图 7-15 所示。通过比较可以选择物流方式设置运费模板提供参考，另外也可以设置运费补差价提供思路，有些买家愿意为了更快收到商品付费，所以运费补差价也可以参考。

Shipping Method

Shipping: US $6.25
From China to Canada via AlExpress Standard Shipping
Estimated delivery on Mar 12
Tracking Available

Shipping: US $6.32
FromChina to Canada via Seller's Shipping Method
Estimated delivery on Apr 23
Tracking Unavallable

Shipping: US $23.04
Fromn China to Canada via China Post Air Parcel
Estimated deliveryon Apr 16
Tracking Unavallable

Shipping: US $23.95
From China to Canada via DHL
Estimated delivery on Feb 27
Tracking Available

图 7-15 商品物流方式界面

### 8. 竞品的属性分析

竞品的属性分为系统属性和自定义属性。卖家在发布商品时会填写，如图 7-16 所示。

OVERVIEW CUSTOMER REVIEWS (990) SPECIFCATIONS

| | |
|---|---|
| Brand Name:LISM | Function:Tranlsucidus(Shading Rate 1%-40%) |
| Type:Tulle | Opening and Closing Method:Left and Right Biparting Open |
| Origin:CN(Origin) | Location:Window |
| installation Type:Ceiling Installation | Model Number:033-TLL |
| Pattern:Yarn Dyed | Applicable Window Type: French Window |
| Style:Modern | Technics:Woven |
| Use:Home | Use:HOTEL |
| Use:Hospital | Use:Cafe |
| Use:Office | is_customized:Yes |
| Material:Voile Curtain | Format:Rope |
| Proressing Accessories Cost:Included | Pattern Type:Solid |
| Washing:MachineWashable, ColdWater | Processing method:Rod Pocket, Grommet Top. Pull Plea... |
| Applicable space:Living Room. Bedroom, Kitchen, Ba... | Not incuded. Hooks, beads, bandage |

图 7-16 竞品属性界面

在查看竞品属性时，可以了解竞品的功能和材质卖点等信息，从而了解到自身商品与竞品之间的差异，在编辑商品属性时，可以参考竞品的系统属性及自定义属性。不一定要完全跟竞品一样，但可以参考竞品属性的全面性。通常情况下，定义属性也建议填写。

### 9. 竞品详情页分析

分析竞品详情页可以参考竞争对手的详情页的布局，如图 7-17 所示。

图 7-17　竞品详情页界面

找出竞品详情页突出的重点及卖点，为详情页布局提供参考，同时要注意以下几个方面，其一，尺码等可以以表格的形式呈现（图 7-18），更加直观的重要信息直接用文字展示，避免英文不好的卖家无法看懂。其二，详情页如果要展示买家秀，需要注意视觉效果色差等问题。其三，涉及使用说明的可以用图文的形式展示，更加形象，或增加视频说明，这样更加直观。

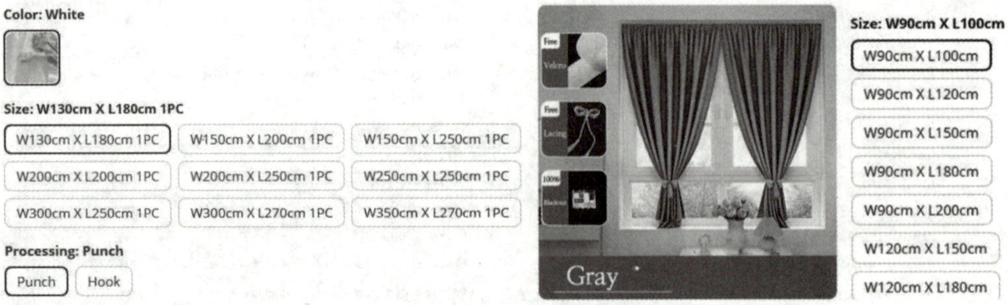


图 7-18　竞品详情页布局界面

### 10. 竞品订单评价分析

对竞品订单的评价分析非常重要。它可以从一个侧面反映出用户的一个真实情况。在分析的过程中，要综合权衡。不仅要看好评，还要关注竞品的差评及买家秀。在用户的好评中去发现用户认可商品的部分，也就是可以提取出商品的卖点，从而取长补短优化自身的商品；在差评中可以看出卖家不满意的部分，从而在上架自己店铺商品时，可以提前规避可能给商品带来差评的部分；在买家秀中可以看出竞争对手的商品包装信息和是否有赠品等，从而确定发货时要注意什么问题。对比分析竞品和自身商品的订单评价可以为自身商品或店铺服务优化创新提供思路，如图 7-19 所示。

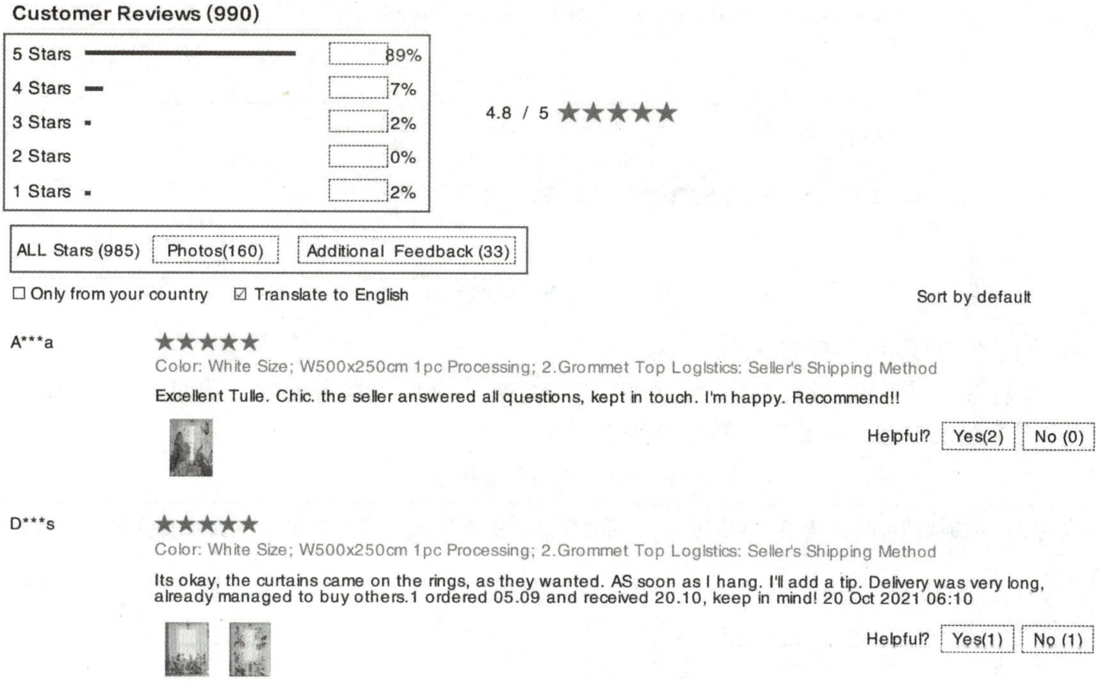


图 7-19　查看用户整体评价情况

对竞品的订单评价分析后，发现客户反馈物流较慢，商品实物与描述有不一致的情况，如图 7-20 所示。对于客户评价收到的商品与描述不一致，要仔细分析商品详情描述，是否存在商品的某些细节描述不到位的情况。如窗帘这一商品，由于有镂空等细节，是否在英语的语言表达方面存在歧义。在全面了解到客户的评价后，分析者就能总结出买家的需求，进而对标自己的商品分析出哪些是买家认可的，需要继续保持；哪些是商品不够优秀的地方，需要向竞品学习。这样才能够做到取长补短，为继续优化自身商品提供依据。

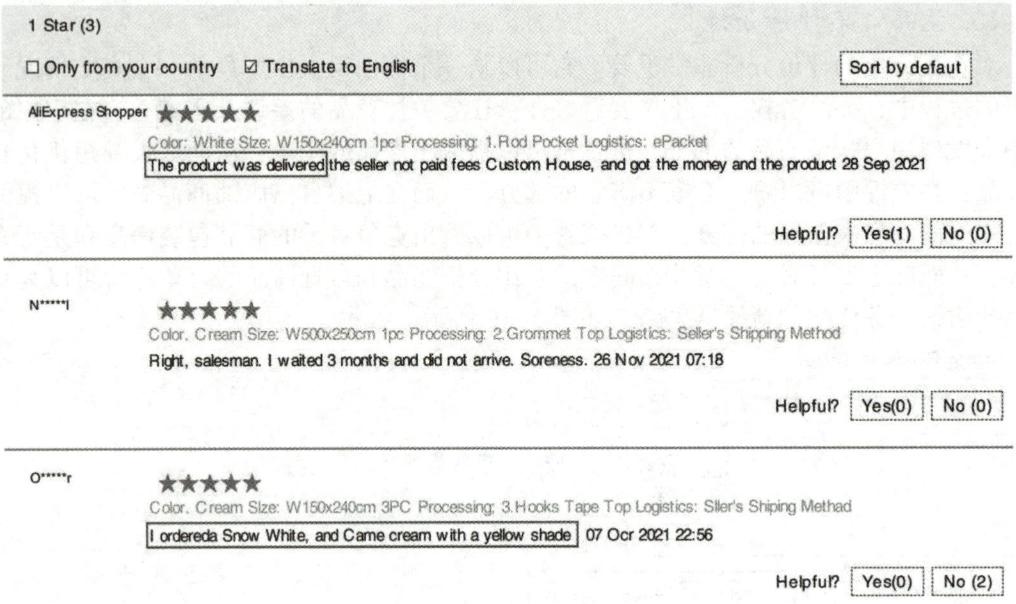


图 7-20　用户评价分析

### 11. 制定竞品“监控表”

对竞品店铺及竞品链接这些数据进行长期跟踪，确保数据有效性，从而为打造商品提供更多思路及参考。竞品监控数据类别如表 7-3 所示。

表 7-3　竞品“监控表”

| 店铺 ID | 店铺名称 | 店铺链接 | 开店时间 | 是否金银牌 | 主营商品 | 商品数量 | 销量最高商品的订单数 |
|---|---|---|---|---|---|---|---|
| … | | | | | | | |
| … | | | | | | | |
| … | | | | | | | |

## （二）全球速卖通店铺整体数据分析

在全球速卖通后台的生意参谋板下，可以在首页查看到店铺的基本情况，包括实时数据情况、店铺层级、整体看板、实时榜单等。

### 1. 实时数据情况

实时数据可以帮助卖家快速了解店铺的单日成交金额与昨日成交金额的对比变化。充分了解今日销售情况是否合理。同时可以判断店铺成交金额最高的商品，通过成交金额判断进行的商品优化和营销活动是否有积极的效果和作用。根据不同时段的成交金额，可以对直通车等推广计划的启动时间进行调整。

该实时数据部分展示了截至浏览时间，当前的支付金额，访客数，支付买家数及支付主订单数，浏览量等数据。还可以查看移动端支付金额占比及与店铺昨日同时段支付金额对比的折线图，如图 7-21 所示。

### 2. 店铺层级

店铺层级部分展示了店铺近 30 天支付金额及行业内近 30 天支付金额排行。行业内近

30 天支付金额排行指店铺所属主营二级行业的实时排名，店铺排名 200 名之外用 200+显示，如图 7-21 所示。

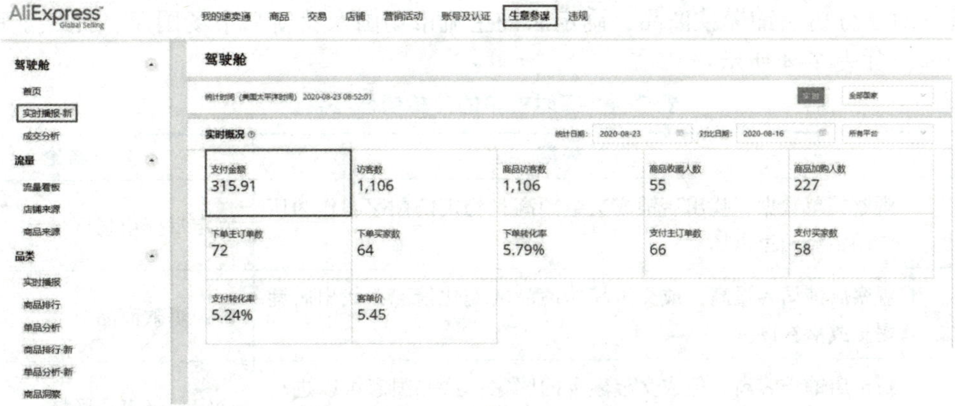


图 7-21　店铺实时数据

通过店铺层级下的数据可以观察店铺所处层级变化，即在层级中的排名变化，根据近 30 天支付，金额排行及支付总额上升下降趋势，可以判断出 30 天店铺数量整体变化情况及与行业其他卖家之间的差距。如果店铺近 30 天支付金额呈现上升趋势，但是近 30 天支付金额排行缺位，提升甚至出现下降，说明有一些比较强势的店铺加入竞争或原本销量不如自身店铺的，销量已经超过这层店铺，保持店铺现有销量已经不足以抢占市场。还需要打造热门的商品，加快提升店铺销量。

## 3. 整体看板

在生意参谋整体看板页面，可以通过不同时间维度，如日、周、月查看店铺的支付金额，店铺访客数，支付转化率，客单价，成功退款金额等数据，还可以查看自身店铺与同行同层平均及同行同层优秀对比，如图 7-22 所示。

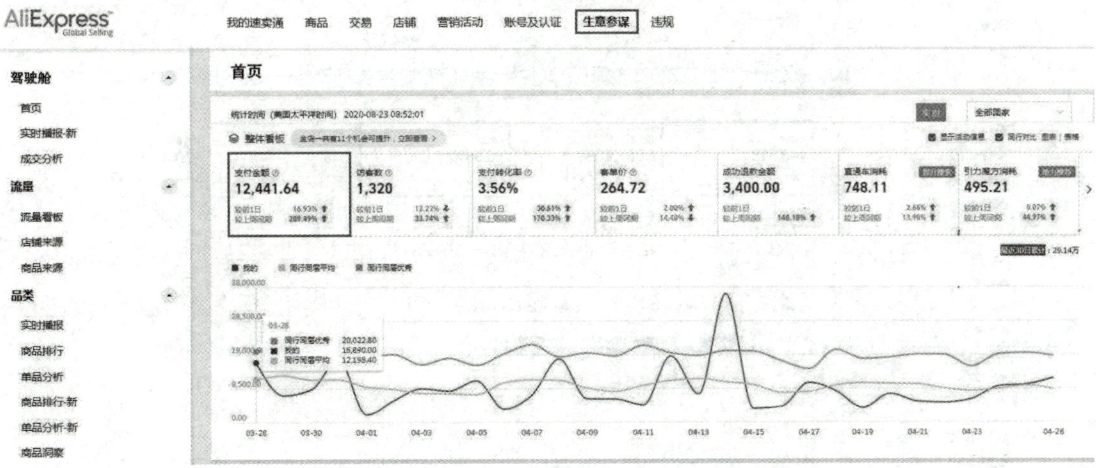


图 7-22　同行业同层实时数据对比概况

### 4. 实时榜单

在整体数据里还可以查看商品的实时访客榜、实时国家访客榜、实时商品支付榜。这些榜单，对于分析店铺爆款商品，确定店铺主流市场国家及新兴市场国家，提供了重要的分析依据，如表 7-4 所示。

表 7-4　实时榜单的分析依据与结论

| 序号 | 分析依据 | 分析结论 |
| --- | --- | --- |
| 1 | 观察榜单数据，找出店铺成交金额高且稳定的国家，作为店铺的主流国家市场 | 确定目标市场区域 |
| 2 | 观察店铺访客量高，成交量高的商品的变化情况，找出店铺爆款或潜在爆款 | 确定爆款商品 |
| 3 | 找出店铺访客高，但成交金额少的国家，这些国家可以进行拓展和布局 | 确定新兴市场区域 |

## （三）全球速卖通店铺流量数据分析

从事跨境电子商务运营工作对流量的把控至关重要，基于线上渠道的流量数据分析是决定后续各项运营工作的基础。在店铺流量数据分析环节，不仅要关注店铺的流量数据，也要了解平台及整个行业的流量趋势情况。

### 1. 流量看板

在流量总览页面可以以日、周、月等不同维度查看店铺数据，也支持按照国家平台等筛选。选择不同时间维度查看店铺的访客数、商品的访客数、支付买家数、浏览量、跳失率、人均浏览量、平均停留时长、新访客数以及新访客占比的数据及变化趋势等，可以了解店铺表现情况，如图 7-23 所示。

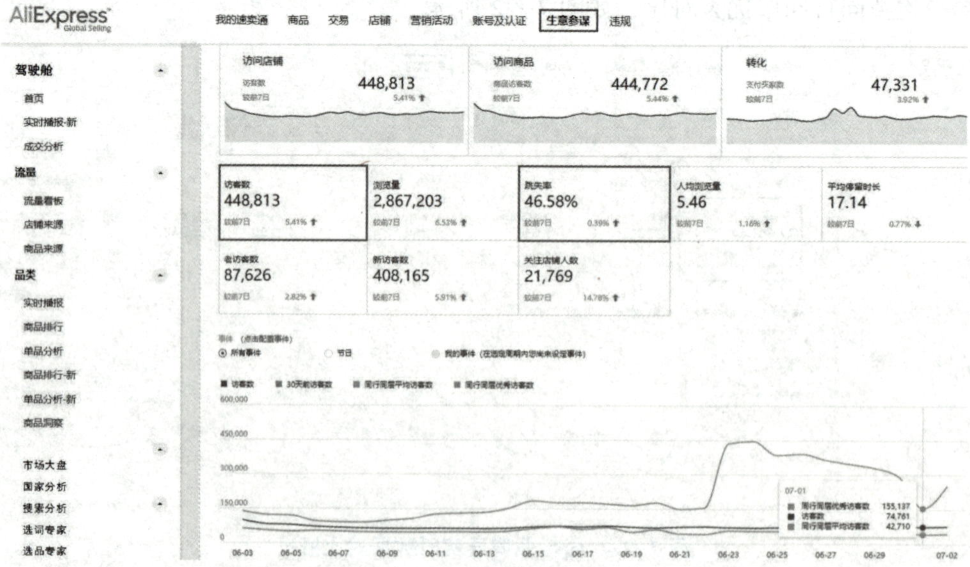


图 7-23　“生意参谋”界面

在实际运营过程中，可以找出高访客、高加购、高转化的国家作为店铺的重要市场，做营销推广时侧重对这些国家市场的投入；也可以找出高访客、高加购、低转化的国家作为机会国家尝试进行定向营销，刺激该国家市场的买家下单转化。

### 2. 页面流量

（1）页面流量来源

在“来源分布”页面不仅可以看到店铺流量来源的主要途径，还能看到来自各来源流量的具体访客数及下单转换率。根据流量变化的曲线图，可以很直观地看到不同来源流量的变化趋势。从而方便决策者制定店铺的营销推广计划，合理分配推广资金，如图 7-24 所示。

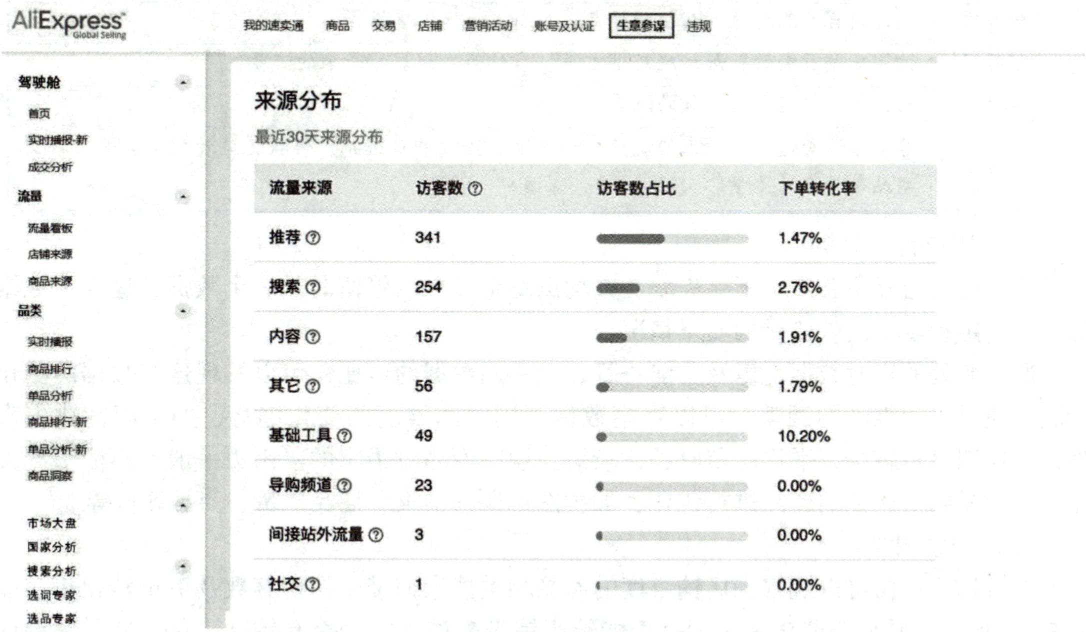


图 7-24　全球速卖通“来源分布”界面

## 知识拓展

### 全球速卖通平台页面流量来源渠道

通常情况下，全球速卖通平台页面流量的来源构成有很多种，如表 7-5 所示。

表 7-5　全球速卖通流量来源

| 载体 | 流量来源形式 |
| --- | --- |
| 商品页面 | 通过商品详情页或商品相关页面记录的流量 |
| 首页 | 平台基于算法推荐给用户引导进入店铺，如通过首页推荐心愿单推荐和购物车推荐等进入的流量 |
| 搜索 | 通过 AE 搜索进入店铺的用户，含直通车，如来自搜索文字，搜索图片，搜索类目导航等访问的流量 |

（续表）

| 载体 | 流量来源形式 |
| --- | --- |
| 其他 | 除其他站内渠道外进入店铺的用户，如关联搭配等带来的流量 |
| 会场 | 通过会场进入店铺的用户，一般是通过促销活动搭建的活动会场、行业会场、主会场、人群会场等带来的流量 |
| 购物车 | 通过网站购物车带来的流量 |
| 用户后台 | 通过用户后台进入店铺，如用户后台的订单列表 |
| 收藏夹 | 单击宝贝收藏、购物车、店铺收藏、已买到商品等直接访问到商品或店铺的流量 |
| 购物频道 | 通过前台导购场进入店铺的访客，如新人专区、直播等 |
| 店铺页面 | 访问店铺页面的，如访问店铺首页，店铺商品列表等带来的流量 |
| feed | 短视频等渠道进入店铺的流量 |
| 站外 | 非全球速卖通平台带来的流量，如通过联盟站外渠道推广链接，站外搜索引擎，社交网站等带来的流量 |

（2）用户行为分析

用户行为指标主要展示了跳失率，人均浏览量及平均停留时长 3 个数据，这 3 个数据都能在一定程度上反映流量的质量情况。

通过此处的实时数据，以及与前一日、上一周数据的对比，可以发现这些数据的变化情况，通过时间维度的调整，可以观察数据不同时间维度的变化趋势，如果店铺跳失率高，人均浏览量较少，平均停留时长比较短，说明商品对买家的吸引力一般，不能引起关注。此时需要对店铺的商品进行优化，如主图标题详情页、商品质量、商品评价等。

（3）搜索词排行

搜索词排行榜可以观察到店铺维度的商品相关搜索词带来的访客数及下单转化率，如图 7-25 所示。从而判断该关键词是否能给店铺带来访客，是否有较高转化。如果关键词能带来高访客高转化，说明该关键词表现优秀，做商品标题优化或后续类似商品上新时，可以运用该关键词。

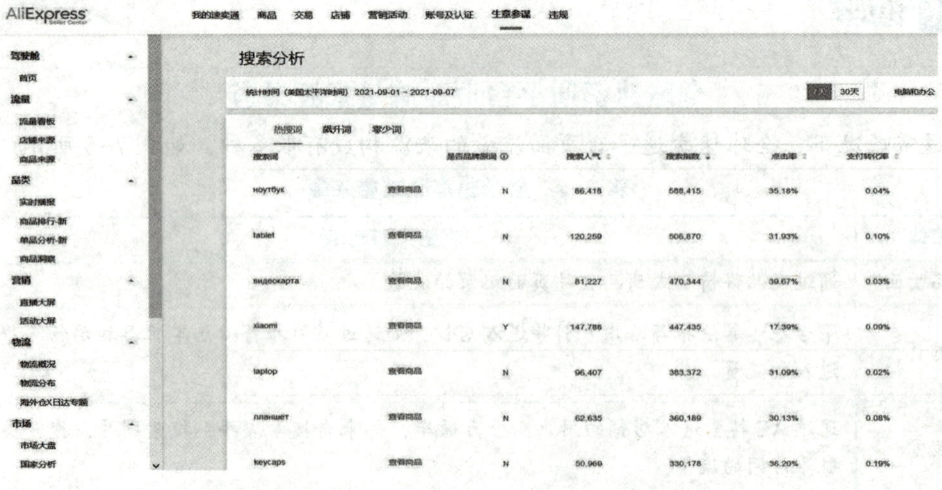


图 7-25　全球速卖通“搜索分析”界面

## （四）全球速卖通店铺商品数据分析

### 1. 转化看板

通常情况下，访客的转化根据操作不同，可以分为收藏转化、加购转化及支付转化。在转化看板数据中，可以通过设置不同时间维度查看店铺转化率情况，方便运营人员及时做出应对。与此同时，在该页面还能够看到商品的访客加购、收藏及支付情况，可以针对一些高加购高收藏的商品做定向营销，吸引买家下单。

### 2. 客单看板

在客单看板页面，可以看到客单分布及支付件数分布两种数据。从客单分布可以查看店铺平均每个支付买家的支付金额集中在哪个价格区间，单击折线图还能看到该价格区间的买家占比，为店铺商品价格布局提供参考。

### 3. 单品分析

单个商品的转化率，主要取决于两个因素：一是商品价格，由主要国家定价和运费模板决定；二是详情展示，包括商品评分，评价和商品图片及描述。

分析时抓住主要因素，即商品定价和评价。作为卖家，要学会换位思考。价格低并不是真的低，要让买家认为我们的价格确实是最有性价比的才行。

## （五）全球速卖通店铺物流数据分析

在分析物流数据时，要了解店铺的物流单量情况。在如图 7-26 所示的页面中，可以查看到所选支付时间到最近统计时间的物流单量数据，可以通过日、周、月不同时间维度查看支付订单量发货订单量，上网订单量，签收订单量等数据，这些数据都是支持通过图表格式或表格形式展现的。通过这些数据可以看出店铺的发货速度物流情况。

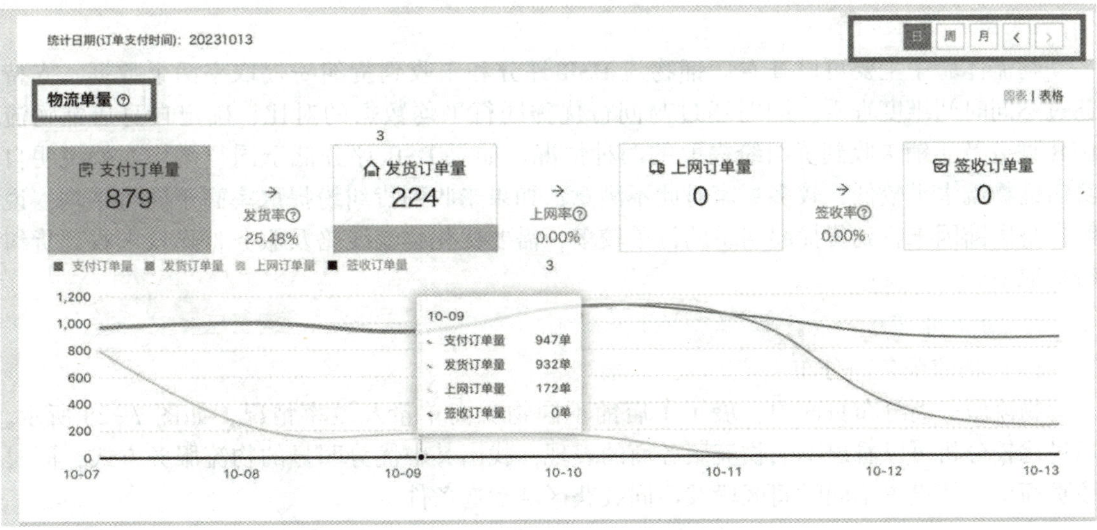


图 7-26　全球速卖通“物流单量”界面

### 1. 物流时效

“物流时效”页面中可以查看店铺订单物流时效数据，包括48小时上网率数据，72小时上网率数据及7天上网率数据，如图7-27所示。该页面数据统计日期均为当前日期，往前推7天的近30天的订单数据，如当前日期为2023年9月15日，则统计订单为2023年9月8日的近30天订单数据，同时通过与优秀同行平均数据对比，找出自身店铺物流时效的不足之处，以便采取措施，从而提升店铺物流时效，优化买家体验。

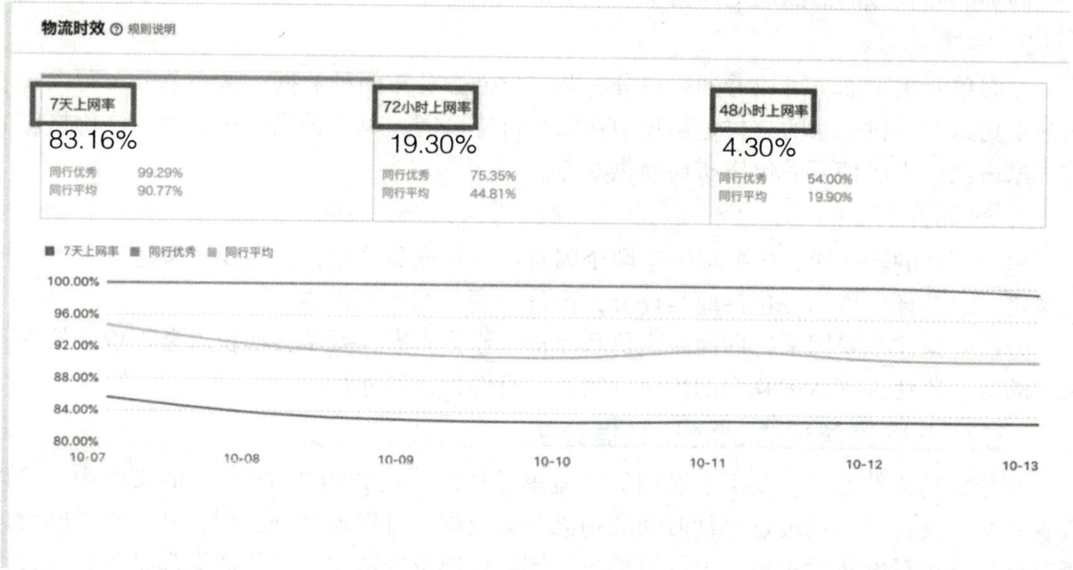


图7-27　全球速卖通后台物流时效

### 2. 物流体验

物流体验中主要可以查看店铺物流DSR评分和未收到货纠纷提取率两个数据，支持通过不同时间维度查看。同时通过与同行优秀同行平均数据的对比，确定自身店铺物流DSR评分及店铺未收到货纠纷提取的两种情况：如果DSR评分低于同行平均，就说明自身店铺物流水平较低，较多买家对此不满意；如果未收到货纠纷提取率高于同行平均，说明自身店铺因未收到货提起纠纷的订单较多，需要优化物流线路及服务，降低未收到货纠纷提取率。

### 3. 物流分布

（1）物流服务商分布

物流服务商分布页面中，展示了店铺不同物流商单量及效率情况，如图7-28所示。通过比较分析可以看出不同物流服务商的表现，找出其中优势明显的物流服务方式，同时该页面也支持设置不同时间区段及不同收获区域筛选条件。

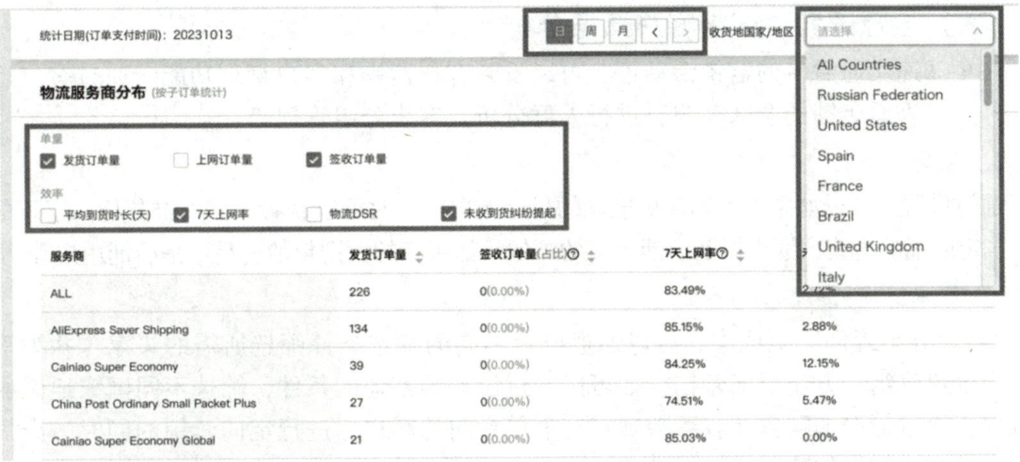


图 7-28　全球速卖通“物流服务商分布”界面

（2）商品类目分布

商品类目分布页面中，展示了不同类目下发货订单量及发货效率相关数据，如图 7-29 所示。在该页面中可以找出未收到货纠纷提取率较高的子类目商品。通过分析，为优化店铺商品品类布局、优化商品及物流方式提供参考。

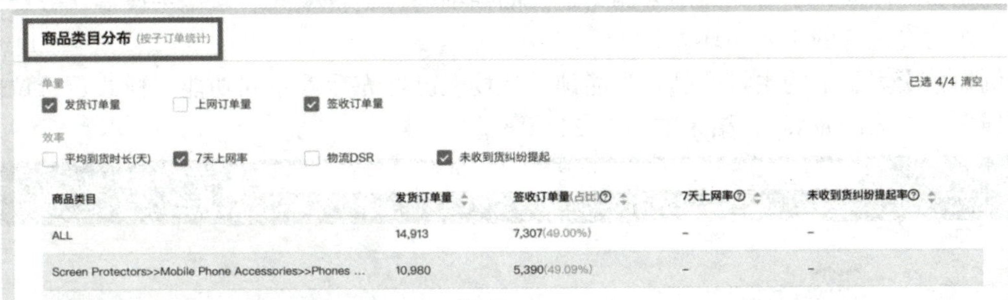


图 7-29　全球速卖通“商品类目分布”界面

（3）国家（地区）分布

国家（地区）分布页面中，展示了按照收货地址，国家展示发货订单量及发货效率相关数据，如图 7-30 所示。支持从不同时间维度查看数据。通过数据分析，可以找出未收到货纠纷提取率较高的国家或地区，并加以重点优化。

图 7-30　全球速卖通“国家（地区）分布”界面

### （六）全球速卖通店铺客户数据分析

在全球速卖通后台的营销活动下，可以看到客户营销和客户管理功能。通过客户管理功能，可以查看店铺的全部客户，进行人群分析及客户分组管理等。

#### 1. 人群分析

通过设置人群过滤条件，确定更准确的目标人群。同时可以查看不同人群分析因子下的数据，确定店铺的主流国家市场及店铺买家的画像，如买家的性别年龄、是不是店铺用户等。

#### 2. 客户分组管理

“客户分组管理”页面中，可以通过设置不同的筛选条件筛选所需的买家，并为筛选的买家设置分组，方便后期营销。如可以通过设置国家地区条件，筛选不同国家地区的客户数据，通过筛选加购数加收藏数确定有下单意向的客户，进行定向营销的同时，会筛选有往来的客户数据创建分组。

## 二、亚马逊店铺数据分析

### （一）亚马逊店铺竞品数据分析

每天都有近上千名卖家汇入亚马逊平台，作为一名新入场选手，必须警惕行业的风向及其他竞品的动向，了解竞品的采购渠道、品控细则、定价模式、营销手段等。分析竞品是开启亚马逊之旅的重要一环。

例如，卖家手上的主打商品是智能锁，市场上已经充斥着不同功能、样式、价位的商品，搜索“Smart Locks”，结果如图 7-31 所示。

图 7-31　亚马逊商品搜索结果

“Smart Locks”关键词项下会出现各种各样的商品，不过针对竞品需要用更加“贴服”的长尾词从而体现对应的利基市场，这次的关键词换成“wifi smart lock”，搜索结果如图 7-32 所示。

图 7-32　亚马逊商品搜索结果标题分析

以上搜索结果只显示添加了“wifi smart lock”这串长尾词的商品。出现在搜索结果排名前 10~20 的商品，卖家需重点关注。

### 1. 跟踪竞品的关键词排名

如果卖家希望商品能被消费者及时捕捉到，前提是确保商品的关键词设置准确。如果关键词设置有误，在消费者货比三家这个区段的竞技中将直接淘汰出局，也就是连曝光的机会都不会有。

尽管卖家可以在不使用软件助手的情况下找到目标关键词，但使用助手软件能够节省大量时间和精力。通过使用关键词工具（如卖家精灵），如图 7-33 所示。不仅能全面把握竞品后台关键词的设置情况，还能就关键词对流量入口划分不同等级，以此平衡投入产出比，当然还能查看到其他绩效指标。

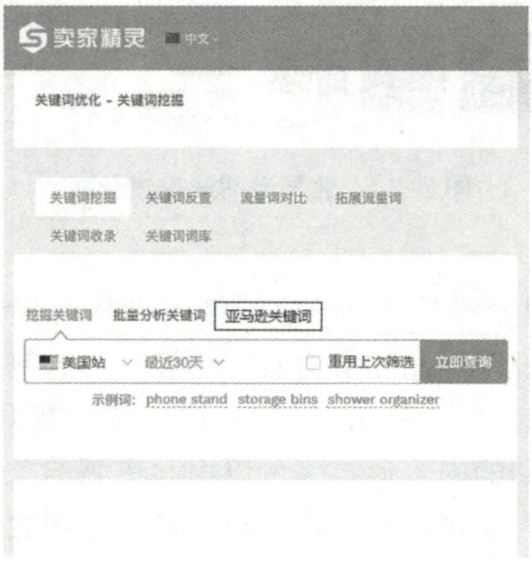


图 7-33　卖家精灵手机端界面

## 2. 分析竞品的 listing

拆解竞品 listing 可以从另一个角度对自身的商品查缺补漏、博采众长，需要注意以下四个方面。

（1）标题分析

标题不仅能告诉消费者卖的是什么，还能为亚马逊的 A9 算法提供包括绩效核算、曝光展示的指引，卖家在设置标题时要注意同类目下的头部卖家是如何拟标题的，才能在一些无须付费的地方把与竞品的差距拉至最小。

（2）商品图片分析图片是巨大的卖点

线上浏览的消费者无法洞悉商品的实际体感，卖家需确保 listing 在设置上能够唤起消费者的共鸣，能够带动其产生交互感，销量才能被拉动。图片在这中间充当的不仅是门面，而是牵动消费意识的关键因素。因此做好图片分析在卖家扩大市场份额中起着举足轻重的作用。

（3）商品要点及描述分析

商品要点及描述分析就是对该商品的要点及描述进行更好的提炼，如图 7-34 所示。优化要点和描述的方法很简单，化繁为简即可。删除那些花哨的辞藻，忽略那些让人看起来毫无欲望的口水词，切中要害，且有说服力才是关键。

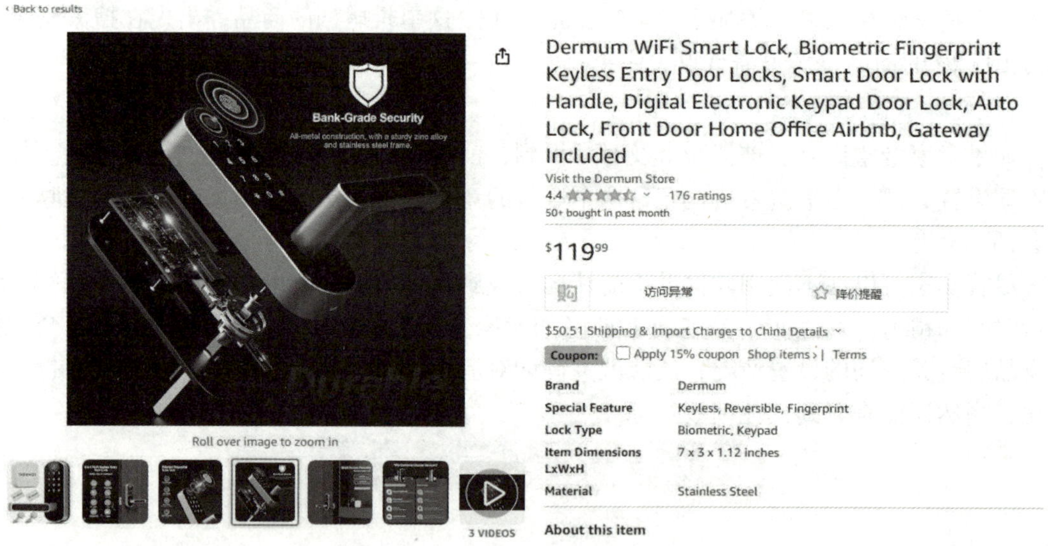


图 7-34 亚马逊商品描述分析

（4）商品评论分析

亚马逊在使用 A9 算法对卖家的 listing 进行绩效考核时最看重的参数之一，就是消费者愿意主动给商品好评，这说明商品的潜力及实用性经得起测试，亚马逊自然会预留更多的曝光展示，也就是权重给这些商品。详尽的好评就像免费升级的 A+页面，评论支持上传视频，有视频这样更为生动的内容形式，可以引起更高的关注。对于卖家而言，评论比评分更加重要，这也是很多大卖家特别注重用户评论的原因之一。评论的重要性，已经被印证过无数次，卖家们要谨言慎行。

### 3. 竞品定价分析

定价对消费者购买决策有着很重要的影响，特别是在亚马逊上。两个类似的商品，评论、评分相差无几，消费者有极大可能选择价格较为低廉的那款。商品低价可短时间内拉动销量，但却可能让卖家深陷入不敷出的尴尬局面。因此研究商品的历史价格（图 7-35）尤为重要。如果卖家目前瞄准的利基市场的商品价格波动涨幅较为明显，说明进驻的竞争压力相对较大，不建议新手卖家尝试。

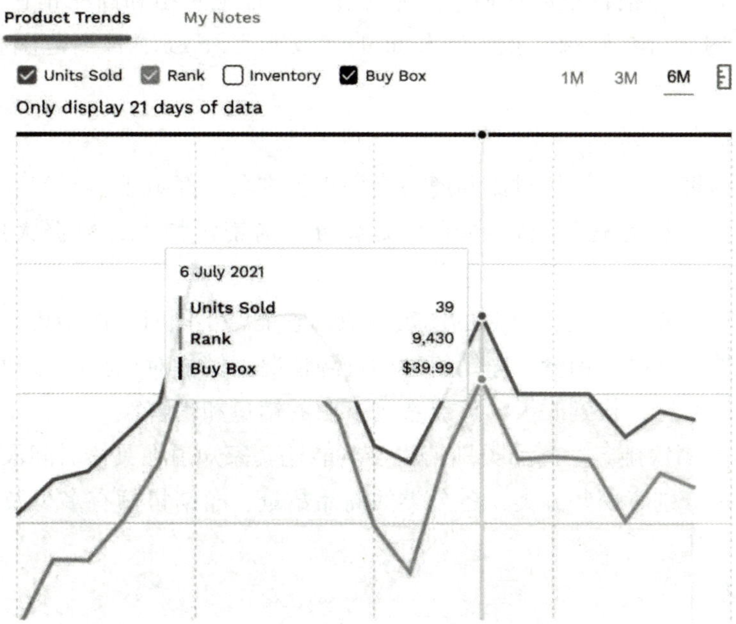


图 7-35　亚马逊竞品定价分析

### 4. 竞品销量

追踪竞品的销量能帮助卖家了解他们的库存情况、潜在利润，以及整个利基市场的潜力，如图 7-36 所示。

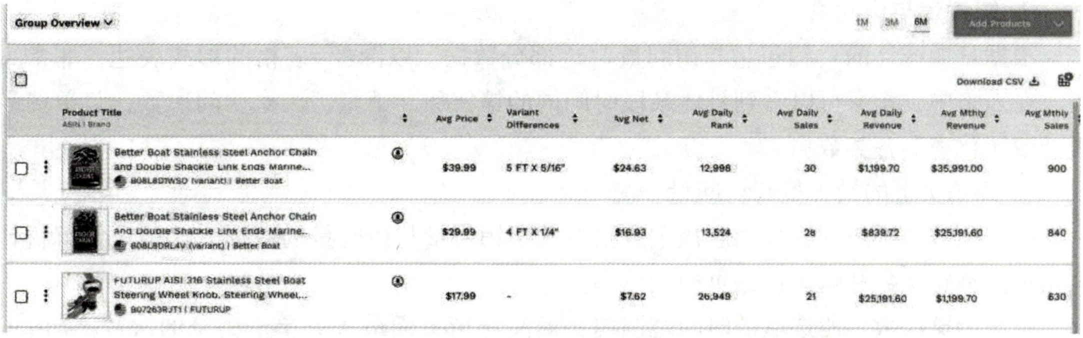
Group Overview
1M 3M 6M Add Products
Download CSV

| Product Title ASIN \| Brand | Avg Price | Variant Differences | Avg Net | Avg Daily Rank | Avg Daily Sales | Avg Daily Revenue | Avg Mthly Revenue | Avg Mthly Sales |
|---|---|---|---|---|---|---|---|---|
| Better Boat Stainless Steel Anchor Chain and Double Shackle Link Ends Marine... B08L8DTWSD (variant) \| Better Boat | $39.99 | 5 FT X 5/16" | $24.63 | 12,998 | 30 | $1,199.70 | $35,991.00 | 900 |
| Better Boat Stainless Steel Anchor Chain and Double Shackle Link Ends Marine.. B08L8DRL4V (variant) \| Better Boat | $29.99 | 4 FT X 1/4" | $16.93 | 13,524 | 28 | $839.72 | $25,191.60 | 840 |
| FUTURUP AISI 316 Stainless Steel Boat Steering Wheel Knob, Steering Wheel... B07263RJT1 \| FUTURUP | $17.99 | - | $7.62 | 26,949 | 21 | $25,191.60 | $1,199.70 | 630 |

图 7-36　亚马逊竞品销量

## （二）亚马逊店铺流量数据分析

打开卖家后台，在“数据报告”选项中找到“业务报告”入口，进入页面后可以看到业务报告。

业务报告由销售图表、按日期或按 ASIN 的归类数据的业务报告、亚马逊销售指导三部分数据组成，而这些报告的数据通常最多可以保留两年。

所有的数据分析，卖家都可以下载，系统默认下载全部数据。然后将数据保存到相应的文件夹里。在业务报告里的任何一个数据报告，都把月租和商品销售佣金这部分的支出费用计算在内。可在后台“报告”里面的“支付”下载“日期范围报告”查看实际收入。

### 1. 销售图表

销售图表由销售概览、销售对比和商品类别销售排名三部组成。

（1）销售概览。销售概览通常会显示卖家当天的销售情况，数据大约每小时更新一次。

（2）销售对比。销售对比由直观的图表组成。它能将不同时间的销售数据放在一起对比，可以很直观地看到商品销量、净销售额的升降情况。销售对比具有互动式功能。这个页面可以看到销量对比，找到昨天，可以看到下面的销量和销售额。

（3）商品类别销售排名。商品类别销售排名能让卖家知道在具体时间段内，排在店铺前几名的商品类别分别有哪些分类，各分类的商品数量、净销售额有多少及商品数量百分比和净销售额百分比。

### 2. 业务报告

业务报告按照日期、ASIN 码和其他业务报告这三大版块来归类数据。另外，如果卖家没有看到右侧的导航栏，将鼠标悬停在最右侧。单击标签为“列”的垂直选项卡，以显示列表。再次单击可将其隐藏，也可任意勾选想要了解的数据选项。

业务报告的数据比较多，但卖家常看的数据有以下三项。

（1）根据日期统计的业务报告

① 销售量与访问量

根据日期统计的“销售量与访问量”这部分数据，以图像+表格的形式表达，非常直观。在表格中，卖家可以看到具体某段时间内的销售额、销量、买家访问次数，订单商品种类数转化率等各类数据。

② 详情页上的销售量与访问量

在这项数据报告中，卖家应该重点读取关于销售量与访问量的数据。这里重点解析什么是页面浏览次数和购买按钮页面浏览率。

页面浏览次数：所选取的时间范围内，商品详情页面被买家单击浏览的次数，即 pv。如果在 24 小时内，同一用户单击了 10 个商品详情页面，那么 pv 就算是 10 次。但买家访问次数只算 1 次，所以，“页面浏览次数”一般会比“买家访问次数”高很多。pv 高了，也就意味着商品的曝光率增加，对销量，转化率越有利。

购买按钮页面浏览率：获得黄金购物车购买按钮的商品页面的浏览次数在总页面浏览次数中所占的百分比。

③ 卖家业绩

卖家业绩主要反应售后情况，包括退款、退货、索赔等。通过这一数据，可以知道用户体验如何，卖家有没有做好客户服务。具体专有名词解释如下。

- 已退款的商品数量：具体时间段内，卖家被要求退款的商品数量，即退货数量。
- 退款率：具体时间段内，已退款的商品所占的比例。
- 已收到的反馈数量：具体时间段内，卖家收到已验证购买的买家所留下的反馈总数量，包括好评与差评。
- 已收到的负面反馈数：某段时间内，卖家所收到的已验证购买的买家所留下的差评数量，包括一星、二星差评。差评对卖家不利，数量越少越好。
- 负面反馈率：差评在反馈总数量中所占的比例，也就是已收到的负面反馈数在已收到的反馈数量所占百分比。
- 已批准的亚马逊商城交易索赔：买家对卖家的商品或服务不满意，就会发起索赔，一旦成立就会计入次数。索赔对卖家也很不利，卖家应尽量避免。
- 索赔金额：买家提出的索赔的金额。

如果卖家的售后与客户服务都做得好，那么退货数量、退货率、负面反馈率都会比较低的。

（2）按商品码统计的业务报告

数据都是介绍商品整体的表现。如果卖家需要仔细分析某个商品的表现，那么商品统计中的“子商品详情页面上的销售量与访问量”数据值得一看。卖家可以主要查看子商品的买家访问次数、页面浏览次数、已订购商品数量、已订购商品销售额和订单商品种类数等反应 listing 销售量与访问量的数据。

同时，卖家也可以通过对比不同子商品数据，从而发现和挖掘商品的市场潜力。人气旺的热门商品的页面浏览量往往会比其他商品的高出很多，商品销量也会比较理想。反之销量也不会太高，这个商品就可能会有库存压力，此时卖家可以对 listing 标题、描述、关键词进行优化，或推广引流。

（3）按照其他方式统计的业务报告

统计某周已订购商品销售额、已订购商品数量、订单商品种类数、已发货商品销售额、已发货商品数量、已发货订单数量这些数据，如图 7-37 所示，可以方便卖家及时调整销售政策。

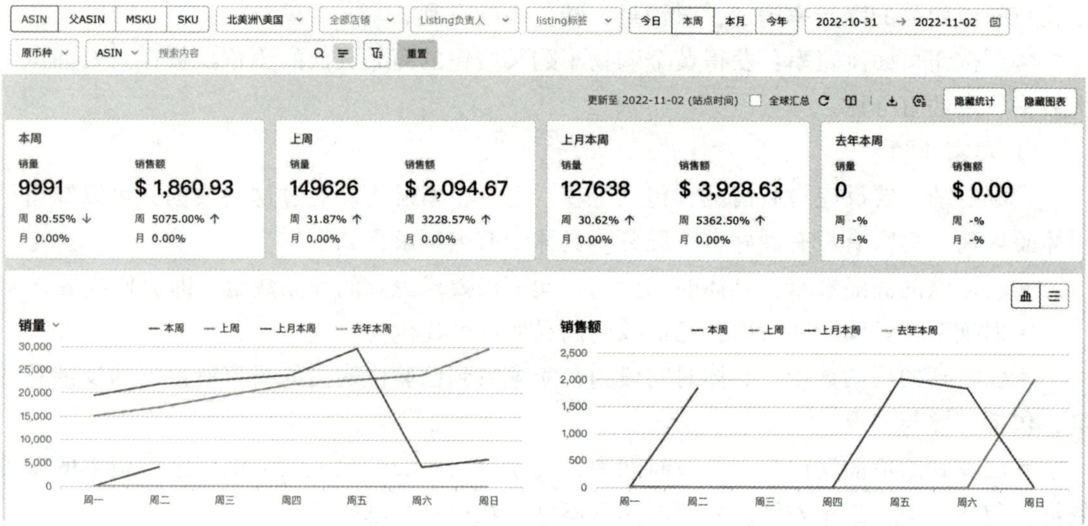


图 7-37　每周销售量和订单量界面

## （三）亚马逊店铺商品数据分析

### 1. 已订购商品数量

已订购商品数量是指在具体时间段内，卖家所有订单加起来的商品个数的总和。该数据详细说明了总单量。

使用这些指标来关注单位订单，并识别数字中的高峰和低谷。订购的数量单位是直接影响商品排名的因素之一，出售的数量越多，排名就越高。提高订购单位是首要任务，这对页面浏览量和转化率有重要影响。

### 2. 已订购商品销售额

已订购商品销售额是指在具体时间段内，卖家所有订单加起来的净销售额度。计算公式为

$$已订购商品销售额=商品价格\times已订购的商品数量$$

商品价格乘以订购的商品数量，就得出了总销售额。它包括商品销售和任何附加的销售，如礼品包装和运费。这是客户购买商品所花费的总金额，而不仅是商品本身的价格，它显示在订购的商品销售数据中。

无论有没有附加费用和运输费用，都可以跟踪商品的总销售，因此可以使用净额和毛额，必须确切地知道你从亚马逊店铺赚了多少钱。

收入是影响排名的另一个因素。将总销售额与页面浏览量和转化率及所售单位关联，以了解业务整体的表现如何。

### 3. 页面浏览次数

页面浏览次数是指在所选取的时间范围内，商品详情页面被买家单击浏览的次数，即店铺的访问量。每个页面都是单独计算的，因此，如果客户在店铺中查看了多个页面，那么他们都将被计算为单独的页面浏览次数。

从页面浏览量数据中，能够看到什么时候浏览次数下降。通过及早发现衰退，你将能够做出改变来扭转趋势。

如果没有获得页面浏览次数，商品就不会被客户看到。因此需要找出页面浏览量低的原因，如是否赢得了 Buybox、商品标题是否包含重要的关键词等。一般来说，更多的浏览量意味着更多的转化率，而更多的转化率意味着商品将获得更高的搜索排名，确保页面浏览次数是店铺运营过程中的一个重要部分。

#### 4. 买家访问次数

如果通过分析发现商品链接每月只有不到 100 个浏览用户，检查链接是否是正确的类别，标题、关键词和图片是否符合亚马逊的指导方针。另外，商品定价策略可能还需要调整。

通过分析这些数据可以发现，店铺页面浏览量和流量用户数是相等的。如四个页面浏览量和四个浏览用户，这表明商品没有引起客户的兴趣，他们只看了一种商品，然后马上离开店铺。一个页面浏览次数等于一个浏览用户数，如果商品无法吸引潜在客户的注意，就无法将其转化，所以使用的数据将能够评估可能的原因。

#### 5. 商品转化率

商品转化率是指在买家访问次数中下单用户所占的百分比。商品有没有吸引力，从商品转化率中可以看出来。

转化率可以发现哪些是突出的商品，哪些是表现差的商品。在亚马逊上，良好的转化率是 10%~15%，平均转化率为 9.7%，这是卖家应该设定的最低目标。通过转化率查看浏览用户数和转化的总和，可以对商品 listing、图片和价格做出必要的调整。

### （四）亚马逊店铺物流数据分析

打开亚马逊后台数据，然后生成报告，可以选择 7 天、30 天或其他日期区间的报告。然后单击“查看亚马逊物流报告”。在“买家优惠”可以查到“亚马逊物流买家退货”和“换货”等情况。在退货报告中，可以查询单个商品的某个时期的退货情况。这样可以对单个商品的质量有确定性的了解和把握。

### （五）亚马逊店铺客户数据分析

如何利用买家数据去维系买家关系与挖掘买家潜在价值，是绝大部分卖家关注的问题。可以利用第三方客户关系管理工具进行店铺客户数据分析与管理（如 4KMILES）。

4KMILES 为卖家建立了一个买家信息收集、管理、分析和利用的智能 CRM 系统。以客户数据的管理为核心，记录卖家在营销和销售过程中和买家发生的各种交互行为，以及各类有关活动的状态，提供各类数据，为后期的分析和决策提供支持。4KMILES 智能 CRM 系统集成亚马逊店铺的买家消息、买家画像、邮件活动、评论管理于一体，全方位挖掘买家潜在价值、拉升买家留评论、提高复购率。

## 三、阿里巴巴国际站店铺数据分析

### （一）国际站店铺竞品数据分析

#### 1. 核心关键词分析

在国际站首页输入核心词（以 Power Bank 为例）单击搜索，将商品展示页切换竖式排列，找到 Compare，勾选前 3 页商品分析即可，单击进入右下角 Compare 清单，如图 7-38 和图 7-39 所示。

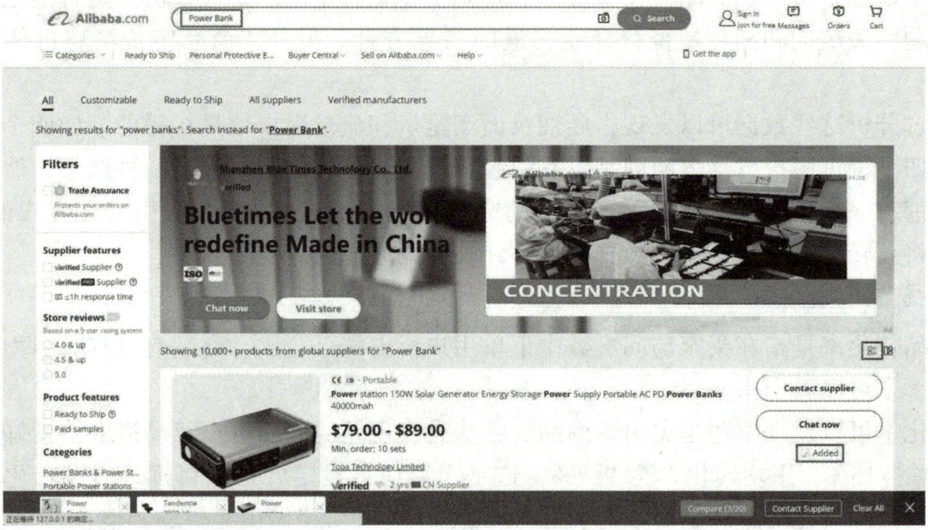

图 7-38　国际站商品搜索界面

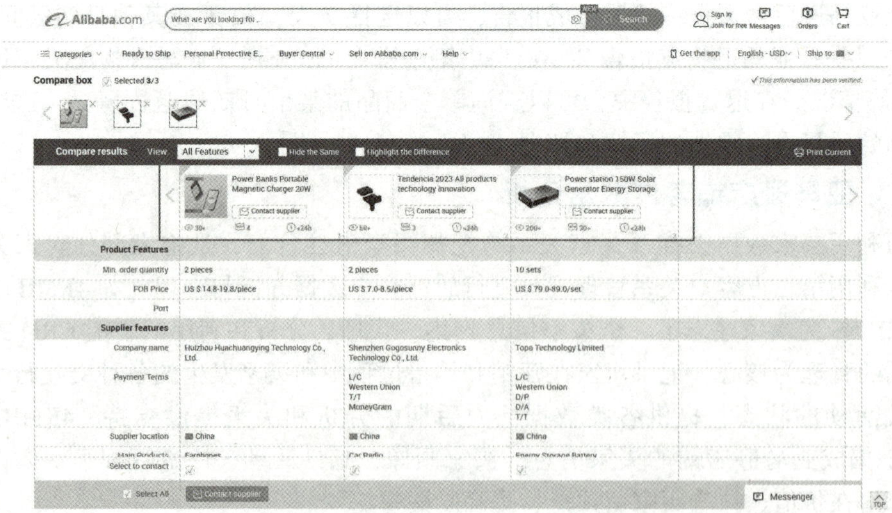

图 7-39　国际站商品比较界面

可以看到每个商品都有三项数据：眼睛图标代表访客数；聊天图标代表这个商品所在最小类目的询盘总和；时间图标代表即时回复的时间，如图 7-40 所示。

图 7-40　国际站商品搜索结果图标

通过对比访客数和询盘数，选择数据排名靠前的商品，将其公司名、访客数、询盘数、信保金额、信保订单数、评论星级、评论数、总商品数、RTS 数量、年限、是否金品诚企、主营商品等信息整理到一个表格表中，用来具体分析与效果好的同行之间存在哪些差距。

## 2. 新品分析

通过以上步骤，找到排名靠前的标杆同行店铺后，就可以分析标杆同行店铺最近有哪些新品，在 Compare 清单中，直接单击想要查看的店铺链接即可。

点开店铺首页的 Products→All Products→单击排序 New，该页面就会根据商品上架时间，显示这个店铺的新品，如图 7-41 所示。

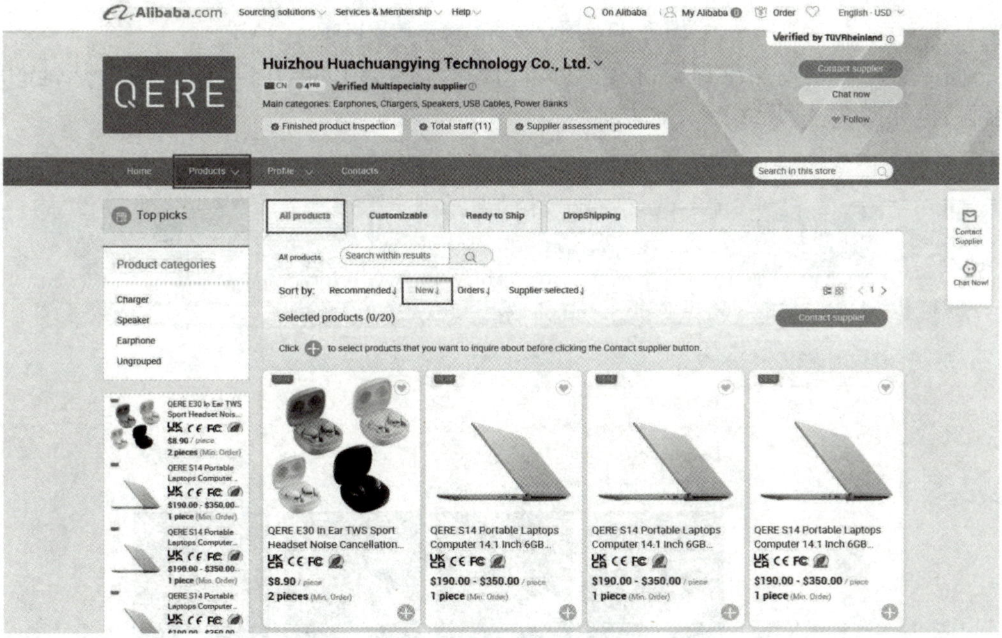


图 7-41　国际站商品搜索

建议把排名前十的同行新品都研究一遍，同样需要记录成详细的表单。这样就可以大概了解到这个行业的动态了。

## 3. 爆款分析

找同行爆品，也是上述同界面的操作，点开一个店铺的首页，单击 Products→All

Products→单击排序 Order，这里会有 3 个月在线的订单数最多的商品排序，如图 7-42 所示。

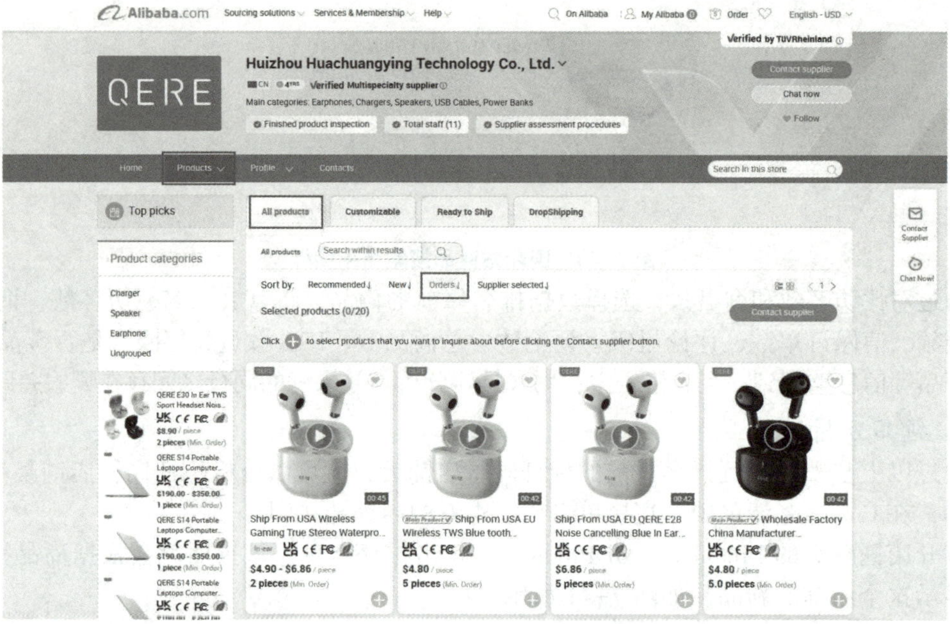


图 7-42　国际站商品搜索结果排序

同时，商家会把好的商品放到橱窗展示，单击左上角 Top Picks，也可以看这个店铺的所有橱窗商品，如图 7-43 所示。

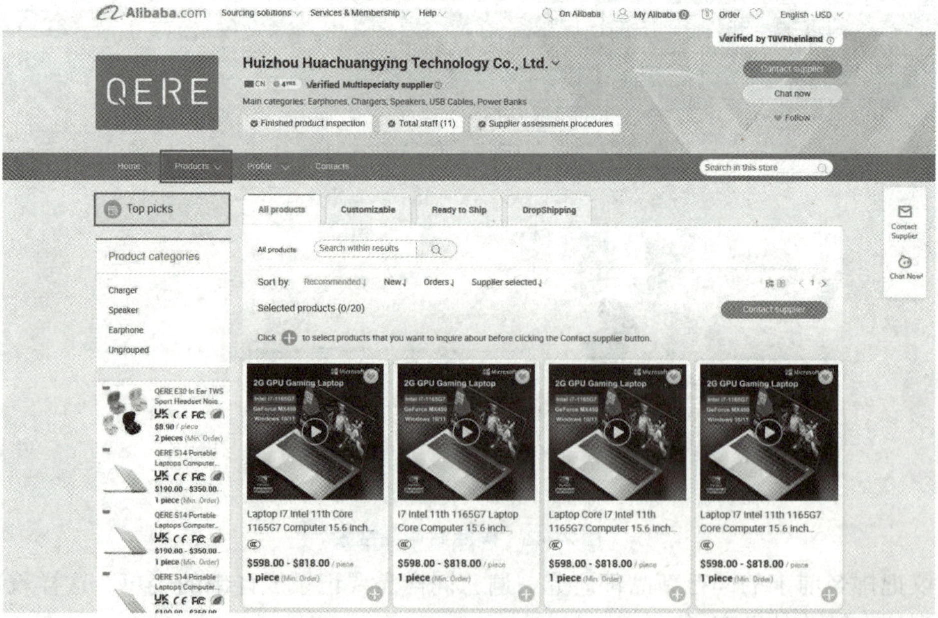


图 7-43　国际站商家橱窗商品

可以分别点开每个商品，对这些商品具体的属性进行挖掘，并把其相应的参数记录到一个表格中，方便后续的对比分析。

### 4. 竞店引流热词分析

在 Compare 清单中，将要调查的店铺完整公司名复制出来，如图 7-44 所示。

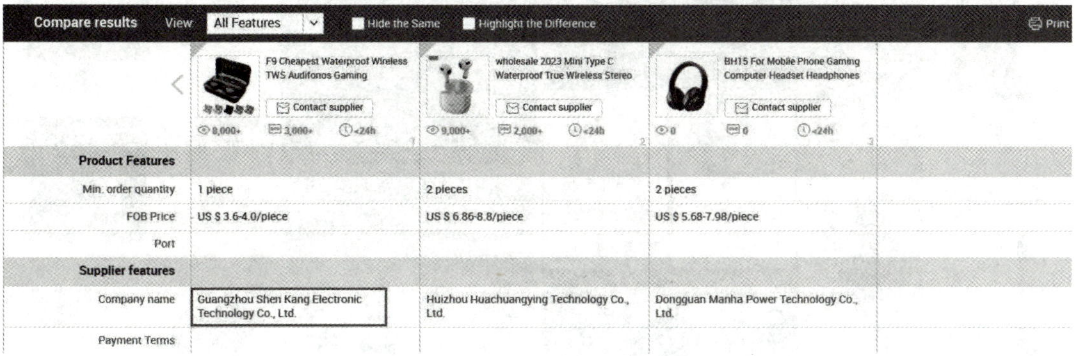


图 7-44 国际站商家信息调查

通过国际站后台→数据分析→关键词指数→将复制的公司名粘贴到搜索栏，选择 30 天和竞品引流词，就可以看到这个店铺引流效果最好的词，如图 7-45 所示。

热门搜索词　关联搜索词　来源去向词　竞品引流词　语义相近词

Guangzhou Shen Kang Electronic Technology Co., Ltd. 相关竞品引流词

| 引流排序 | 关键词 | 搜索指数 | 搜索比例 | 点击率 |
|---|---|---|---|---|
| 1 | AS-06 TWSWireless | 6959 | +10% | 4.6% |
| 2 | SY-T1 Foldable Wireless | 3788 | +31% | 2.1% |
| 3 | DTNO.1 Smart Watch | 2347 | +14% | 1.8% |
| 4 | Cat Ear Gaming Headphone | 3877 | +31% | 4.6% |
| 5 | Factory cross-border | 1709 | +27% | 5.8% |
| 6 | SY-T1 Foldable Wireless | 16554 | +31% | 5.2% |

图 7-45 国际站竞品引流

## （二）国际站店铺流量数据分析

### 1. 国际的流量渠道介绍

目前国际站将所有的流量渠道分为四大模块，分别是搜索流量、场景流量、互动流量和自增流量，如图 7-46 所示。

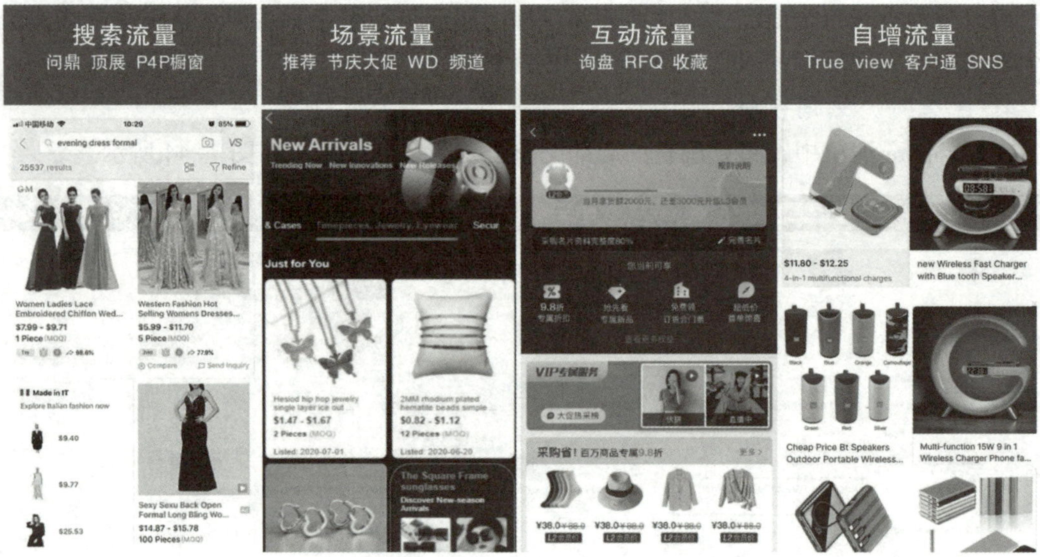


图 7-46　国际站流量渠道界面

而国际站各店铺的商家先通过提高搜索流量，然后报名活动，再积极维护客户关系，提高互动流量，最后再通过口碑、站外营销等方式进行流量的裂变，完成整个循环。优秀的商家要具备流量模块的搭建能力，这样才能把整个平台效果越做越好。

### 2. 使用数据参谋进行流量分析

打开国际站后台的参谋→流量参谋，如图 7-47 所示。

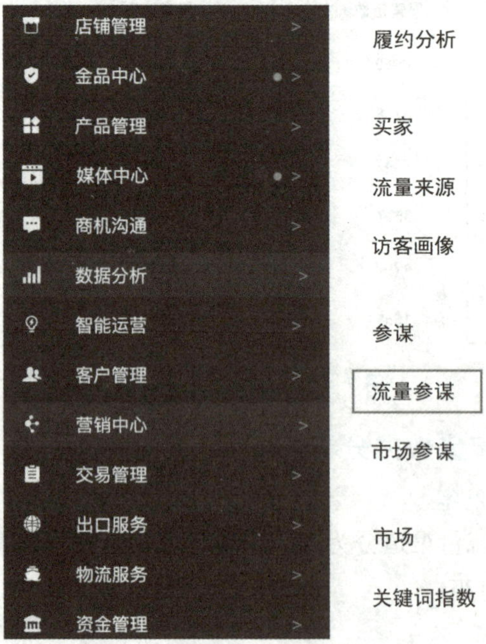


图 7-47　国际站后台流量数据入口

国际站后台可以看到搜索场景互动和自增量不同的渠道所带来访客的分布，如图 7-48 所示。

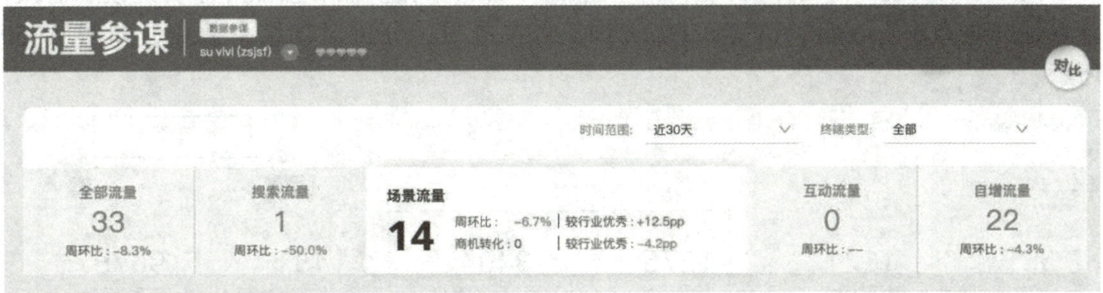


图 7-48　国际站后台店铺流量分布

同时能看到在不同渠道下方的趋势分析，可以了解到自己离优秀同行大概还有多远，同时也可以看到比上周增加了多少流量，如图 7-49 所示。

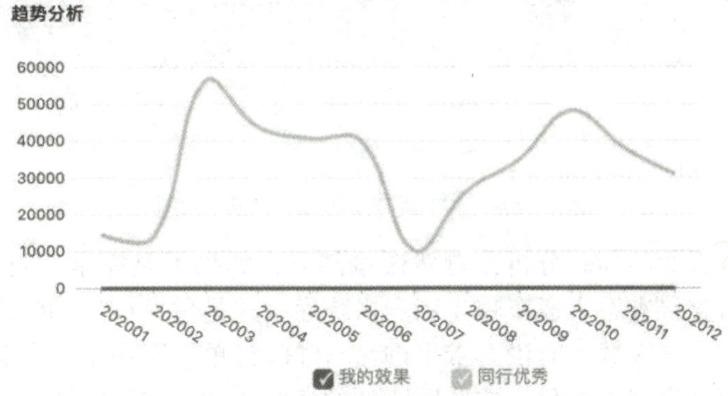


图 7-49　国际站后台店铺流量趋势分析

**知识拓展**

## 流量分布、流量趋势、流量差值的含义

1. 流量分布

一开始搜索流量较多，然后场景流量慢慢增加。当有很多老客户后，互动流量也会慢慢增加。同时如果站外已经具备的品牌效应和站外 SNS 推广渠道，就会有更多的自增流量进入，整个店铺就形成了一个正循环。

2. 流量趋势

需要关注流量的整体趋势。例如，最近长期流量变多了，说明参加了很多的活动；最近搜索流量变多了，说明近期有爆款商品的搜索量增加。通过这样的方式，可以在各个渠道，针对性选择策略方案，然后去提升。

3. 流量差值

看与优秀同行的差值，能知道本行业的活动状态，或是否也要做站外引流，可以对自身流量的规划形成很好的参考作用。

### （三）国际站店铺商品数据分析

国际站后台进入商品分析，按日、周、月来分析数据。然后按照降序看链接和商品，重点是按照点击、询盘、访客、TM 咨询、订单查看，分析对比结果数据，如图 7-50 所示。

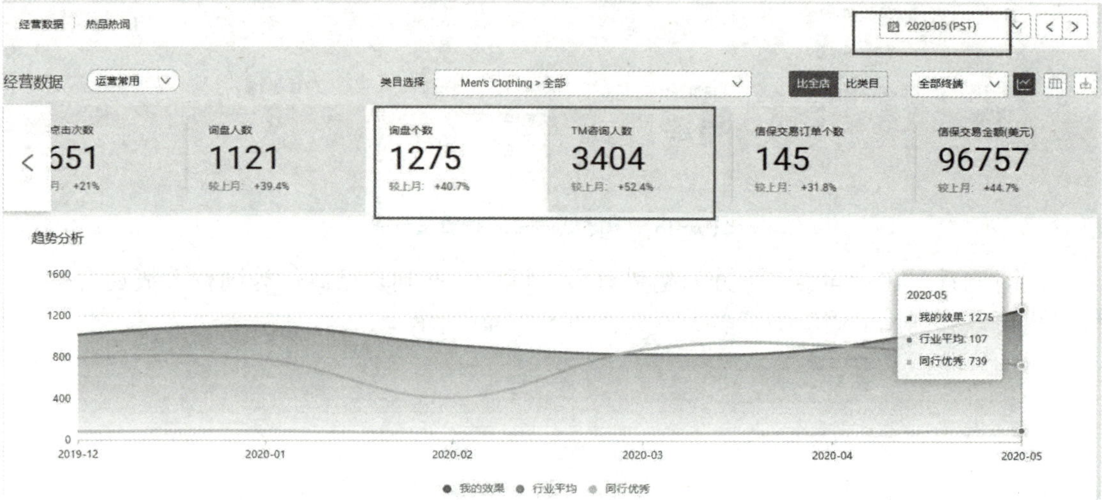


图 7-50 国际站后台店铺商品数据详情

也可以直接查看商品 360 分析，自然流量部分，如果不是完全与自己的商品不相干，就继续保留。然后直接查看直通车曝光和点击降序，这是付费推广的结果，务必逐一仔细查看。了解曝光和点击次数，有没有带来询盘/旺旺/订单。图中第一条数据曝光很多，点击次数也不少，但是没带来转化。按照国际站的运营方式，需要停掉。

### （四）国际站店铺物流数据分析

阿里巴巴国际站支持的物流有：阿里巴巴物流、第三方货代、商业快递、邮政国际快递。随着规则的不断完善和更新，出现了更多对星等级有“一票否决权”的指标，如“按时发货率”和“异常履约率”。只要这些数据未达标，在星等级中其他模块数据再好，最终星等级也都是 0 星，对店铺影响是致命的，无论如何都要确保这些数据处于达标状态。

“按时发货率”比较简单，这里详细说明“异常履约”，是重要且容易被忽略的，比较常见的四种情况如下。

#### 1. 物流揽收时间早于下单时间

这类情况在问题订单中出现的比例非常高，很多都是因为随便关联物流单号导致的。需要重视，单号不能随便关联，时间顺序不能乱，如果时间颠倒，很容易被系统判定为虚假交易。

#### 2. 无物流轨迹

无物流轨迹也属于发货问题，有些确实无法追踪，有些则是刷单造成的。阿里巴巴对于这种情况会有两种提醒，一种是“待抽检”，另一种是“待整改”。如果被抽检到物流确实异常或为虚假物流信息，会被警告或扣分；“待整改”，需要修改调整物流信息或上传证明材料。

### 3. 目的国不一致

假设合同收货地址是美国，结果物流实际收货地址是英国，就是目的国不一致，很容易被系统判定为虚假订单，这也属于异常交易，会被归类到履约异常内。

在这里有一种特殊情况，很多海外客户在国外下单，然后要求供应商把货发到中国境内。这时很多供应商都会填写国内的物流信息，但订单后台的收货地址是境外，也会产生异常。解决办法有两种：第一种，客户下单时，在合同中把收货地址写为中国境内的实际收货地址，只需要填写中国境内的物流单号即可；第二种，收货地址依旧是境外地址，问客户的货代要发货单号，然后填写到后台即可。

### 4. 逾期未发货

逾期未发货也是常见问题，不仅会影响“及时发货率”，同时也会影响“异常履约”，它的影响是双重的，需要加倍重视。

## （五）国际站店铺客户数据分析

### 1. 客户概览

在客户管理→客户概览中，可以对客户情况有一个大致了解，如图 7-51 所示，如平台客户总数、本账号的客户数量等，其中潜力分≥80，指公海客户中比较优质的客户，公海客户是没有客服跟进的客户。

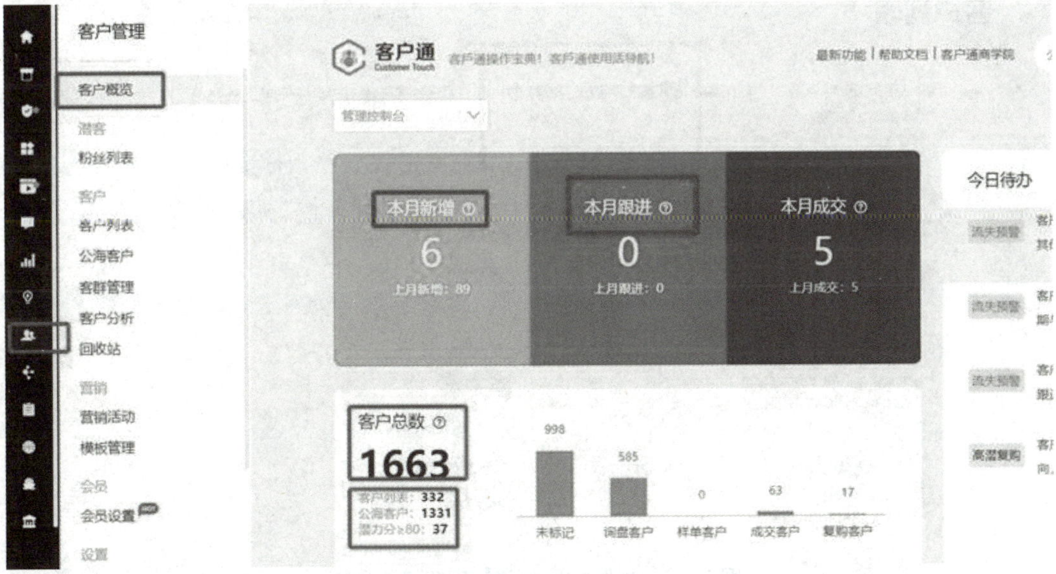


图 7-51 国际站后台客户概览

### 2. 客户列表

在客户管理→客户列表中，可以添加客户到自己的账号，也可以分配给他人，如图 7-52 所示。在买家询盘页面与旺旺界面也有添加客户按钮。加为客户才可以对客户进行标记，如果没有及时添加，客户就可能流失到公海。

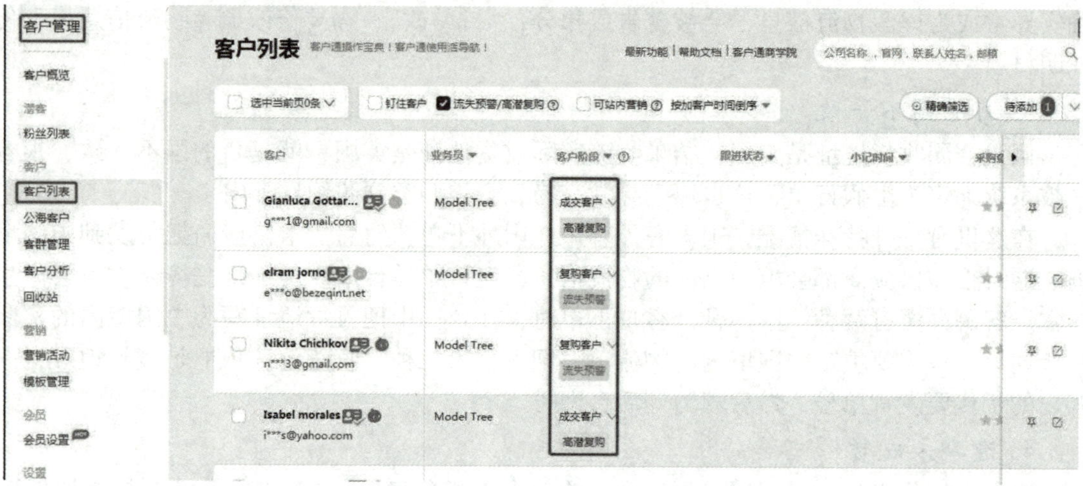


图 7-52　国际站后台客户列表

## 3. 客户分级管理

二八法则无处不在，跟进客户同样也要把 80%的精力投入 20%的客户身上，客户分级的意义也就是在于帮助我们合理分配精力，应优先跟进客户列表中的高潜复购客户与流失预警客户，如图 7-53 所示。

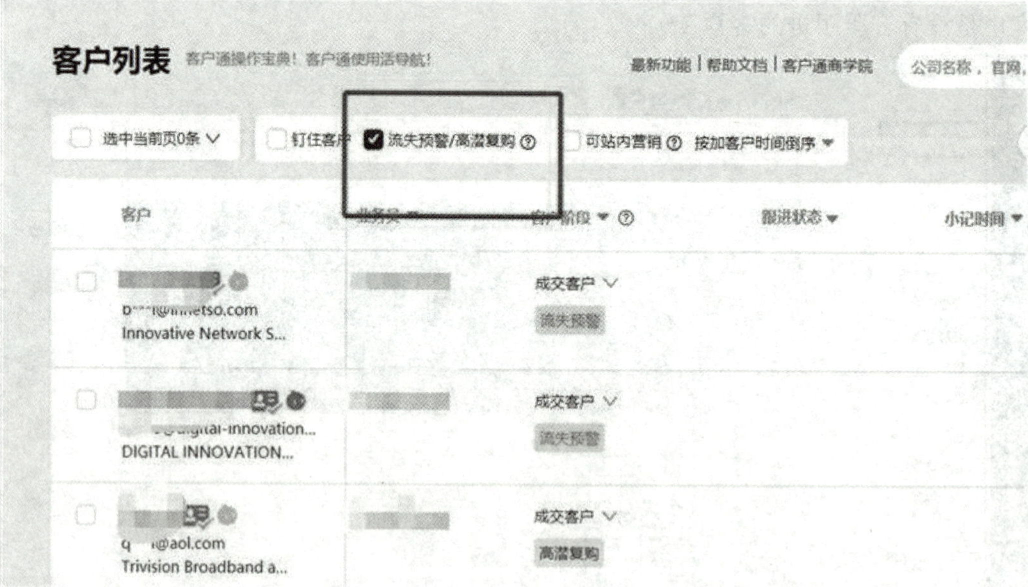


图 7-53　国际站后台店铺客户流失预警

也可按照潜力分从高到低排序，可站内营销指的是有邮箱的客户，优先跟进潜力分数高的、旺旺在线的、有邮箱的客户，并及时交换名片，如图 7-54 所示。

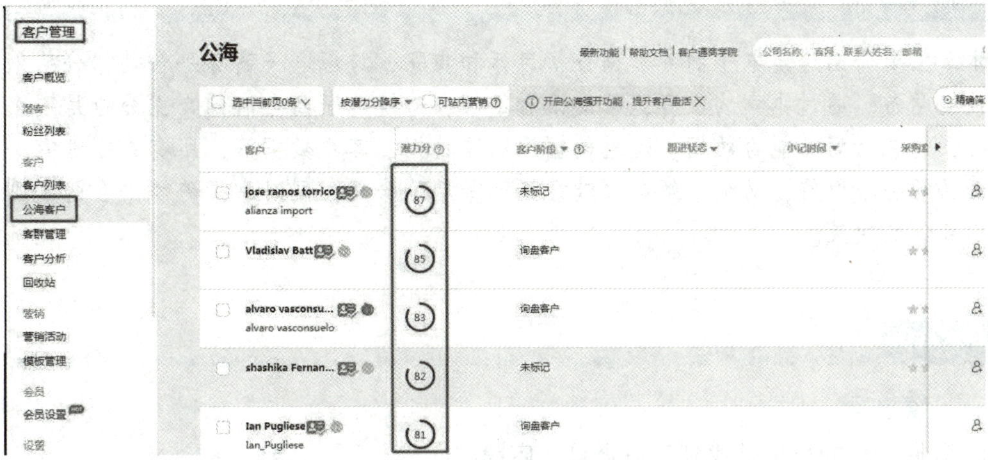


图 7-54 国际站后台公海客户

## 4. 客群管理

按照需求进行客群管理，如针对感兴趣客群作培育心智的营销，针对忠诚客户作折扣营销等。客群分为固定客群与动态客群两种，固定客群只有自己选择的客户，数量不会随便增加；动态客群只要有相应的标签之后就会自动加入客户，如图 7-55 所示。

图 7-55 国际站后台客群管理

## 5. 客户数据分析

在国际站后台客户管理→客户分析界面中，可以查看客户全链路分布数据。分别从兴趣、购买和忠诚维度对客户数据进行归集，可以看到每天新增的各类用户数量。分析这些数据对后续营销策略制定有一定的参考价值。

## 本章小结

本章主要介绍跨境电子商务数据分析目标和步骤，跨境电子商务平台数据分析做好知识和技能储备。通过本章的学习，帮助读者了解，跨境电子商务店铺数据分析是一个整体的过程，它包括商品能力数据、流量数据、物流数据、客户数据等，所有数据都有一定关联性，必须综合评价，必须了解各项数据指标背后的含义，同时掌握跨境平台的规则，才能做出最佳的决策。

## 思考练习

### 一、填空题

1. 数据分析的目标是找到最适合自己店铺的________，达到________。

2. 在数据分析中有时需要通过对比数据才能得出结论和做出判断，数据对比主要是从________、________两个角度。

3. 总体运营指标包括________、________、________、________等。

4. 商品类指标包括________、________、________、________和________五大类。

### 二、简答题

1. 简述跨境电子商务数据分析步骤。

2. 跨境电子商务数据分析的基本指标体系主要分为哪六大类？

3. 第三方数据分析工具 Terapeak，可以帮助 eBay 卖家提高销售额的哪些相关数据信息？

4. 简述速卖通店铺竞品数据分析主要包含哪些内容。

5. 目前全球阿里巴巴国际站将所有的流量渠道分为哪四大模块？

# 第八章

# 跨境电子商务物流与海外仓服务

## 本章导读

跨境电子商务的迅猛发展，为跨境物流产业带来了更大的挑战。高质量的产品、高效的物流、良好的服务、优质的推广等都是跨境电子商务行业不可或缺的组成环节，其中物流更是卖家广泛关注的对象。好的物流意味着卖家能降低成本、缩短运期且货物能够快速送达，以及买家能获得良好的购物体验，这些都将给卖家带来可喜的收益。因此，卖家要懂得如何选择更高效的、更适合的物流方式。

## 学习目标

### 知识目标

◆了解跨境电子商务与物流的关系。

◆掌握跨境电子商务物流的概念与特征。

◆掌握跨境电子商务常见的物流模式。

◆了解跨境电子商务出口报关与通关的流程。

### 技能目标

◆能够分析不同的物流模式，根据自身条件选择适合且高效的物流模式。

◆能够合理选择适合海外仓的产品和第三方海外仓服务商。

### 素质目标

◆培养学生树立客户至上的服务精神，遵纪守法职业素养。

## 思政目标

◆提高学生物流运输安全意识，形成良好的职业观和道德观。

◆培养学生热爱祖国、为全面推进中华民族伟大复兴团结奋斗的责任感和使命感。

## 案例导入

### Kilimall 打通非洲物流“最后一千米”，助力中非经贸畅通往来

在第二届中非经贸博览会的现场，Kilimall 电子商务平台展位吸引了众多中非企业代表前来咨询。2014 年创立至今，作为中国第一家进入非洲互联网和电子商务行业、第一家在非洲设立海外仓、第一个在非洲史上实现物流当日达/次日达、第一个实现 100%在线支付的中国公司，Kilimall 正借助中非经贸博览会扩大自身影响，实现业务量的快速提升。

Kilimall，中文意为“千万商铺”。在这个名字诞生之初，灵感来源于非洲第一高峰——乞力马扎罗雪山（Kilimanjaro）。“Kili”在斯瓦希里语中寓意着“许许多多”，后面加上英语单词“mall”，“Kilimall”这个十分接地气、完美融合非洲特色的电子商务品牌呱呱坠地了。

长沙非拓信息技术有限公司的创始人杨涛曾是华为海外高级营销经理、东南非软件业务高管，被派往非洲负责非洲版“支付宝”手机钱包 Mpesa 项目。当时的非洲没有亚马逊和阿里巴巴，当地大多数老百姓根本不知道什么是“网购”。初到非洲工作生活的杨涛，感到当地物价昂贵且选择很少，购物极不便利。

杨涛一方面发现了非洲消费者购物不便，另一方面面对着中国商家在非洲做生意的挑战。困难重重的现状，在杨涛看来却是非洲电子商务市场的巨大商机。为什么不用电子商务平台解决这样的两难问题？杨涛辞去百万年薪的工作，组建了由 3 名中国人和 3 名当地人组成的团队，开启了艰难的非洲创业之旅。

物流是非洲电子商务最大的坎，尤其是“最后一千米”。在非洲，大多数国家没有标准的地址系统，快递员送货主要靠摩托车。为了减少快递员保管现金、客户拒收货物的风险，同时为了适应非洲人习惯的货到付款支付方式，Kilimall 自建了移动支付体系。

不过电子商务要想实现在当地的长期发展，必须在非洲本地建设物流仓，目的是让非洲消费者拥有中国消费者同样的体验。Kilimall 目前包裹 50%可以次日达，实现了和国内速度一致的目标。同时平台设定了服务标准，并提供更多的商品种类，让非洲消费者有更多的选择。

有网才能网购，那钱包够不够付？在人均收入不足 100 美元的非洲，除了现金交易是否有更安全快捷的支付方式？答案出乎许多人的意料，早在 2007 年，非洲大陆就已经有了不需要网络即可在号码间进行转账的移动支付系统 Mpesa。目前 Kilimall 的顾客端用户付款方式与非洲当地主流银行如 Mpesa 等进行系统集成，订单 100%实现在线支付。

由于非洲消费者对高价值商品的向往和整个社会的消费升级，针对分期付款存在较大的市场需求，Kilimall 开启了类似国内支付宝“花呗”的分期付款业务。但由于非洲市场的信用体系不健全，为控制相应的风险，Kilimall 在商品设计时充分考虑这一现实情况，为非洲市场推出了预分期商品。该消费模式结合电子商务平台，实实在在解决了非洲消费者的痛点，收到大量的热评和好评。Kilimall 将在更多的场景建立支付商品，做大做强 LipaPay 支付结算平台。

Kilimall 作为在非洲市场深耕者，布局了大量的移动互联网电子商务基础设施，未来将拓展更多的非洲国家，为更多的用户提供优质服务，并将逐步成长为中非出海渠道中心、科技创新中心、消费中心。

Kilimall 跨境商城的成功案例告诉我们，跨境电子商务企业想要持久发展，除商品好、价格优外，时效性强的物流服务和低风险效率高的支付服务更能提升客户体验，确保核心竞争优势。因此，跨境电子商务企业和从业人员应具备为以人为本、客户至上的服务精神，及“未雨绸缪、防患未然”的风险防控的意识。

# 第一节　跨境电子商务物流概述

中华人民共和国国家标准《物流术语》（GB/T 18354—2021）对物流的定义如是“根据实际需要，将运输、储存、装卸、搬运、包装、流通加工、配送、信息处理等基本功能实施有机结合，使物品从供应地向接收地进行实体流动的过程。”

## 一、物流的特征

物流是一个发展中的概念，随着理论和实践的发展，物流的定义在不断地发展和变化，各国对物流的定义虽存在差异但也相通。这些定义突出了物流的以下三个特征。

（1）物流具有鲜明的顾客导向。满足顾客需求是市场经济条件下一切企业经营活动的出发点，物流活动也不例外。物流网络的设计、物流作业的实施、物流组织的建立、物流信息系统的优化等都必须围绕顾客需求这一核心展开。

（2）物流属于一个全过程的活动。物流活动不仅包括从原材料采购到最终顾客消费的采购物流、生产物流、销售物流，还包括产品的回收物流、废弃物流。

（3）物流是对各功能要素的全面管理。物流活动不是运输、储存、装卸、搬运、包装、流通加工、配送、信息处理等功能要素的简单集合，而是对这些功能要素的整体设计和一体化管理，实现物流诸要素的整体最优。

## 二、跨境电子商务与物流的关系

伴随着人工智能、大数据等技术的发展与跨界融合，以及国际流通领域的业务延展，跨境电子商务进入了新时代，物流已经成为影响跨境电子商务发展的重要因素。跨境电子商务与物流是相互依存、相互促进的关系，如图 8-1 所示。

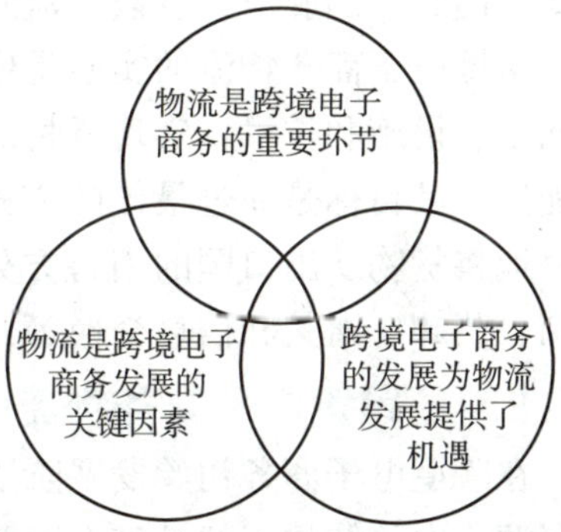


图 8-1　跨境电子商务与物流的关系

### （一）物流是跨境电子商务的重要环节

对于跨境电子商务企业而言，产品是王道，物流是链条。跨境电子商务涉及交易磋商谈判、合同签订、国际物流、国际支付结算等诸多环节。跨境电子商务是国际贸易的一种新形式，与传统国际贸易不同的是，交易磋商、合同签订、国际收付均可通过互联网和跨境电子商务平台完成，而实现产品从卖方到买方的流转必须由实体的国际物流完成，物流的效率、可到达性和成本直接影响着跨境电子商务的终端消费体验。因此，物流是跨境电子商务活动中的重要环节，是跨境电子商务运作的重要保障，整个跨境电子商务活动都需要物流来配合完成。

### （二）跨境电子商务的发展为物流发展提供了机遇

跨境电子商务的发展为传统模式运行的物流行业开辟了新的发展道路，实现了物流的线上、线下衔接，并且实现了物流国际化发展。商务部数据显示，2019 年我国跨境电子商务零售进出口额达到了 1 862.1 亿元人民币，是 2015 年的 5 倍，年均增速为 49.5%。海关总署公布的数据显示，2024 年一季度，我国跨境电子商务进出口 5 776 亿元，同比增长 9.6%，其中出口 4 480 亿元，同比增长 14%，跨境电子商务的快速发展推动跨境电子商务物流市场持续增长。

### （三）物流是跨境电子商务发展的关键因素

在跨境电子商务中，企业与消费者合约履行的基础在于非虚拟性的跨境电子商务物流，而影响消费者消费体验的因素也在于物流的效率及成本。电子商务的交易过程由网上信息传递、网上交易、网上结算和物流配送四个部分组成，其动态的完整运行必须通过信息流、商流、货币流、物流四个流动过程。不同于传统商务，电子商务的特殊性在于，其信息流、商流、货币流都可以在虚拟环境下通过互联网实现，但物流不能完全通过网络实现，它的发展易被地域所阻碍。跨境电子商务发展受物流成本、物流效率等条件的制约。

## 三、跨境电子商务物流的概念与特征

跨境电子商务物流

### （一）跨境电子商务物流的概念

跨境电子商务物流是指跨境电子商务平台销售的产品从供应地到不同国家地域范围接收地的实体流动过程。根据跨境电子商务产品的位置移动轨迹，跨境电子商务物流可以分为三段：发出国国内段物流、国际段物流及目的国国内段物流。跨境电子商务产品种类繁多，使用小批量、多频次的运输方式，体积重量差别很大，不同品类所需运输和仓储解决方案各异，因此跨境电子商务物流要实现一站式、门到门的服务，各段物流间的有效衔接显得尤为重要。

跨境电子商务物流的实质是依照国际惯例，以国际分工协作为原则，利用国际化的物流网络、设施和技术，实现货物的国际流动与交换，以促进区域经济的发展和全球资源优化配置。其目标是通过最佳的方式与路径，用最低的费用承担最小的风险，保质、保量、适时地将货物从出口国的销售方处运到进口国的需求方处。其核心要素包括包装、运输、仓储、装卸、通关和信息交换等，它们贯穿整个国际物流活动。

### （二）跨境电子商务物流的特征

在跨境电子商务初始发展阶段，商家主体已经自然而然地开始自主整合传统物流的服务资源。在传统物流的基础上，跨境电子商务物流表现出以下新特征，如图 8-2 所示。

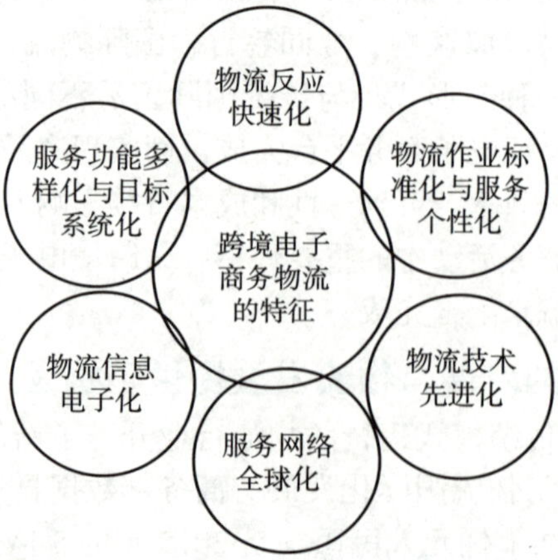


图 8-2　跨境电子商务物流的新特征

### 1. 服务功能多样化与目标系统化

单一物流服务功能及单一物流环节最优化已不能满足现代物流需求，因此在进行跨境电子商务物流作业时，除了考虑运输、仓储等环节的协调，还要考虑物流与供应链中其他环节的相互配合。跨境电子商务物流不仅要实现单一物流服务功能及单一物流环节最优化，还要追求物流活动的整体最优化，从而保证物流需求方整体经营目标最优化。

### 2. 物流作业标准化与服务个性化

标准化作业流程可以使复杂的作业变得简单化，有利于跨地区协同与沟通，以及对操作过程的监控与对操作结果的评价。受经营产品、经营方式及自身能力的影响，物流需求方除了希望获得传统的物流服务，还希望针对自身经营产品的特点和要求获得量身定制的个性化服务与增值服务，如市场调查与预测、采购及订单处理、物流咨询、物流方案的选择与规划、库存控制策略建议及货款回收与结算等方面的服务，从而提高物流服务对决策的支持作用。

### 3. 物流反应快速化

伴随市场范围空间的延伸与产品生命周期的缩短，为了达到扩大市场份额和降低成本的双重目的，跨境电子商务不仅需要建立完善的全球产供销经营体系，还需要在物流供应链上下游对物流配送需求反应迅速，缩短物流前置时间和配送时间间隔，加快产品周转速度和提高物流配送时效。

### 4. 物流技术先进化

跨境电子商务物流作业的各个环节广泛应用先进的物流技术，不仅提高了每个作业环节的效率，还为整个经营目标的实现提供了保障。比如，根据跨境电子商务平台指令，物流供应商按照运输计划组织提货、仓储、包装、报关、国际运输和国外配送等。在整个物流链中，参与各方有效地利用了电子数据信息交换系统（EDI），实现了信息的即时交换和资源共享，使参与各方及时了解货物的流向与下一步操作，避免信息滞后造成操作环节的延误，从而确保整个物流链的顺畅。在跨境电子商务交易中，物流公司起到了桥梁的作用，它利用丰富的物流管理技术和运作经验，促使交易顺利完成。

### 5. 物流信息电子化

跨境电子商务物流强调订单处理、信息处理的系统化和电子化，通过企业资源计划（enterprise resource planning，ERP）信息系统完成标准化的物流订单处理和物流仓储管理模式。ERP 信息系统不仅可以对物流渠道的成本、时效、安全性进行有效的关键业绩指标（key performance indication，KPI）考核，还可以对物流仓储管理过程中的库存积压、产品延迟到货、物流配送不及时等进行有效的风险控制。

### 6. 服务网络全球化

由于跨境电子商务交易范围为全球范围，物流服务网络覆盖范围越广，越有利于商家根据市场变化储存、调配产品，从而更能满足商家的物流需求。先进的物流网络不仅能够保证物流网点间物流活动的一致性，使整个物流网络的库存总水平、库存分布、运输与配送最优化，适应经营的需求，而且可以通过物流信息系统加强供应与销售环节在组织物流过程中的协调和配合，加强对物流的控制。

### （三）跨境电子商务物流的发展趋势

2022 年我国政府工作报告提出：扩大高水平对外开放，加快发展外贸新业态新模式，充分发挥跨境电子商务作用，支持建设一批海外仓。积极扩大优质商品和服务进口。创新发展服务贸易、数字贸易，推进实施跨境服务贸易负面清单。深化通关便利化改革，加快国际物流体系建设，助力外贸降成本、提效率。

我国物流企业积极践行国家大政方针的指向，持续对国际供应链进行投入，布局全球干线运输网络和海外仓，不仅为中国品牌出海提供一站式助力，也为海外品牌进入中国市场打造更加便捷、可靠的新通路，更在“因地制宜”地为所在国的本地客户提供定制化服务，让更多当地的品牌、商家与消费者享受到来自中国的供应链技术与服务，跨境电子商务物流逐步向着规范化、专业化、数字化的趋势迈进。

#### 1. 行业规范化发展

我国于 2019 年 1 月 1 日开始正式实施《中华人民共和国电子商务法》，市场环境将在法律约束下进一步规范，使跨境电子商务物流行业逐渐成熟、稳定、合规化。

#### 2. 服务水平专业化

跨境电子商务物流需求量不断增长及用户的需求多样化都促使着行业运营水平进一步提升，行业朝向专业化、定制化的高水平方向发展。

#### 3. 数字信息化水平提高

我国境内物流技术已经可以实现一定程度的数字化、信息化和数据化，未来也将带动大数据、云计算、区块链等新型技术在跨境电子商务物流行业的深入应用。

# 第二节　跨境电子商务物流的类型

## 一、邮政物流

中国邮政速递物流股份有限公司（以下简称中国邮政速递物流）是经国务院批准，由中国邮政集团公司作为主要发起人，于 2010 年 6 月发起设立的股份制公司，是中国经营历史最悠久、网络覆盖范围最广的快递物流综合服务提供商。中国邮政速递物流主要经营国内速递、国际速递、合同物流等业务，国内、国际速递服务涵盖卓越、标准和经济 3 种不同时限水平和代收货款等增值服务，合同物流涵盖仓储、运输等供应链全过程。

### （一）国际特快专递

国际特快专递（express mail service，EMS），是中国邮政与各国邮政合作开办的中国与其他国家和地区寄递特快专递邮件的快速类直发寄递服务，可为用户快速传递各类文件资料和物品，同时提供多种形式的邮件跟踪查询服务。该业务属于“优先类”时效最快的寄递服务之一，邮政内部优先处理，使用最快的运输工具运递，境外使用快递类网络优先处理和投递，全程节点轨迹可视。此外，中国邮政还提供保价、代客包装、代客报关等一系列综合延伸服务。

### 1. 运费与时效

单件货物的重量不能超过 30 kg，每票货物只走一件；货物单边长度超过 60 cm（含 60 cm）要按照体积重量计算。EMS 投递时间通常为 3～8 个工作日（不包括清关时间）。体积重量计算公式为

体积重量=长（cm）×宽（cm）×高（cm）÷6 000

### 2. 服务优势

（1）覆盖面广：揽收网点覆盖范围广，目的地投递网络覆盖能力强。

（2）收费简单：无燃油附加费、偏远附加费、个人地址投递费。

（3）全程跟踪：邮件信息全程跟踪，随时了解邮件状态。

（4）清关便捷：享受邮件便捷进出口清关服务。

**知识拓展**

#### 实际重量、体积重量和计费重量

实际重量（actual weight）是指包裹的重量，其重量计算出的数值的小数部分取下一半千克数。例如：测得的数值为 4，即为 4 kg，数值为 4.5，即为 4.5 kg；如测得的数值为 4.25，则取 4.5 kg，数值为 4.75，则取 5 kg。

体积质量（volumetric weight 或 dimensions weight）是根据货件密度，即单位体积货件的实际重量来确定的。度量数值为非整厘米数时，将取数值的小数部分至最接近的下一个整厘米数。

计费重量（chargeable weight）是指用于计算费率的重量。将整票货物的实际重量与体积重量比较，取大的为计费重量。计费重量可能会大于包裹的实际重量或体积质量。

## （二）e 特快

e 特快（International e-EMS）是中国邮政为适应跨境电子商务高端寄递需求而设计的一款快速类直发寄递服务，在内部处理、转运清关、落地配送、跟踪查询、尺寸规格标准等各方面均有更高要求，是提高跨境卖家发货效率，提升客户体验，协助店铺增加好评提升流量的重要服务品牌。

### 1. 规格限制

邮件体积质量大于实际质量的按体积质量计收资费。体积质量计算公式为

体积质量=长（cm）×宽（cm）×高（cm）÷6 000。

### 2. 服务优势

（1）性价比高：运费 50 g 起算续重也是按照 50 g 计算，降低寄递成本。

（2）在线打单：使用发件系统在线下单，高效方便。

（3）全程跟踪：邮件信息全程跟踪，随时了解邮件状态。

（4）平台认可：主流电子商务平台认可，物流提质加分。

### （三）e 邮宝

e 邮宝（e-Packet）是中国邮政为适应跨境轻小件物品寄递需要开办的标准类直发寄递业务。该业务依托邮政网络资源优势，境外邮政合作伙伴优先处理，为客户提供价格优惠、时效稳定的跨境轻小件寄递服务。

#### 1. 服务范围及时效

e 邮宝服务范围涵盖美国、英国、澳大利亚、加拿大、法国、爱尔兰、奥地利、俄罗斯、马来西亚、越南、泰国、土耳其、西班牙、瑞士、沙特阿拉伯、日本等 38 个国家和地区。运输时效通常为 7~15 个工作日。

#### 2. 规格限制

单件最大尺寸：长、宽、高合计不超过 90 cm，最长一边不超过 60 cm。圆卷邮件直径的两倍和长度合计不超过 104 cm，长度不得超过 90 cm。

单件最小尺寸：长度不小于 14 cm，宽度不小于 11 cm。圆卷邮件直径的两倍和长度合计不小于 17 cm，长度不小于 11 cm。

除以色列和英国物品寄递限重 5 kg，其余合作国家物品寄递限重均为 2 kg。

e 邮宝服务优势如下。

（1）在线打单：在线订单管理，方便快捷。

（2）全程跟踪：提供主要跟踪节点扫描信息和妥投信息，安全放心。

（3）平台认可：主流电子商务平台认可和推荐物流渠道之一，品牌保障。

### （四）e 速宝与 e 速宝小包

e 速宝（e-Courier）和 e 速宝小包（e-Courier Packet）是中国邮政总部通过整合境内外渠道优质资源，专门针对不同国家和地区的特点，设计的跨境电子商务商业渠道物流解决方案。采用商业清关模式，末端选择标准类投递网络，提供妥投信息。可以寄递带电子商务品，e 速宝限重 30 kg，e 速宝小包限重 2 kg。

#### 1. 服务范围及时效

e 邮宝服务范围涵盖美国、英国、德国、法国、西班牙、意大利、泰国、新加坡、马来西亚、印度等多个国家和地区。时效通常为 7~12 个工作日。

#### 2. 服务优势

（1）按克计费，价格具有竞争力。

（2）商业清关，时效稳定。

（3）适用商品范围广泛，可寄递带电子商务品。

（4）支持各大电子商务平台和企业资源规划系统。

（5）提供赔偿及退件服务。

#### 3. 禁运物品

（1）拒收仿牌、刀具、纯电池等航空违禁品。

（2）拒收国家明令禁止的物品，如古董，货币及其他出口货物。

（3）拒收液体、粉末、食品、药品等。

### （五）国际包裹

国际包裹（International Parcel）是中国邮政基于万国邮联体系推出的标准类直发物品寄递服务。

#### 1. 服务优势

（1）通达广泛：通达全球200多个国家和地区。

（2）运输灵活：客户可以自主选择航空、陆运或空运水陆路三种运输方式（部分路向只接受特定运输方式的包裹服务）。

（3）全程跟踪：提供全程轨迹跟踪信息。

（4）补偿服务：丢失损毁的国际及港澳台包裹提供补偿服务。

#### 2. 规格限制

根据运输物品的重量和所到达国家的不同，国际包裹的体积、重量限制标准有所不同，具体可登录官网进行查询。寄往各国的包裹尺寸限度分为以下三种。

第一类尺寸：2 m×2 m×2 m，或长度和长度以外最大横周合计不超过3 m。

第二类尺寸：1.5 m×1.5 m×1.5 m，或长度和长度以外最大横周合计不超过3 m。

第三类尺寸：1.05 m×1.05 m×1.05 m，或长度和长度以外最大横周合计不超过2 m。

## 二、国际商业快递

国际商业快递，又称国际快递，以DHL、UPS、FedEx3家快递公司为首。这三大国际商业快递公司，在物流运输时效上会比较快捷，安全性较高，物流网络较广，稳定性较好，物流服务完善，可运输的范围也比较广，主要运输方式是空运的模式，缺点是价格比较昂贵。国际快递公司通过商业清关渠道进行申报，不享受万国邮政联盟免税清关相关条款，如果物品申报货值超出目的国关税起征点会产生关税，关税由收货人承担。

### （一）DHL国际商业快递

DHL是全球著名的邮递和物流集团德国邮政敦豪集团旗下公司，是全球快递、洲际运输和航空货运的领导者。DHL主要包括以下几个业务部门：DHL Express、DHL Global Forwarding、Freight和DHL Supply Chain。

1969年，三位朝气蓬勃的创业者Adrian Dalsey，Larry Hillblom和Robert Lynn乘坐飞机来往于旧金山和檀香山之间运送货物单证，代办报关清关业务。之后，三位创始人用自己的姓氏首字母组建了DHL公司，成功开设了他们的第一条从旧金山到檀香山的速递运输航线。

#### 1. 递送时效

一般从客户交货之后第二天开始的1~2个工作日能查到物流信息，参考投递时间通常为3~7个工作日（不包括清关时间）。

#### 2. DHL体积重量限制

DHL体积质量计算公式为：体积质量=长（cm）×宽（cm）×高（cm）÷5 000，计费时取货物的实际重量和体积质量二者中较大者。

## （二）UPS 国际商业快递

美国联合包裹运送服务公司（United Parcel Service，Inc.，UPS）于 1907 年作为一家信使公司成立于美国华盛顿西雅图，通过明确地致力于支持全球商业的目标，UPS 如今已发展到拥有 300 亿美元资产的大公司，业务网点遍布全球 220 多个国家和地区。如今的 UPS 是一家全球性的物流企业，其商标是世界上较知名、较值得景仰的商标之一，是世界上最大的快递承运商与包裹递送公司，同时也是专业的运输、物流、资本与电子商务服务的领导性的提供者。

### 1. UPS 业务类型

UPS 主要包含六种业务服务，分别是全球特快加急服务、全球特快服务、全球特快货运日中送达服务、全球特快货运、全球速快服务、全球快捷服务。其中全球快捷服务使用蓝色标记，一般称蓝单，其余都使用红色标记，一般称红单。UPS 国际快递运输服务项目，如表 8-1 所示。

表 8-1　UPS 全球快递服务项目

| 服务类型 | 递送时效 | 服务范围 | 优点 |
| --- | --- | --- | --- |
| 1~3 个工作日 | | | |
| UPS 全球特快加急服务 | 最早可在早晨 8：00 前送达 | 送达美国、欧洲和亚洲主要城市 | ① 紧急货件的理想选择；<br>② 优先处理；<br>③ 适用于 UPS10 kg 箱和 UPS25 kg 箱 |
| UPS 全球特快服务 | 通常在早晨 10：30 或中午 12：00 前送达 | 送达美国大部分地区，加拿大、欧洲和亚洲各主要城市，以及美洲特定区域 | 适用于 UPS10 kg 箱和 UPS25 kg 箱 |
| UPS 全球特快货运日中送达服务 | 保证在中午 12：00 或下午 2：00 前送达，视目的地邮编而定 | 送达全球 30 多个国家和地区 | ① 门到门和非门到门递送服务可供选择；<br>② 针对超过 70 kg 的托盘货件 |
| UPS 全球特快货运 | 工作日结束前送达 | 送达全球 60 多个国家和地区 | ① 门到门和非门到门递送服务可供选择；<br>② 针对超过 70 kg 的托盘货件 |
| UPS 全球速快服务 | 工作日结束前送达 | 送达全球 220 多个国家和地区 | ① UPS 全球限时快递的一项经济实惠型的服务；<br>② 适用于 UPS10 kg 箱和 UPS25 kg 箱 |

（续表）

| 服务类型 | 递送时效 | 服务范围 | 优点 |
|---|---|---|---|
| 3~5 个工作日 | | | |
| UPS 全球快捷服务 | 工作日结束前送达 | 亚洲境内递送，以及从亚洲至欧洲、北美洲和南美洲的主要商业中心 | ① 非紧急货件的经济选择；② 指定日期和转运时间；③ 在特定国家/地区支持准时送达保证 |

UPS 还为客户提供三种指定时间和指定日期送达的全球空运服务，分别是 UPS 空运保费直达、UPS 空运直达和 UPS 空运整合服务，如表 8-2 所示。

表 8-2　UPS 全球空运服务项目

| 服务项目 | 递送时效 | 服务范围 | 优点 |
|---|---|---|---|
| 1~3 个工作日 | | | |
| UPS 空运保费直达 | 工作日结束前，特定日期取件、门到门的运送服务 | 覆盖 50 多个国家和地区 | ① 超过 70 kg 货件的理想选择；② 方便快捷地处理托盘和非托盘货件；③ 门到门的运送服务，包括常规的清关服务 |
| UPS 空运直达 | 工作日结束前，特定日期取件、机场到机场的运送服务 | 几乎覆盖全球 | ① 超过 70 kg 货件的理想选择；② 方便快捷地处理托盘和非托盘货件；③ 可选服务包括取件、派件和清关 |
| 3~5 个工作日 | | | |
| UPS 空运整合 | 工作日结束前，特定日期取件、机场到机场的运送服务 | 覆盖全球 | ① 超过 70 kg 货件的理想选择；② 方便快捷地处理托盘和非托盘货件；③ 可选服务包括取件、派件和清关 |

### 2. UPS 体积重量限制

UPS 要求每件包裹的重量上限为 70 kg。每件包裹的长度上限为 274 cm。每件包裹尺寸上限为 400 cm。每批货件总重量与包裹件数并无限制。UPS 会对每个超重超长包裹收取相应的附加费。

## （三）FedEx 国际商业快递

联邦快递（FedEx）是一家国际性速递集团，提供隔夜快递、地面快递、重型货物运送、文件复印及物流服务，总部设于美国田纳西州孟非斯，隶属于美国联邦快递集团

（FedEx Corp）。联邦快递设有环球航空及陆运网络，通常只需一至两个工作日，就能迅速运送时限紧迫的货件，而且确保准时送达，并且设有“准时送达保证”。

联邦快递的常规服务包括联邦快递优先服务和联邦快递经纪服务，二者的区别在于时效和价格。联邦快递优先服务的时效快，价格较高；联邦快递经济服务的时效慢，价格较低。具体服务项目及特点如表 8-3 所示。

**表 8-3　FedEx 服务项目**

| 服务项目 | | 特点 |
|---|---|---|
| 联邦快递优先服务 | 联邦快递国际特早快递服务 | ① 递送时间：通常在 1~3 个工作日送达全球各地；<br>② 覆盖范围：出口至美国、加拿大、巴西、墨西哥、波多黎各的货件最早于上午 8 点前（一般在 1~3 个工作日内）准时送达；出口至欧盟的货件则会在 2 个工作日内于上午 9 点前准时送达；<br>③ 服务时间：每周一至周五工作日。某些市场亦可提供周六服务；<br>④ 包裹尺寸及重量限制：宽度上限为 274 cm，长度和周长总和不超过 330 cm。重量不超过 68 kg；<br>⑤ 服务特色：递送签收服务、代理清关、保证退款、在线跟踪 |
| | 联邦快递国际优先快递特快服务 | ① 递送时间：通常 1~3 个工作日，上午 10：30 或中午之前送达；<br>② 覆盖范围：仅限亚洲、美国、加拿大和欧洲的指定市场；<br>③ 服务时间：每周一至周五工作日。部分市场亦可提供周六服务；<br>④ 包裹尺寸及重量限制：宽度上限为 274 cm，长度和周长总和不超过 330 cm。重量不超过 68 kg；<br>⑤ 服务特色：递送签收选项、清关、退款保证、在线追踪、FedEx 客户指定清关代理人服务、FedEx 服务站取件服务 |
| | 联邦快递国际优先快递服务 | ① 递送时间：通常 1~3 个工作日送达，一天结束前送达；<br>② 覆盖范围：面向全球 220 多个国家和地区；<br>③ 服务时间：每周一至周五工作日。部分市场亦可提供周六服务；<br>④ 包裹尺寸及重量限制：宽度上限为 274 cm，长度和周长总和不超过 330 cm。重量不超过 68 kg；<br>⑤ 服务特色：递送签收选项、清关、退款保证、在线追踪、FedEx 客户指定清关代理人服务、FedEx 服务站取件服务 |
| | 联邦快递国际优先快递重货服务 | ① 递送时间：通常 1~3 个工作日送达；<br>② 覆盖范围：全球各地；<br>③ 服务时间：每周一至周五工作日。部分市场亦可提供周六服务；<br>④ 包裹尺寸及重量限制：a. 高度超过 178 cm、长度超过 302 cm 或宽度超过 203 cm 需提供垫木搬运许可；b. 重量最低 68 kg，重量超过 997 kg 需提供垫木搬运许可；c. 货物总量没有限制；<br>⑤ 服务特色：专业航空货运服务，满足可叉起或捆绑在垫木上的组合单件的托运 |

（续表）

| 服务项目 | | 特点 |
| --- | --- | --- |
| 联邦快递经纪服务 | 联邦快递国际经济快递服务 | ① 递送时间：通常 2~4 个工作日送达亚洲；4 个工作日送达美国；4~5 个工作日送达欧洲；<br>② 覆盖范围：仅限亚洲、美国、欧洲的指定市场；<br>③ 服务时间：每周一至周五工作日。部分市场亦可提供周六服务；<br>④ 包裹尺寸及重量限制：宽度上限为 274 cm，长度和周长总和不超过 330 cm。重量不超过 68 kg；<br>⑤ 服务特色：递送签收服务、清关、联邦快递指定清关代理人服务、准时送达保证、账单灵活、在线追踪、经济型运输 |
| | 联邦快递国际经济快递重货服务 | ① 递送时间：通常 2~5 个工作日送达；<br>② 覆盖范围：全球大多数主要市场；<br>③ 服务时间：每周一至周五工作日。部分市场亦可提供周六服务；<br>④ 包裹尺寸及重量限制：a. 包裹最低重量为 68 kg，长度超过 274 cm 或周长超过 330 cm；b. 高度超过 178 cm，长度超过 302 cm 或宽度超过 203 cm，或者重量超过 997 kg，需提供垫木搬运许可；c. 货物总量没有限制；<br>⑤ 服务特色：所有货件均无重量限制，经济实惠 |

## 三、专线物流

专线物流是指针对特定国家或地区推出的跨境专用物流线路，具有“五固定”的特征：起点固定、终点固定、工具固定、路线固定和时间固定。国际专线物流主要包括航空专线、港口专线、铁路专线、大陆桥专线、海运专线及固定多式联运专线，如郑欧班列、中俄专线、渝新欧专线、中欧班列（武汉）、国际传统亚欧航线等。专线物流具有时效快、成本低、安全度高、可追踪、易清关的优势。

### （一）俄速通

俄速通（Ruston），成立于 2013 年，是由黑龙江俄速通国际物流有限公司提供的中俄航空小包专线服务，是针对跨境电子商务客户物流需求的小包航空专线，渠道时效快速稳定，提供全程物流跟踪服务。主要业务涵盖跨境物流仓储服务、供应链贸易服务、供应链金融服务和电子商务分销服务四大版块，是中俄跨境数字贸易的综合服务商。业务流程包括国内接收集货服务中心、安检、系统签入、入哈尔滨仓、核实数量、交往邮局、包机发往俄罗斯、清关、俄罗斯邮政派送、买家收货。

#### 1. 包装与重量要求

每件包裹（重量限制）：<2 kg（不包含）。

方形包裹（最大体积限制）：长+宽+高<90 cm，单边长度<60 cm。

圆柱形包裹：2 倍直径及长度之和小于 104 cm，单边长度<90 cm。

方形包裹（最小体积限制）：至少有一面的长度>14 cm，宽度>9 cm。

圆柱形包裹：2 倍直径及长度之和>17 cm，单边长度>10 cm。

### 2. 资费标准和递送时效

Ruston 的资费标准为 85 元人民币/千克+8 元人民币挂号费。正常情况下 15~25 天到达俄罗斯目的地，特殊情况下 30 天内到达俄罗斯目的地。

### 3. 俄速通的优点

（1）经济实惠。Ruston 以克为单位精确计费，无起重费，为卖家将运费降到最低。

（2）可邮寄范围广泛。Ruston 是联合俄罗斯邮局推出的服务商品，境外递送环节全权由俄罗斯邮政承接，因此递送范围覆盖俄罗斯全境。

（3）运送时效快。Ruston 开通了哈尔滨—叶卡捷琳堡中俄航空专线货运包机，大大提高了配送效率，使中俄跨境电物流平均用时从过去的近两个月缩短到 13 天，80%以上包裹 25 天内到达。

（4）全程可追踪。48 小时内上网，货物全程可视化追踪。

## （二）燕文专线

燕文航空挂号小包（special line-YW），又称燕文专线，所属中国最大的物流服务商之一。

### 1. 燕文专线优点

（1）时效快：燕文航空挂号小包根据不同目的国家及地区选择服务最优质和派送时效最好的合作伙伴。燕文在北京、上海和深圳三个口岸直飞各目的地，避免了国内转运时间的延误，并且和口岸仓航空公司签订协议保证稳定的仓位。全程追踪，派送时效通常为 10~20 个工作日。

（2）交寄便利：北京、深圳、广州（含番禺）、东莞、佛山、杭州、金华、义乌、宁波、温州（含乐清）、上海、昆山、南京、苏州、无锡、郑州、泉州、武汉、成都、葫芦岛兴城、保定白沟提供免费上门揽收服务，揽收区域之外可以自行发货到指定揽收仓库。

（3）赔付保障：邮件丢失或损毁提供赔偿，可在线发起投诉，投诉成立后 1~3 个工作日完成赔付。

### 2. 运送范围及重量要求

燕文专线支持发往 41 个国家和地区。运费根据包裹重量按克计费，1 g 起重，每个单件包裹限重在 2 kg 以内。2021 年燕文专线快递新增芬兰、立陶宛、乌克兰，重量上限为 3 kg。

### 3. 递送时效

（1）正常情况：10~35 天到达目的地。

（2）特殊情况：35~60 天到达目的地。（特殊情况包括不限于：节假日、特殊天气、政策调整、偏远地区等。）

## （三）速邮宝芬邮经济小包

速优宝芬邮经济小包是由全球速卖通和芬兰邮政（Posti Finland）针对 2 kg 以下小件物品推出的空邮商品，免挂号费，运送范围为俄罗斯、白俄罗斯，其发货方式为线上。

### 1. 重量体积限制

每件包裹（重量限制）：<2 kg（不包含）。

方形包裹（最大体积限制）：长+宽+高≤90 cm，单边长度≤60 cm。

圆柱形包裹：2 倍直径及长度之和≤104 cm，单边长度≤90 cm。

方形包裹（最小体积限制）：至少有一面的长度≥14 cm，宽度≥9 cm。

圆柱形包裹：2 倍直径及长度之和≥17 cm，单边长度≥10 cm。

#### 2. 资费标准

运费根据包裹重量按克计费，1 g 起重，每个单件包裹限重在 2 kg 以内（不包含 2 kg）。

#### 3. 递送时效

（1）预计在包裹入库后 15~30 天内到达目的地。

（2）物流商承诺包裹在国内集货仓入库 37 天（含）内从芬兰邮政发出。若包裹在国内集货仓入库 37 天后仍未从芬兰发出将被视为包裹丢失，因此而引起的全球速卖通平台限时达纠纷赔款，由物流商承担赔偿责任（按照订单在全球速卖通平台上的实际成交价赔偿，最高不超过 300 元人民币）。

（3）若包裹在国内集货仓入库 37 天内（含）顺利从芬兰邮政发出，物流服务商将不再承担包裹丢失责任。

#### 4. 速邮宝芬邮经济小包的优点

（1）价格优惠：不需要挂号费，适合货值低（仅订单金额≤7 美元的订单可使用）、重量轻的物品。

（2）收寄信息可查询：可查询包裹从揽收到收寄的追踪信息，平台网规认可使用。

（3）交寄方便：深圳、广州、义乌、金华、杭州、上海、苏州、北京、宁波由揽收服务商“燕文”提供免费上门揽收服务，非揽收区域卖家可自行寄送至集运仓库。

（4）赔付保障：国内段邮件丢失或损毁由揽收服务商提供赔偿，可在线发起投诉，投诉成立后最快 5 个工作日完成赔付。

### （四）4PX 新邮挂号小包

4PX 新邮挂号小包（Singapore Post 4PX）专线是由新加坡邮政在中国合法代理，递四方速递公司针对 2 kg 以下小件物品推出的空邮商品，可发带电子商务品，运送范围为全球。

#### 1. 资费标准

运费根据包裹重量按克计费，1g 起重，每个单件包裹限重在 2 kg 以内（不包含 2 kg）。

#### 2. 递送时效

正常情况 15~35 天到达目的地。特殊情况除外（包括但不限于：不可抗力、海关查验、政策调整及节假日等）

#### 3. 4PX 新邮挂号小包的优点

（1）可发带电子商务品。

（2）时效快：中国香港直航至新加坡邮政，再由新加坡转寄到全球多个国家及地区。

（3）派送范围广：覆盖全球 246 个国家及地区。

（4）物流信息可随时查询：提供国内段交接，包裹经从新加坡发出及目的国妥投等跟踪信息。

（5）交寄便利：深圳、义乌、上海、广州、厦门提供上门揽收服务，非揽收区域卖家可自行寄送至揽收仓库。

（6）赔付有保障：邮件丢失或损毁提供赔偿，可在线发起投诉，投诉成立后1~3个工作日完成赔付。

# 第三节　跨境电子商务海外仓服务

## 一、海外仓概述

随着跨境电子商务的发展、本地化服务的进一步升级以及本地化体验的良好口碑，海外仓模式越来越受到卖家的青睐。海外仓是一种与直邮物流服务并存的新型跨境电子商务物流方式。海外仓，又称海外仓储，是指境内出口跨境电子商务企业事先在境外自建或租用仓库，通过海运、陆运、空运或者国际多式联运的方式，先把货物批量运送至境外的仓库，当境外客户通过互联网下单后，境内卖家可以在第一时间做出快速响应，及时通知境外仓库进行货物的分拣、包装和派送等服务，确保货物快速、安全、准确、低成本地送达境外终端客户。

跨境电子商务卖家选用海外仓服务具有以下优势。

（1）获得平台流量支持。第三方跨境电子商务平台对卖家存放在其海外仓的商品，会给予更多的流量支持。

（2）降低物流成本。一般而言，相比于直邮物流服务，卖家以海外仓模式发货的物流成本更低。

（3）旺季防堵塞。卖家选用海外仓发货，可以有效规避销售旺季由于物流服务供给不足带来的不良后果。

（4）提升客户体验。由于商品通过海外仓提前进入目的地，卖家在接单后能快速响应，可有效提升客户体验。

（5）扩展销售品类。海外仓采取的集中运输模式突破了商品重量、体积和价格的限制，有助于扩大销售品类，如机床、狗屋、家具等不适合直邮发货的商品都可以选择海外仓发货。

（6）提供增值服务。卖家可以借助海外仓提供本土退换货处理、保养等售后增值服务，可有效增强客户黏性。

## 二、海外仓的运作模式

海外仓主要有电子商务平台自建仓库、卖家自建海外仓以及第三方海外仓三种运作模式。

### （一）电子商务平台自建仓库

电子商务平台可通过自建仓库为卖家提供包括仓储、拣货打包、派送、收款、客服与退货处理在内的一条龙式物流服务，并收取一定的配送费和仓储费。该模式的代表是亚马逊的 FBA，其操作流程如图 8-3 所示。

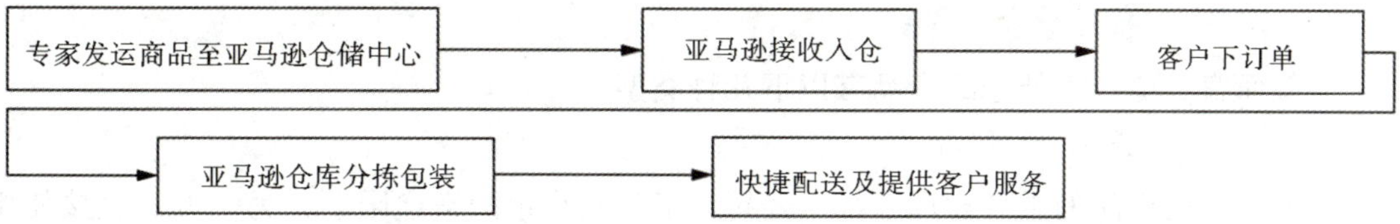


图 8-3　FBA 操作流程

卖家使用 FBA 可以提高 listing 排名，减少由物流引起的差评纠纷，享受亚马逊专业客服，从而提升客户体验，但 FBA 也存在费用偏高、退货处理不灵活等问题。

### （二）卖家自建海外仓

卖家自建海外仓主要是指具有一定资金实力和客户基础的大卖家为了提升物流配送速度而在国外市场建立的仓库。自建海外仓的优势是卖家可自己掌控仓库系统操作、通关、报税、物流配送等环节，物流时效稳定，客户体验好，但具有建仓成本高、建仓过程复杂、需要聘用国外员工等劣势。

卖家自建海外仓比较重要的是选址问题，选址时要遵循靠近交通枢纽、靠近经济发达地区以及多仓布局等原则。靠近交通枢纽与经济发达地区建设海外仓，可以方便货物的转运与配送。多仓布局可以缩短物流时间，降低物流成本。

卖家自建海外仓的代表企业有环球易购、兰亭集势、米兰网、大龙网、纵腾网络等。

### （三）第三方海外仓

第三方海外仓是由第三方企业（多数为物流服务商）建立并运营的海外仓，并且可以为多家跨境电子商务企业提供清关、入库质检、接收订单、商品分拣、配送等服务。卖家使用第三方海外仓有助于扩大销售品类、提高单件商品利润率、增加商品销量等，但也存在因存货量预测不准可能导致的货物滞销等风险。

卖家需要向第三方海外仓服务商支付一定的费用。第三方海外仓服务商的收费包括头程费用、税金、当地派送费用、仓储管理服务费等。头程费用是指从中国把货物运送至海外仓所产生的运费。税金是指货物出口到某国（或地区），按照进口货物政策而征收的一系列费用，如英国征收的税金有关税和增值税。当地派送费用俗称二程派送费用，是指买家对所购商品下单后，由仓库完成打包配送至买家地址所产生的费用。仓储管理服务费包括仓储费和订单处理费。仓储费是指将商品储存在仓库而产生的费用，第三方海外仓通常会按周收取费用。订单处理费是指买家下单后，由第三方海外仓工作人员对其订单拣货打包而产生的费用。

规模比较大的第三方海外仓服务商有万邑通、出口易、递四方等，其中万邑通、出口易是易贝的官方合作伙伴，递四方、万邑通、谷仓是全球速卖通的官方合作伙伴。

综上所述，海外仓的三种运作模式各有优劣，处在不同阶段的卖家有不同的需求，需要经过调研和考察才能做出正确选择。

## 三、海外仓的选择

### （一）适合海外仓的产品

一般而言，适合海外仓的产品有以下几种类型。

#### 1. 尺寸、重量大的产品

一方面这类产品的重量和尺寸都已经超出了邮政小包的寄递限制，另一方面直接使用国际商业快递的话，费用太高，因此尺寸、重量大的产品使用海外仓发货比较合适。例如，家居园艺、汽配、卫浴等产品。

#### 2. 单价和利润高的产品

相对于直邮发货，海外仓的本地配送服务可以将破损率、丢包率控制在较低水平，为销售高价值产品的卖家降低风险。例如，电子产品、玻璃制品、首饰、手表等产品。

#### 3. 畅销产品

畅销产品对配送时效要求较高而且滞销风险小，适合选用海外仓服务。例如，时尚衣物、快速消费品等产品。

#### 4. 邮政小包、国际商业快递无法承运的产品

对于航空运输寄送受限的产品，无法采用邮政小包或国际商业快递发货，就可以选择海外仓服务。例如，利润较高的液体类产品或带锂电池的产品等。

### （二）第三方海外仓服务商的选择

卖家在选择第三方海外仓服务商之前，需要判断服务商的综合能力。

#### 1. 拥有专业的运营管理团队

一个拥有国内外专业运营管理团队的海外仓，在货物发出之前，就能事先规划好流程，最大限度地避免货物在海外出现问题；货物发出后，该团队能避免货物在海外产生额外费用。这支专业的运营管理团队包括专业的海内外贸易清关人员、优秀的国内外本地服务人员、懂得税务和法律的专业人员等。

#### 2. 具有较强的头程运输一体化操作能力

头程运输指的是货物从国内发出到货物运送至仓库并最终可以在平台上上架销售的全过程（涉及物流运输、商品清关、代缴关税等一系列中间环节）。可以说，选择好的头程物流服务商是保证整个跨境物流链安全的关键所在。选择一个具有一定实力的第三方海外仓服务商，能够有效控制物流的源头风险。

#### 3. 拥有完善成熟的海外仓储信息管理系统

海外仓不只是一个简单的“仓库”，第三方海外仓服务商还拥有完善成熟的海外仓储信息管理系统，能够为卖家提供跟踪商品流转轨迹查询、仓库与物流服务商对接、订单管理和库存管理等综合性服务。

#### 4. 拥有一定规模的仓库

一般而言，第三方海外仓服务商拥有的海外仓仓储面积和规模越大，就越能够满足卖家的需求。

#### 5. 拥有深度合作的跨境电子商务平台

如果第三方海外仓服务商能够与跨境电子商务平台进行合作，则更容易受到这些平台上卖家的欢迎。

#### 6. 能够提供性价比高的海外仓储服务

卖家需要向第三方海外仓服务商支付仓储费用，较低的仓储费用可以降低卖家的经营成本，因此，卖家更加倾向于选择高性价比的第三方海外仓服务商。

## 第四节 跨境电子商务货物通关监管

《中华人民共和国海关法》（以下简称《海关法》）第八条规定：“进出境运输工具、货物、物品，必须通过设立海关的地点进境或出境。”进出口货物的收、发货人或其代理人、运输工具的负责人、进出境物品的所有人应按照海关规定办理进出境手续和相关的海关事务。通关是出口跨境电子商务物流中必不可少的一个环节，商品通过海关查验并放行后才能顺利进入目的国，再通过物流递送到买家手中。

### 一、报关的基本流程

报关是指进出口货物在装船出运前，向海关申报的手续。我国《海关法》规定：凡是进出国境的货物，必须经由设有海关的港口、车站、国际航空站，并由货物所有人向海关申报，经过海关通关放行后，货物才可提取或装船出口。跨境电子商务出口报关需要经过以下四个步骤。

#### （一）申报

出口货物的发货人在根据出口合同的规定，按时、按质、按量备齐出口货物后，即应当向运输公司办理租船订舱手续。准备向海关办理报关手续，或委托专业（代理）报关公司办理报关手续。

需要委托专业或代理报关企业向海关办理申报手续的企业，在货物出口之前，应在出口口岸就近向专业报关企业或代理报关企业办理委托报关手续。接受委托的专业报关企业或代理报关企业要向委托单位收取正式的报关委托书，报关委托书以海关要求的格式为准。

#### （二）查验

查验是指海关在接受报关单位的申报并已经审核的申报单位为依据，通过对出口货物进行实际的核查，以确定其报关单证申报的内容是否与实际进出口的货物相符的一种监管方式。通过核对实际货物与报关单证来验证申报环节所申报的内容与查证的单、货是否一致，通过实际的查验发现申报审单环节所不能发现的有无瞒报、伪报和申报不实等问题。通过查验可以验证申报审单环节提出的疑点，为征税、统计和后续管理提供可靠的监管依据。

海关查验货物后，均要填写一份验货记录。验货记录一般包括查验时间、地点、进出口货物的收发货人或其代理人名称、申报的货物情况，查验货物的运输包装情况（如运输工具名称、集装箱号、尺码和封号等）、货物的名称、规格型号等。需要查验的货物自接受申报起 1 日内开出查验通知单，自具备海关查验条件起 1 日内完成查验，除需缴税外，自查验完毕 4 小时内办结通关手续。

### （三）征税

根据《海关法》的有关规定，进出口的货物除国家另有规定外，均应征收关税。关税由海关依照海关进出口税则征收。需要征税费的货物，自接受申报 1 日内开出税单，并于缴核税单 2 小时内办结通关手续。

### （四）放行

对于一般出口货物，在发货人或其代理人如实向海关申报，并如数缴纳应缴税款和有关规费后，海关在出口装货单上盖"海关放行章"出口货物的发货人凭以装船起运出境。出口货物的退关：申请退关货物发货人应当在退关之日起 3 日内向海关申报退关，经海关核准后方能将货物运出海关监管场所。海关放行后，在浅黄色的出口退税专用报关单上加盖"验讫章"和已向税务机关备案的海关审核出口退税负责人的签章，退还报关单位。

## 二、跨境电子商务出口通关监管主要模式

目前，跨境电子商务进出口通关监管模式主要分为"9710"跨境 B2B 直接出口模式、"9810"跨境 B2B 出口海外仓模式、"0110"一般贸易模式、"1039"市场采购模式（小商品出口）、"9610"直邮模式、"1210"保税电子商务模式及"1239"保税电子商务 A 模式共 7 类，如图 8-4 所示。

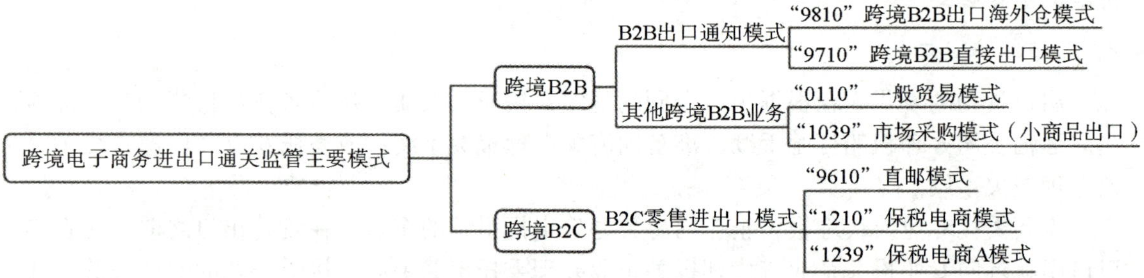


图 8-4　跨境电子商务进出口通关监管主要模式

### （一）"9610"出口报关模式

"9610"出口报关模式主要针对销售对象为单个消费者的中小跨境电子商务企业服务，又称"集货模式"。采用"清单核放，汇总申报"的方式，海关只需对跨境电子商务企业事先报送的出口商品清单进行审核，审核通过后就可办理实货放行手续，这不仅让企业通关效率更高，而且也降低了通关成本。

"9610"出口报关模式流程如图 8-5 所示。

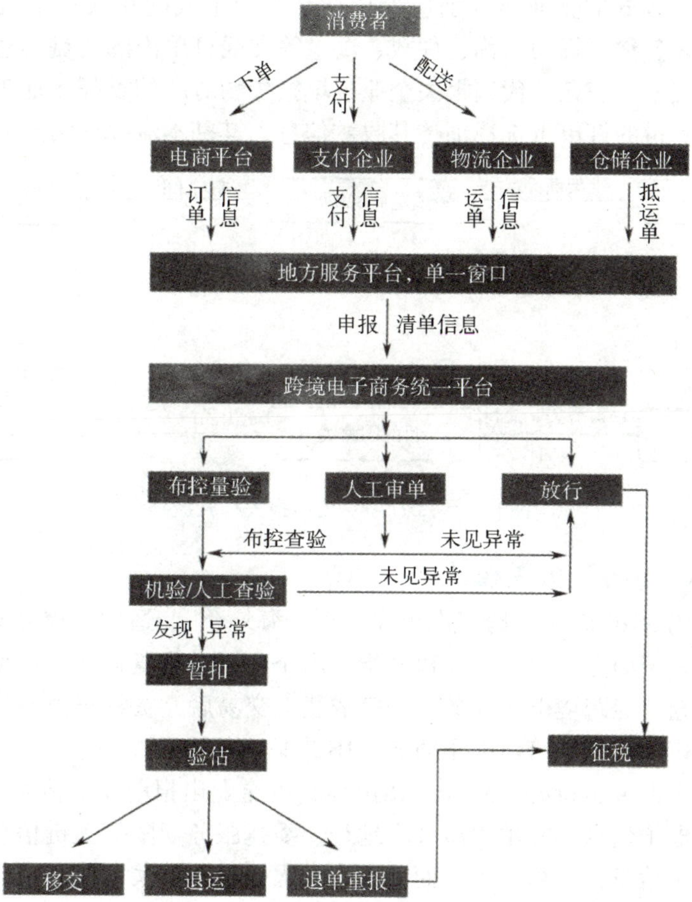


图 8-5　“9610”出口报关模式流程

### 1. 境外购物

国外消费者通过跨境电子商务平台完成购物流程，产生订单、支付单、运单、抵运单等相关信息。

### 2. 通关申报

通过国际贸易“单一窗口”或跨境电子商务通关服务平台，跨境电子商务企业或其代理人、物流企业应当分别向海关传输交易、收款、物流等电子信息，申报出口明细清单。

值得注意的是，凡是参与跨境电子商务零售出口业务的企业，包括跨境电子商务企业、物流企业等，如需办理报关业务，应当向所在地海关办理信息登记。

## （二）“9710”出口报关模式

海关监管代码 9710 简称“跨境电子商务 B2B 直接出口”，适用于跨境电子商务 B2B 直接出口的货物。跨境电子商务 B2B 直接出口模式指国内企业通过跨境电子商务平台开展线上商品、企业信息展示并与国外企业建立联系，在线上或线下完成沟通、下单、支付、履约流程，实现货物出口的模式。

选择“9710”模式的企业申报前应上传交易平台生成的在线订单截图等交易电子信息，并填写收货人名称、货物名称、件数、毛重等在线订单内的关键信息。提供物流服务的企业应上传物流电子信息。代理报关企业应填报货物对应的委托企业工商信息。在交易平台内完成在线支付的订单可选择加传其收款信息，其基本流程如图 8-6 所示。

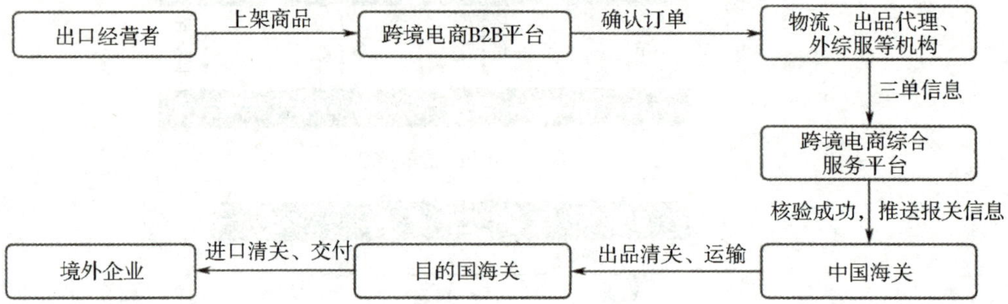


图 8-6 “9710”出口报关模式流程

## （三）“9810”出口报关模式

海关监管代码 9810 简称“跨境电子商务出口海外仓”，适用于跨境电子商务出口海外仓的货物。跨境电子商务出口海外仓模式指国内企业通过跨境物流将货物以一般贸易方式批量出口至海外仓，经跨境电子商务平台完成线上交易后，货物再由海外仓送至境外消费者的一种货物出口模式，即跨境电子商务 B2B 出口。

选择跨境电子商务出口海外仓（“9810”）的企业申报前应上传海外仓委托服务合同等海外仓订仓单电子信息，并填写海外仓地址、委托服务期限等关键信息。出口货物入仓后需上传入仓电子信息，并填写入仓商品名称、入仓时间等关键信息。代理报关企业应填报货物对应的委托企业工商信息。

企业申报的“三单信息”应为同一批货物信息（单证 1：申报清单、物流单；单证 2：交易订单、海外仓订仓单；单证 3：物流单）。申报企业应对上传的电子信息、填报信息真实性负责。

跨境电子商务出口海外仓模式中，主要涉及跨境电子商务出口企业、物流企业、外贸综合服务企业、公共海外仓经营企业、跨境电子商务平台企业（境内或境外 B2C 平台）、境外物流企业、境外消费者等参与主体，其基本流程如图 8-7 所示。

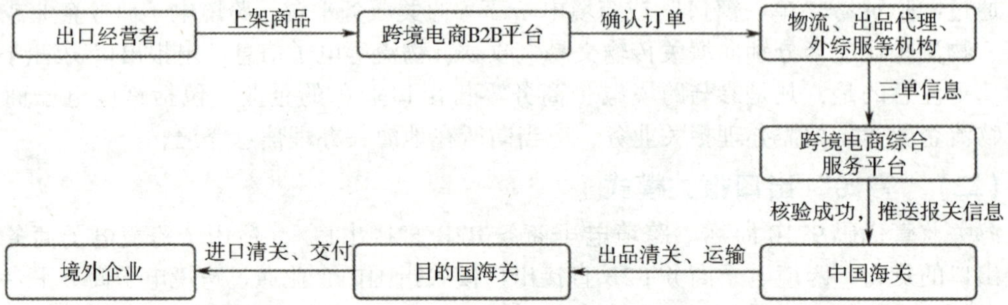


图 8-7 “9810”出口报关模式流程

## 三、一达通外贸综合服务平台通关服务

深圳市一达通企业服务有限公司是阿里巴巴旗下的外贸综合服务平台，也是中国专业服务于中小微企业的外贸综合服务行业的开拓者和领军者，为中小微外贸企业提供专业、低成本的通过、外汇、退税及配套的物流和金融服务。

### （一）一达通准入条件

一达通的准入条件按合作模块来区分为出口综合服务（3+$N$）模式和出口代理服务（2+$N$）模式。允许操作的商品范围内，只要是出口综合服务模式准入通过的商品就能操作出口代理服务（2+$N$）[零退税商品只能操作出口综合服务（3+$N$）]。两种合作模式的区别如表 8-4 所示。

表 8-4　出口综合服务（3+$N$）和出口代理服务（2+$N$）对比

| 对比项目 | 出口综合服务（3+$N$）规则内容 | 出口代理服务（2+$N$）规则内容 |
|---|---|---|
| 基础服务 | 通关、外汇、退税 | 通关、外汇 |
| 增值服务 | 金融、物流 | |
| 准入条件 | ① 签约公司非境外、港台地区、个人或非出口综合服务尚未覆盖地区企业（如福建莆田等）；<br>② 出口口岸非一达通无法操作的口岸。开票人在一达通可以操作的区域；<br>③ 开票人必须是生产企业，且委托一达通出口的货物为自产 | ① 非境外、非港台地区、非福建莆田地区企业；<br>② 出口口岸非一达通无法操作的口岸；<br>③ 须具有《出口退（免）税资格认定》；<br>④ 出口商品非一达通出口代理服务敏感和禁入商品 |
| 出口报关 | 可选择自助平台上提交订单，也可以让代理下单 | |
| 税务操作 | 一达通代为退税 | ① 企业开具《代理出口协议书》；<br>② 一达通办理《代理出口货物证明》；<br>③ 企业自行进行退（免）税申报 |
| 垫付退税条件 | 同时满足下述条件后，在 $T$+1 个工作日内，一达通可先行垫付退税金额给实际开票方<br>① 已报关放行；<br>② 一达通收到全额外汇，外汇单单关联；<br>③ 一达通收到增值税专用发票原件，且增值税专用发票经一达通验证无误；<br>④ 已上传备案单证并审核通过；<br>⑤ 垫付的退税款在可用垫付退税额度以内；<br>⑥ 无其他异常，如未函调、下户核查通过，企业状态正常等；<br>备注：优质客户可享受收票后秒速放款，外汇和备案单证后置 | — |

## （二）一达通通关服务

卖家在周一至周日，通过一达通通关服务平台订单提交后，一达通会在 2 小时内审核完成，触发风控审核时除外。根据下单的口岸及报关方式的选择（一达通报关或客户自行报关），一达通会安排寄送资料或发送电子口岸数据。货物放行后，若订单为一达通报关，则无须卖家上传报关单。一达通基础订单通关流程如图 8-8 所示。

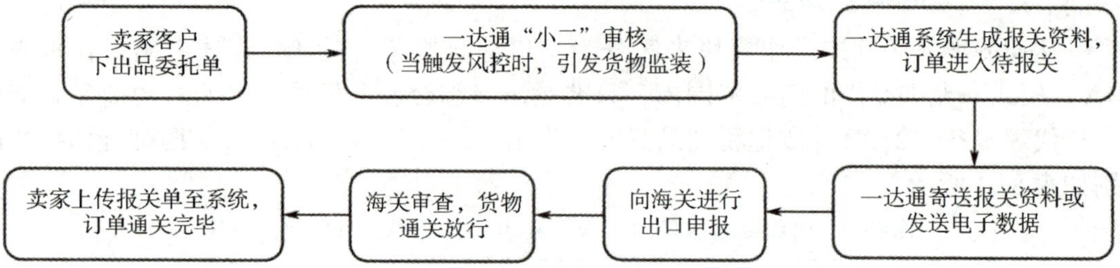


图 8-8　一达通基础订单通关流程

## （三）一达通自助下单操作流程

### 1. 绑定拍档

一次只允许绑定一个拍档。可以根据“服务商”“省份”“城市”“区县”选择对应的拍档公司。单击绑定拍档时，会弹出“一拍档授权协议”。阅读协议后单击同意即可，如图 8-9 所示。

图 8-9　“所有绑定拍档”界面

### 2. 选择套餐

综合出口订单与代理出口订单下单操作一样，只是选择综合服务套餐，将由一达通帮企业退税；选择代理出口套餐，需要企业自行退税，如图 8-10 所示。

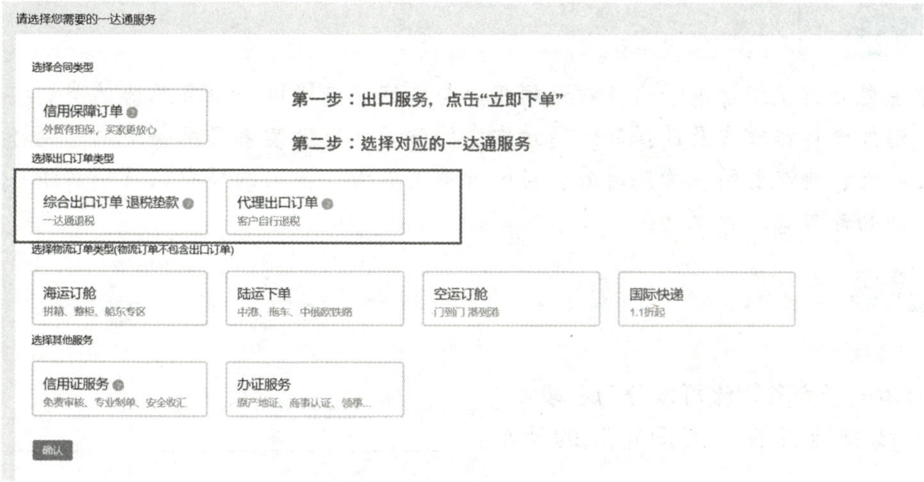


图 8-10　选择一达通服务套餐

### 3. 填写贸易信息

在“出口服务下单”页面，正确填写贸易信息，包括境外收货人、贸易国（地区）、运抵国（地区）、收汇方式等内容，如图 8-11 所示。

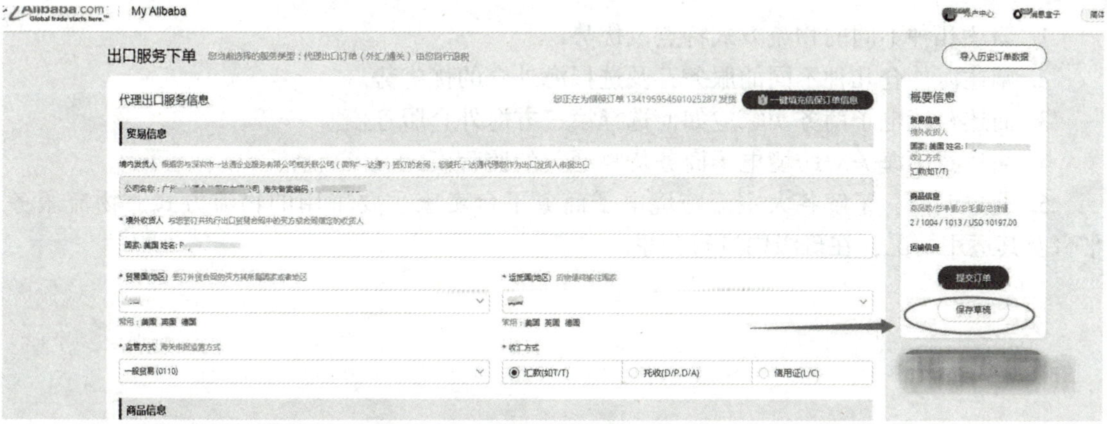


图 8-11　“出口服务下单”界面

### 4. 输入商品信息

在输入商品信息里填写价格方式、包装方式、添加商品等。

### 5. 填写运输信息

运输信息填写离岸口岸、指运港（地区）、出境关别、报关方式、报关环节所需信息等运输信息。

### 6. 填写其他信息

其他信息包括预计出货日期、本单联系人、合同类型、特殊关系确认等。

## 本章小结

本章主要介绍了跨境电子商务物流的概念与特征、跨境电子商务物流的类型、海外仓的定义、海外仓运作模式及选择等。通过本章的学习，帮助读者了解跨境电子商务卖家应根据商品特性、物流费用、物流时效、目的地清关能力、买家的需求以及销售淡旺季等来选择合适的物流方式。

## 思考练习

### 一、填空题

1. 跨境电子商务物流可以分为 3 段：________、________及________。
2. 专线物流具有“五固定”的特征：________、________、________、________和________。
3. 海外仓主要有________、________和________三种运作模式。
4. ________出口报关模式主要针对销售对象为单个消费者的中小跨境电子商务企业服务，又称________。
5. 海关监管代码 9810 简称“________”，适用于跨境电子商务出口海外仓的货物。

### 二、简答题

1. 简述几种不同的物流方式特点及优势。
2. 阐述海外仓几种不同的服务，及选择海外仓的优劣势。
3. 简述跨境电子商务卖家应如何选择第三方海外仓服务商。
4. 简述我国海关对跨境电子商务货物通关的监管模式。
5. 通过调研，了解各大主流跨境电子商务平台卖家主要采用的物流方式、物流服务平台及其适用情况，在班级内进行分享。

# 第九章

# 跨境电子商务支付与结算

## 本章导读

跨境电子商务作为一种新型的贸易模式正在快速发展。物流、信息流、资金流“三流合一”是跨境电子商务行业的一个显著特征，“三流”的流畅程度决定了跨境电子商务行业的效率和活力。跨境电子商务企业想要持久发展，除商品好、价格优外，时效性强的物流服务和低风险效率高的支付服务更能提升客户体验，确保核心竞争优势。因此，跨境电子商务企业和从业人员应具备为以人为本、客户至上的服务精神，及“未雨绸缪、防患未然”的风险防控的意识。

## 学习目标

### 知识目标

◆了解跨境电子商务支付与结算的概念及其现状。

◆掌握跨境电子商务支付与结算的不同模式。

◆熟悉传统与第三方不同跨境支付结算方式。

◆掌握跨境电子商务支付与结算的技术风险与防范。

### 技能目标

◆能够运用不同的支付工具进行跨境收款账户设置。

◆能够利用第三方支付工具进行账户注册、绑定收款平台、绑定提现银行卡等操作。

### 素质目标

◆提高支付与结算的风险防控意识，做社会主义法治的自觉遵守者。

## 思政目标

◆提高学生数字化学习与创新能力，弘扬伟大建党精神，自信自强、踔厉奋发、勇毅前行。

◆提升学生民族自豪感，坚定必胜信念，焕发强烈的历史自觉和主动精神。

案例导入

**从3天到30秒！跨境电子商务零售进口税款实现电子支付**

2023年6月1日，跨境电子商务零售进口税款电子支付功能成功上线。目前，这项功能在宁波、福州、广州、黄埔、重庆、成都等海关试点推广。

此次跨境电子商务零售进口税款电子支付功能是基于现有的海关新一代税费电子支付系统新纳入增加的功能。该功能打破了跨境电子商务企业原有缴税模式在时间和空间上的限制，让信息跑“网路”代替企业“跑马路”，进一步便利企业通关。

该功能上线后，企业一票税款电子支付交易从发起支付请求到收到海关成功核注回执总共用时约30秒，省去了打印和传递纸质凭证、逐笔勾对核销税单等手工操作环节，整个流程比以往缩短2~3个工作日。此外，企业用户还能通过税费电子支付功能支付保证金、滞报金、滞纳金等。

# 第一节　跨境电子商务支付与结算概述

跨境电子商务支付与结算指的是两个或两个以上的国家或地区之间因跨境贸易、国际投资及其他国际经济活动产生国际债权债务，借助一定的支付方式及结算工具实现资金跨国或跨地区转移的一系列行为。例如，在当今的互联网时代，中国消费者在网上购买国外商家的产品或国外消费者购买中国商家的产品时，由于币种不同，需要通过一定的支付手段、支付系统及资金结算方式实现国家或地区之间的资金转换，最终完成交易。

## 一、跨境电子商务支付与结算的基本知识

跨境电子商务支付与结算伴随着产品进出口而发生，具有以下特点。

（1）跨境电子商务支付与结算产生的原因是发生国际经济活动，产生债权债务关系。

（2）跨境电子商务支付与结算的主体是国际经济活动中的当事人。国际经济活动中的当事人含义依据不同的活动而定。例如，在货物买卖中，当事人是指双方营业地处在不同国家（或地区）的人，且有银行参与。

（3）跨境电子商务支付与结算是通过一定的工具来完成的。跨境电子商务支付与结算的工具一般为货币与票据。一方面，由于国际支付当事人一般是不同国家（或地区）的自然人、法人，而各国（或地区）所使用的货币不同，这就涉及货币的选择、外汇的使用，以及与此有关的外汇汇率变动带来的风险问题；另一方面，为了避免直接运送大量货币所引起的各种风险和不便，就会涉及票据或凭证的使用问题，以及与此相关的各国（或地区）有关票据或凭证流转的一系列复杂的法律问题。

（4）跨境电子商务支付与结算是以一定的支付方式来保障交易安全的。在跨境贸易中，买卖双方通常从自身利益考虑，力求在货款收付方面能得到较大的安全保障，尽量避免遭受钱货两空的损失，并想在资金周转方面得到某种融通。这就涉及如何根据不同情况，采用国际上长期形成的汇付、托收、信用证等不同的支付方式，以处理好货款收付方面的安全保障和资金融通问题。

(5) 跨境电子商务支付与结算的收付双方通常处在不同的货币圈，是异地结算中的特殊情况。

(6) 由于收付双方处在不同的法律制度下，受到相关法律的限制，不能把一方的通行情况施加于对方，而只能以国际结算的统一惯例为准则，协调双方之间的关系，并相互约束。

(7) 跨境电子商务支付与结算必须以收付双方都能接受的货币为支付结算货币。为了支付方便和安全，一般采用国际通用的结算货币，如美元、欧元、英镑等，特殊情况除外。

(8) 跨境电子商务支付与结算主要将银行作为中间人，以确保支付安全、快捷、准确、保险及便利。

(9) 由于跨境电子商务支付与结算一般以不同于支付双方本国（或本地区）的货币为支付结算货币，所以在结算过程中有一定的汇兑风险。

## （一）跨境电子商务支付与结算的现状分析

### 1. 传统跨境贸易更多选用直接支付方式

传统跨境贸易更多选用直接支付方式，如汇付、托收、信用证、国际保理等。汇付一般用于金额较小的支付场景，而信用证方式对于买卖双方都有可靠保证，所以在大额支付场景中使用较多。直接支付方式之一的汇款主要由银行完成。银行收到汇款人的申请后，通过 SWIFT（环球银行金融电信协会）通道等多种形式将钱由国外汇入行解付给收款人。

在跨境贸易活动中，买卖双方可能互不信任：买方担心预付款后，卖方不按合同要求发货；卖方担心发货或提交货运单据后，买方不付款。因此，需要两家银行作为买卖双方的保证人。由于信用证模式对买卖双方都有保护，因此信用证成为传统跨境贸易中主要、常用的支付方式之一。

### 2. 第三方支付机构众多

在综合型 B2C 跨境贸易中，由于参与者众多、单价较低且交易频率高，因此传统支付方式已经不适用于此种跨境贸易模式。目前，国内持有跨境外汇支付牌照（简称持牌）的第三方机构、跨境收款企业及国外持牌支付机构，已经建立了稳定且有效的渠道并形成了稳定的模式。在关键的换汇环节，国内持牌的第三方支付机构可根据跨境电子商务平台的数据对单换汇。

### 3. B2C 跨境自营平台主要的支付方式

B2C 跨境自营平台一般拥有境外账户，方便国外第三方支付机构等金融机构为其办理收单业务。国内持牌的第三方支付机构主要为此类平台办理换汇、转账等业务，将平台的资金从境外账户转入其境内银行账户。跨境收款企业也可以通过连接各方通道完成此过程。最后，B2C 跨境自营平台通过国内持牌的第三方支付机构将账款分发给跨境收款企业。

### 4. 小额 B2B 跨境贸易直面众多海外小商家

近年来，小额 B2B 跨境贸易发展迅速，海外小商家众多。相比传统大商家，小商家的客单价较低，多直接通过分销商采购商品。在此种模式下，人力和贸易成本均可大大降低。

### 5. 第三方支付机构普遍持有外汇和人民币支付牌照

国内企业要想开展跨境支付业务，首先其必须是支付机构，并持有中国人民银行颁发的“支付业务许可证”，其次需要持有国家外汇管理局准许开展跨境外汇支付业务试点的批复文件。如果不涉及换汇，则支付机构持有中国人民银行各地分支机构颁发的人民币跨境外汇支付牌照即可，人民币跨境外汇支付业务不需要国家外汇管理局的批复。

#### 6. 第三方支付机构更加适应新兴跨境电子商务小额、高频的需求

传统跨境贸易的特点是大额、低频，且对支付安全性要求较高，但损失了时效性，因此传统 B 端（企业）大额跨境贸易更愿意选择银行汇款和信用证等支付方式。但随着跨境贸易的发展，特别是跨境电子商务平台的兴起，人们对支付的便捷性和及时性的要求越来越高，监管部门也逐渐放开了第三方支付机构的准入限制。

#### 7. 通道手续费和 B 端支付解决方案是第三方支付机构的主要收入来源

通道手续费主要包括按照交易规模流水收费和按照支付笔数收费两种，或者两种兼有。B 端支付解决方案是第三方支付机构针对不同行业、不同需求所提供的一体化产品支持，随着跨境电子商务支付与结算的发展，B 端支付解决方案进入“蓝海”。另外，第三方支付机构还有汇率差等非常规性收入。

### （二）跨境电子商务支付与结算的发展

#### 1. 逐渐摆脱单一通道模式

第三方支付经过近年来的发展，特别是在国家外汇管理局和中国人民银行发牌以后，逐步打通市场渠道，从单一的基础通道服务，逐渐发展到可以满足跨境电子商务平台更多的需求。部分企业开始和跨境产业链中的服务机构合作，从出口退税到报关的三单合一，再到跨境仓储物流解决方案，争取解决跨境贸易中存在的普遍性难题。

跨境电子商务支付政策迎来重大利好

#### 2. 小额 B2B 跨境电子商务支付与结算发展形势大好

传统集装箱跨境贸易由于积压资金多、风控压力大，正在被以在线交易为核心且便捷、及时的跨境电子商务小额批发及零售业务取代。第三方支付基于大数据、云计算，更加符合小额 B2B 跨境贸易要求的小额、快捷、灵活的支付模式和风控需求。

#### 3. 行业规范化加速，第三方跨境电子商务支付与结算行业发展潜力巨大

（1）平台层：经过多年的发展，跨境电子商务平台逐渐朝着正规化发展，交易规模不断扩大，在培养稳定的消费群体的同时，平台运营日趋成熟。

（2）政策层：监管部门不间断地对跨境贸易进行调研，其中针对最关键的支付和物流的更加细致、合理的支持政策或将会出台，行业规范化将会继续加速。

（3）消费层：在消费升级的带动下，国内消费者对跨境商品的需求日益增加。

（4）机构层：第三方支付机构经过前期的市场培育阶段，正在逐渐度过仅作为支付通道的行业价格战阶段，各家开始打造专属的行业解决方案，在逐渐掌握更多客户资源的基础上进行差异化运营。

#### 4. 传统跨境支付与结算方式和跨境电子商务支付与结算方式互补共存

传统 B2B 跨境贸易的市场主导地位暂时不会改变，同样，传统跨境支付与结算方式仍会在市场中占据重要地位。跨境电子商务模式及平台的出现，会促使传统跨境支付与结算方式进行改革。在市场中，传统跨境支付与结算方式和跨境电子商务支付与结算方式将互补共存。

## 二、跨境电子商务支付与结算的模式

### （一）我国跨境贸易的主流模式

从跨境贸易的整体来看，目前我国的跨境贸易包括 4 种主流模式：传统大额 B2B 跨境

贸易、小额 B2B 跨境贸易、平台型 B2C 跨境贸易，以及自营 B2C 跨境贸易，后两者属于跨境电子商务模式。传统 B2B 跨境贸易是跨境贸易的传统模式，多数是一对一大额交易；小额 B2B 跨境贸易是近些年发展迅速的跨境贸易模式，有众多海外小商家，贸易成本大大节约；平台型 B2C 跨境贸易、自营 B2C 跨境贸易都是属于跨境电子商务模式，平台型 B2C 跨境贸易（如美国的亚马逊、中国的全球速卖通）发展得比较早；自营 B2C 跨境贸易是近些年发展起来的跨境电子商务独立站模式，卖家通过建立自己的网站来运营，而不是通过亚马逊等跨境电子商务平台来出口产品。

### （二）跨境电子商务的模式分类

一个完整的支付流程应该分为支付（买家）+结算（卖家）两步。按照该思路，根据地域（境内、境外）和货币种类两个维度，电子商务可分为四类：国内电子商务、跨境电子商务海淘（赚外汇）、跨境电子商务（买买买）及国外电子商务，如表 9-1 所示。根据买卖双方的所属地和支付结算币种，跨境电子商务则可以归为两类：赚外汇模式、买买买模式。

表 9-1　跨境支付分类表

| 类型 | 买家所属地 | 支付币种 | 卖家所属地 | 结算币种 | 举例 |
|---|---|---|---|---|---|
| 国内电子商务 | 境内 | 人民币 | 境内 | 人民币 | 淘宝、京东 |
| 跨境电子商务海淘（赚外汇） | 境外 | 外币 | 境内 | 人民币 | Shopee、Lazada |
| 跨境电子商务（买买买） | 境内 | 人民币 | 境外 | 外币 | 天猫海外、网易考拉 |
| 国外电子商务 | 境外 | 外币 | 境外 | 外币 | eBay、亚马逊 |

跨境电子商务赚外汇模式和买买买模式面对的消费者不同，对资金处理的需求也不同，如图 9-1 所示。

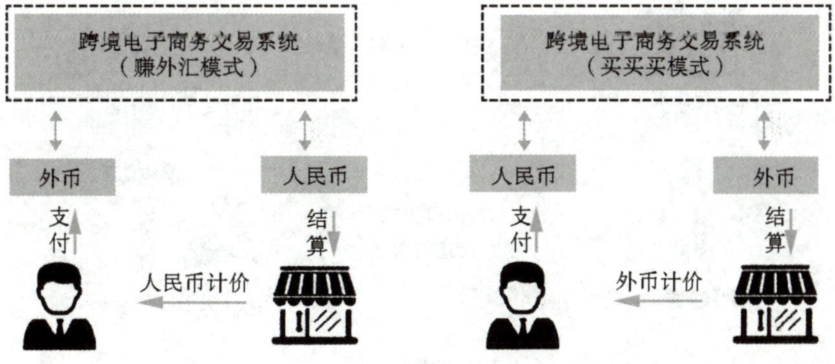


图 9-1　赚外汇模式和买买买模式资金流对比

根据图 9-1 的资金流对比分析可知，在赚外汇模式下，产品以人民币计价、人民币结算，境外消费者支付外币；在买买买模式下，产品以外币计价、外币结算，境内消费者支付人民币。

### （三）跨境电子商务支付与结算的模式分类

跨境电子商务的业务流程涉及资金流、信息流、物流。其中，资金流反映了支付流程。一个完整的跨境支付流程实际上包含了三大环节，即收单、收款、结售汇。以第三方跨境支付在 B2C 跨境电子商务出口贸易中所发挥的作用为例：收单机构通过发卡行、国际信用卡组织的清结算，将货款打到商家的海外账户，随后收款公司进行相关的账户服务和转账，最后通过银行或国内持牌的第三方机构进行结售汇。

目前，整个跨境电子商务市场上有三种方式可以实现人民币跨境支付与结算，如图 9-2 所示。

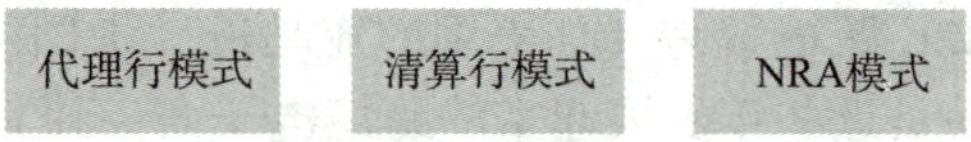


图 9-2　人民币跨境支付与结算的方式

## 1. 代理行模式

代理行模式需要境内具备国际结算业务能力的银行与境外银行签订人民币代理结算协议，为其开立人民币同业往来账户，然后代理境外银行进行跨境人民币收、付、结算等服务。现举例如下。

（1）业务场景

境外企业 A 和境内企业 B 进行交易，A 需要支付一笔款项给 B，而且双方约定，此次交易使用人民币结算。

（2）前置工作

A 在境外花旗银行开设结算户，B 在境内中国农业银行开设结算户；花旗银行与中国银行签署人民币代理结算协议，中国银行为花旗银行开设人民币同业往来账户；花旗银行和中国银行通过 SWIFT 通道连接。中国银行和中国农业银行通过中国现代化支付系统（China National Advanced Payment System，CNAPS）连接。

（3）业务步骤

A 发起支付指令给花旗银行，花旗银行判断其余额后扣款；花旗银行通过 SWIFT 通道发送指令给中国银行，中国银行判断其人民币同业往来账户余额后扣款；中国银行通过 CNAPS 转账给中国农业银行；中国农业银行结算给 B（图 9-3）。

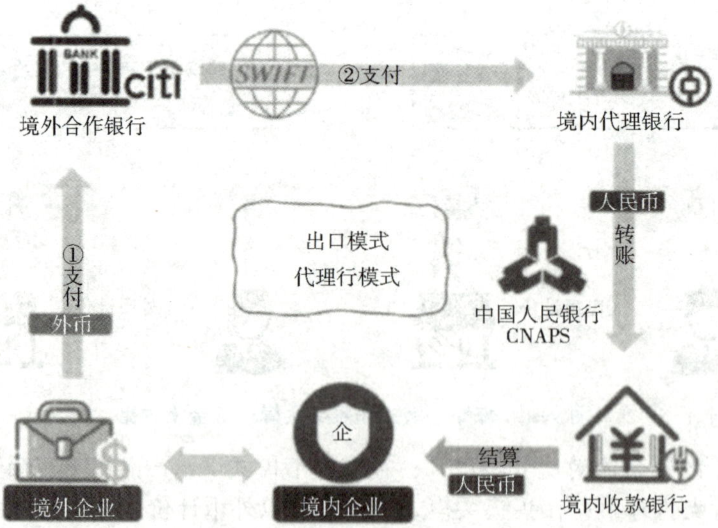


图 9-3　代理行模式的业务步骤

在整个流程中，SWIFT 通道与 CNAPS 的主要作用就是实现跨行之间的支付清算。其中，SWIFT 是国际银行同业间的国际合作组织，成立于 1973 年；CNAPS 是为商业银行之间及商业银行与中国人民银行之间的支付业务提供最终资金清算的系统。

### 2. 清算行模式

清算行模式需要中国人民银行指定境外某银行（一般为境外分行）为人民币境外清算行，由境外清算行与境外商业银行签订人民币代理结算协议，并为其开立人民币同业往来账户，代理境外银行进行跨境人民币收付等服务。举例如下。

（1）业务场景

境外企业 A 需要支付资金给境内企业 B。

（2）前置工作

A 在境外花旗银行开设结算户，B 在境内中国农业银行开设结算户；中国人民银行指定中国银行某境外分行（商业银行），作为该地区的人民币清算行；花旗银行在中国银行境外分行开设人民币同业往来账户，存入资金；花旗银行和中国银行境外分行通过 SWIFT 通道或当地的结算系统连接；中国银行境外分行与国内中国银行境内总行之间通过行内连接系统连接，中国银行境内总行与境内中国农业银行通过 CNAPS 连接。

（3）业务步骤

清算行模式和代理行模式在给收付款两方体验上的区别不大，核心在于资金的结算地不同。采用代理行模式的前提是国内的银行具备国际结算业务能力，其主要通过 SWIFT 通道与境外银行连接，当境外银行和境内代理银行之间进行结算时，此笔资金为国际结算（境外结算）；而采用清算行模式的前提是国内银行在境外的分行被中国人民银行指定为境外人民币清算行，这样其与境外银行之间可以“能力共享”，资金的结算在清算行的内部系统中进行。如前面提到的例子，资金是在中国银行行内完成清算的（境外分行和境内总行之间）。清算行模式的业务步骤，如图 9-4 所示。

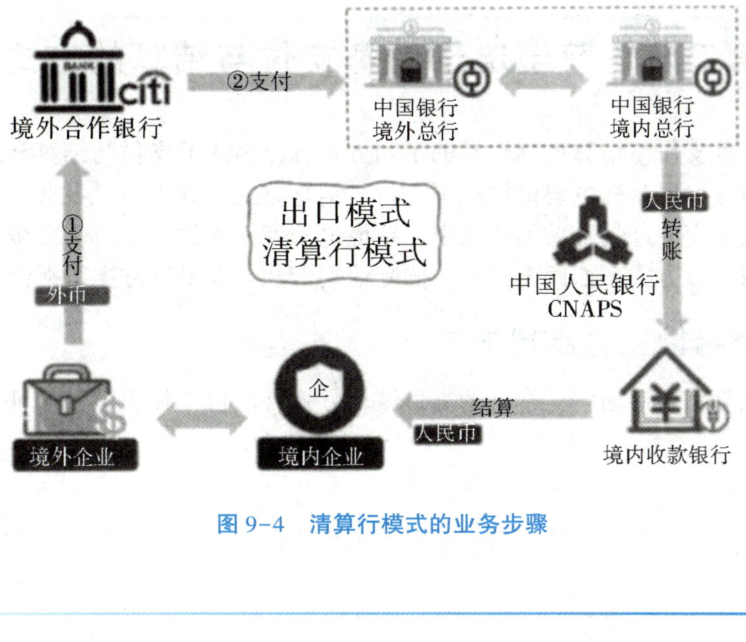


图 9-4 清算行模式的业务步骤

### 3. NRA 模式

境外机构境内外汇账户（non-resident account，NAR）模式是指境外企业直接在境内银行开设结算账户进行支付的模式。使用此种模式的业务步骤和境内企业 B2B 收付款的业务步骤几乎一模一样（见图 9-5）。只是境外机构在境内银行开设 NRA 的流程和手续比较复杂。

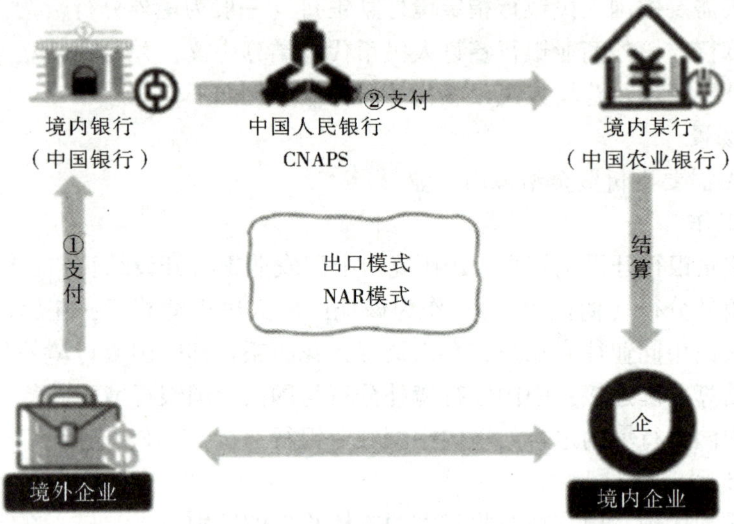


图 9-5　NRA 模式的业务步骤

人民币 NRA 和离岸账户（off shore account，OSA）的性质不同。NRA 属于境内账户，OSA 属于境外账户；NRA 需要缴纳利息税，OSA 无利息税；NRA 有外汇管制，由国家外汇管理局监管，OSA 无外汇管制，由中国银行业监督管理委员会（简称中国银监会）监管。

NRA 模式的监管较为严格，有外汇管制，用途也比较单一，所以使用该模式进行跨境电子商务支付与结算的不多。

## 第二节　跨境电子商务支付与结算的方式

跨境电子商务支付与结算按其交易的不同方式可分为线下支付与结算和线上支付与结算。跨境电子商务发展之初主要依靠线下支付与结算方式，如汇付、托收、信用证等。在互联网与跨境电子商务蓬勃发展的背景下，跨境电子商务支付与结算主要依赖于国内外主流的线上支付与结算方式，如网上银行、国际信用卡及各大第三方支付平台。

## 一、传统跨境支付结算方式

在传统的国际贸易活动中，常见的支付结算方式有汇付、托收、信用证支付和国际信用卡支付。

### （一）汇付

汇付又称为汇款，是指付款人通过银行，主动把款项汇给收款人的一种支付方式。一笔汇付业务中涉及汇款人、汇出行、汇入行/解付行、收款人四个当事人。一般情况下，跨境电子商务中的汇款人即进口商，汇出行通常是进口地银行，汇入行通常是出口地银行，收款人即出口商。汇付方式一般可分为信汇、电汇、票汇三种。

### 1. 信汇

信汇（mail transfer，M/T）是指汇出行应汇款人的申请，用航空信函的形式，指示出口国（或地区）汇入行解付一定金额的款项给收款人的汇款方式。信汇收款人收到汇款的时间较迟。

### 2. 电汇

电汇（telegraphic transfer，T/T）是指汇出行应汇款人的申请，以电信的形式给在另一个国家（或地区）的分行或代理行（即汇入行）解付一定金额给收款人的一种汇款方式。

电汇的优点在于速度快，收款人可以迅速收到货款，目前被广泛使用。

### 3. 票汇

票汇（remittance by banker's demand draft，D/D）是指汇出行应汇款人的申请，代汇款人开立以其分行或代理行为汇入行的银行即期汇票，支付一定金额给收款人的一种汇款方式。

票汇与电汇、信汇的不同之处在于，票汇的汇入行无须通知收款人取款，而是由收款人持票登门取款，这种汇票除有限制流通的规定外，经收款人背书，还可以转让流通，而电汇、信汇的收款人则不能将收款权进行转让。

汇付的缺点是风险大，资金负担不平衡。以汇付方式结算，可以是货到付款，也可以是预付货款。如果是货到付款，卖家向买家提供信用并融通资金；而预付货款则是买家向卖家提供信用并融通资金。不论哪一种方式，风险和资金负担都会集中在某一方。在我国外贸实践中，汇付一般只用来支付订金、货款尾数、佣金等项费用，不是一种主要的结算方式。在发达国家之间，由于大量的贸易是跨国公司的内部交易，而且外贸企业在国外有可靠的贸易伙伴和销售网络，因此汇付是主要的结算方式。

## 知识拓展

### 西联汇款

西联国际汇款公司（Western Union）是世界上领先的特快汇款公司，迄今已有150年的历史，它的代理网点遍布全球近200个国家和地区。西联国际汇款公司是美国财富五百强之一的第一数据公司（first data corporation，FDC）的子公司。

西联汇款流程如下。

（1）汇款人前往就近的 Western Union 汇款代理网点，认明 Western Union 汇款标识，填写发汇单。

（2）将填妥的表格及款项递交办理。

（3）汇款办理完毕，收妥发汇单，并将汇款信息及汇款监控号码告知收款人。若汇款人预留收款人的验证身份问题（验证身份问题视同取款密码），应一并告知收款人，双方在通知过程中应注意汇款信息的保密。

（4）只需几分钟，卖家指定的收款人就可在全球任何一家 Western Union 汇款代理网点领取该笔汇款。

西联取款注意事项如下。

（1）收款人接到汇款人通知后，认明 Western Union 汇款标识，前往就近的 Western Union 汇款代理网点办理领汇手续。取款时，填写收汇单并出示本人有效证件和取款密码。

（2）收款人领取 Western Union 汇款，必须本人亲收，不得委托他人代领。

## （二）托收

托收是指在进出口贸易中，出口方开具以进口方为付款人的汇票，委托出口方银行通过其在进口方的分行或代理行向进口方收取货款的一种结算方式。

根据托收时是否向银行提交货运单据，托收可分为光票托收和跟单托收两种方式。

### 1. 光票托收

托收时如果汇票不附有任何货运单据，而只附有“非货运单据”（发票、垫付清单等），称为光票托收。这种结算方式多用于贸易的从属费用、货款尾数、佣金、样品费的结算和非贸易结算等。

### 2. 跟单托收

跟单托收有两种情形：附有金融单据的商业单据的托收和不附有金融单据的商业单据的托收。在国际贸易中所讲的跟单托收多指前一种。跟单托收根据交单条件的不同，又可分为付款交单和承兑交单两种方式。付款交单是指卖家（出口人）的交单以买家（进口人）的付款为条件，卖家根据买卖合同先行发货，取得货运单据，然后再将汇票连同整套货运单据交给银行办理托收，并指示银行只有在买家付清货款时才能交出货运单据。承兑交单是指代收行的交单以买家（进口人）在汇票上承兑为条件，即卖家（出口人）在装运货物后开具远期汇票，连同货运单据，通过银行向买家提示，买家承兑汇票后，代收行即将货运单据交给卖家，在汇票到期时，方履行付款义务。

## （三）信用卡支付

国际信用卡收款是以一个第三方信用卡支付公司提供一个支付通道达到收款的目的，是支付网关对支付网关模式（类似于网银支付）。国际上有六大信用卡组织，分别是威士国际组织、万事达卡国际组织两大组织，以及美国运通国际股份有限公司、中国银联股份有限公司、大来信用卡有限公司、JCB 日本国际信用卡公司这四家专业信用卡公司。

### 1. 信用卡支付的收款流程

（1）买家从自己的信用卡上发出支付指令给发卡银行。

（2）银行垫款为其支付给我方银行。

（3）银行通知持卡人免息期满的还款日期和金额。

在这之后，尽管卖家已经完成交易，只有当买家完成以下操作，货款才能全额到账。

① 买家在还款日到期之前还款，交易顺利完成。卖家收款成功。

② 买家先还部分款项，一般大于银行规定的最小还款额，其余作为向银行的贷款，确认同意支付利息，以后再逐步偿还本息。最终买家得到融资便利，银行得到利息收入，卖家及时得到货款，达成共赢。

### 2. 信用卡支付的优点

（1）便捷

便捷是指消费者使用信用卡在线支付省去了传统支付方式如西联汇款、速汇金、电汇首先要到相应的机构去办理的步骤，同时新客户会产生不信任，导致流失部分客户。

（2）实时

一切操作都在线完成，所以买卖双方都能够在最短的时间内知道支付成功与否，只要在后台就可以看到交易是否成功，成功后就可以发货了。

（3）用户群大

全球信用卡将近15亿张，欧美国家更为普遍，符合欧美国家的消费习惯。初次网购的消费者，一般会选择自己已有的支付方式，这样可以帮助商家开发新客户，给商家带来更大的效益。

（4）安全

信用卡虽然由第三方支付公司提供服务，但因其与银行及信用卡组织合作，除第三方自身的风险控制系统外，更有强大的银行风险控制系统和信用卡组织的信用卡数据库作为保障。

（5）拒付率低

在信用机制健全的欧美等主流信用卡消费地区，信用卡消费拒付不但需要持卡人到持卡行办理，还要出示相关的证据。若拒付成功将会降低对持卡人信用体系，而信用体系直接影响到如车贷、房贷等贷款问题。因此，消费者不会轻易拒付。

### （四）网上银行

网上银行涵盖了国内、国际各大银行机构，各大网上银行的支付与结算流程虽然存在部分差别，但总体来说，网上银行支付与结算包括以下几个步骤。

第一步，客户接入互联网，通过浏览器在网上浏览商品、选择货物、填写网络订单、选择应用的网络支付与结算工具，并且得到银行的授权使用，如银行卡、电子钱包、电子现金、电子支票或网络银行账号等。

第二步，客户对相关订单信息（如支付信息）进行加密，在网上提交订单。

第三步，商家服务器对客户的订购信息进行检查、确认，并把相关的、经过加密的客户支付与结算信息转发给支付网关，直到银行专用网上银行后台业务服务器进行确认，待通过银行等电子货币发行机构验证后得到支付资金的授权。

第四步，银行验证确认后，通过建立起来的加密通信通道，经由支付网关给商家服务器回送确认信息，同时为进一步保证账户安全，给客户回送支付与结算授权请求。

第五步，银行得到客户传来的进一步授权支付与结算信息后，把资金从客户账户转拨至开展电子商务的商家银行账户中，借助金融专用网进行支付与结算，并分别给商家、客户发送支付与结算成功信息。

第六步，商家服务器收到银行发来的支付与结算成功信息后，给客户发送网络付款成功信息和发货通知。至此，一次典型的网上银行支付与结算流程结束。商家和客户可以分别借助网上银行查询自己的资金余额信息，以进一步核对。

下面以中国银行网上银行跨境支付为例来说明网上银行跨境支付与结算的流程。

#### 1. 中国银行跨境支付购汇

业务背景（进口贸易）：某企业因自身规模的扩大，对生产原材料的需求量加大，同时需要升级换代生产设备以提高产能，因此打算从境外市场采购廉价的原材料和应用最新技术的专业设备。中国银行根据该企业开展进口贸易的需要，提供全面、高效的配套金融产品和综合解决方案。

针对以上进口贸易的业务背景，中国银行网上银行的支付业务流程如表9-2所示。

表 9-2　中国银行网上银行的支付业务流程

| 交易流程 | 企业需求 | 使用金融产品与服务 |
|---|---|---|
| 寻找交易对手 | 甄选交易对手，获取交易对手所在国信息，评估国别风险、商业风险与法律风险，防范信用风险 | 资信调查 |
| 并签署合同 | 提升国际信誉，通过谈判确定较为有利的结算方式，加速货物资金周转，减少资金占压 | 授信额度、保函通知、代审保函、转开保函 |
| 资金备付 | 在自由资金不足的情况下获得银行的信用支持及资金融通，减少资金占压 | 现汇贷款、授信开立信用证、跨境人民币信用证、进口双保理、通易达、付款保函、租赁保函、创新信用保险方案 |
| 货物运输 | 避免运输过程中遭受损失 | 货物运输保险、提货担保、海事调查 |
| 贸易单据到单 | 对单据表面真实性进行审核，确认交易对手的履约情况 | 信用证来单、进口代收 |
| | 简化通关手续，降低运营成本 | 融货达、融货达存仓货物保险 |
| | 提货前获得短期资金融通，加速资金周转效率 | 加工贸易保证金台账、加工贸易税款保付保函、关税保函、ATA 单证册保函、网上支付税费担保 |
| 付款 | 以最优价格兑换用于支付的外币资金，确保资金支付安全 | 即期售汇、远期售汇、汇出汇款、跨境人民币汇款 |
| | 减少资金占压，获得银行的信用支持，提高资金周转效率 | 现汇贷款、授信额度、进口押汇、汇出汇款融资 |
| | 获得海外低成本资金融通，提升营运收益 | 海外代付、代付达、协议付款、跨境人民币联动产品（包括人民币海外代付、人民币协议付款、人民币代付达） |
| | 通过融资和资金产品组合，规避汇率风险，节约运营成本 | 付款汇利达、跨境汇利达、跨境人民币汇利达产品创新保险方案 |

这里主要介绍的是网上银行跨境支付与结算，在表 9-2 中所列举的中国银行网上银行的支付业务流程中，第五步交易流程包含了跨境支付业务。因此，接下来以中国银行手机 App 实操为例，介绍整个业务流程的“付款”环节。

第一步，登录中国银行手机 App，设置好用户名及密码，点击“跨境汇款”按钮，如图 9-6 所示。

第二步，进入“跨境汇款”页面后，选择“外币跨境汇款”选项。根据收款银行的信息，选择对应的汇款：向“境外中行”汇款或向“境外他行”汇款，如图 9-7 所示。根据中国银行的相关收费标准，汇往境外中行将可享受 5 折甚至可能免收汇款手续费待遇（此处以向“境外中行”汇款为例）。

图 9-6　点击“跨境汇款”按钮

图 9-7　点击“境外中行”按钮

第三步，进入向“境外中行”汇款页面后，在弹出的窗口中填写“收付款人信息”，如图 9-8 至图 9-10 所示。

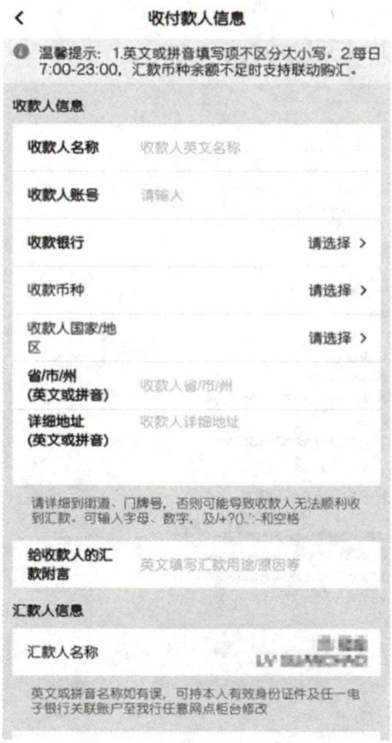


图 9-8　“收付款人信息”界面

图 9-9　“选择国家/地区”界面

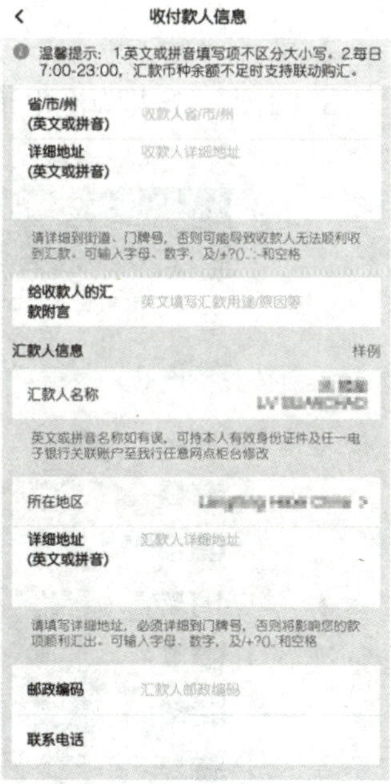


图 9-10　“收付款人信息”界面

第四步，“收付款人信息”填写完后，单击“下一步”按钮，确认交易信息，如图 9-11 所示。

第五步，如果已经购买了外汇或网上银行账户中有外币存款（现汇非现钞），那么汇款人可以直接填写汇款信息。如果网上银行账户中只有人民币却无外币，则要先进行购汇。需要注意的是，购汇前必须根据实际情况填写“个人购汇申请书”，购汇成功后可继续汇款。具体购汇流程如下。

① 在中国银行手机 App 首页单击“结汇购汇”按钮，如图 9-12 所示。

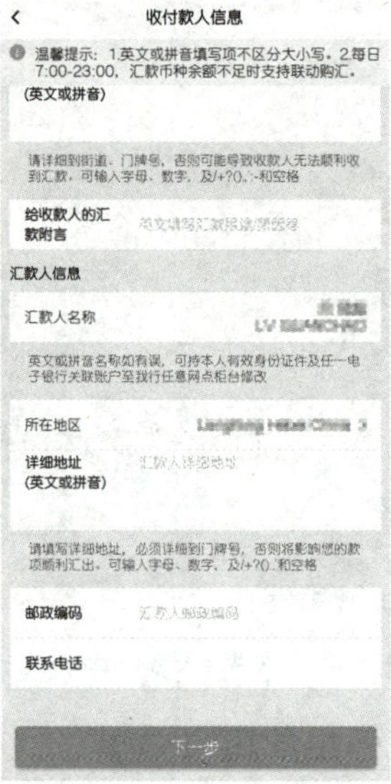


图 9-11　单击“下一步”按钮

图 9-12　单击“结汇购汇”按钮

② 进入“结汇购汇”页面后，点击“购汇”按钮，如图 9-13 所示。

③ 阅读“个人购汇申请书”，如图 9-14 所示。

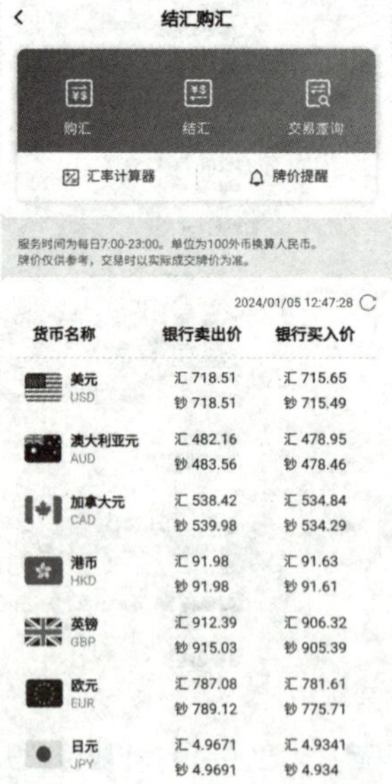


图 9-13　单击“购汇”按钮

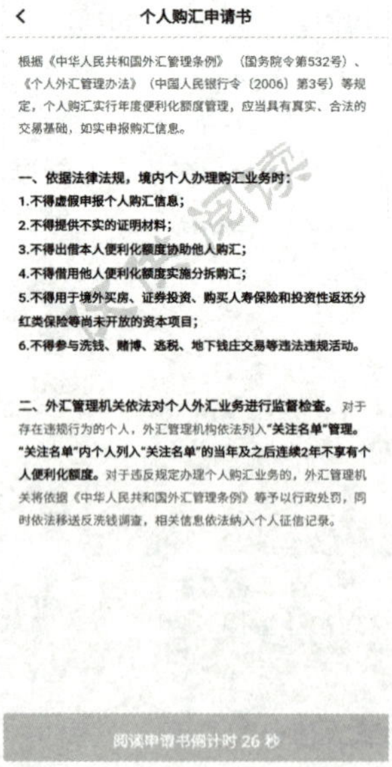


图 9-14　阅读“个人购汇申请书”

④ 选择购汇的“币种”“钞汇”“购汇用途”等信息，如图 9-15 至图 9-19 所示。

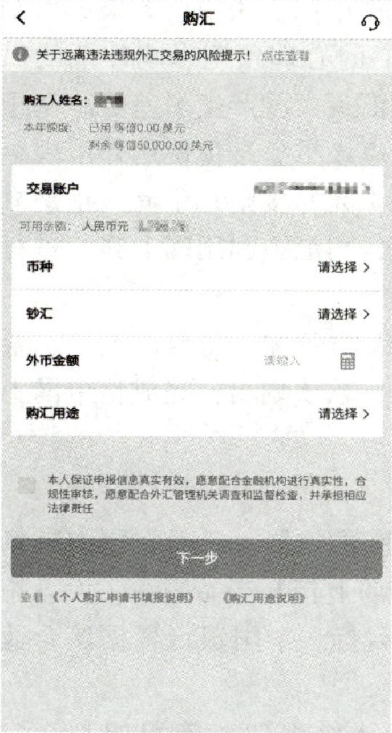


图 9-15　“购汇”信息填写

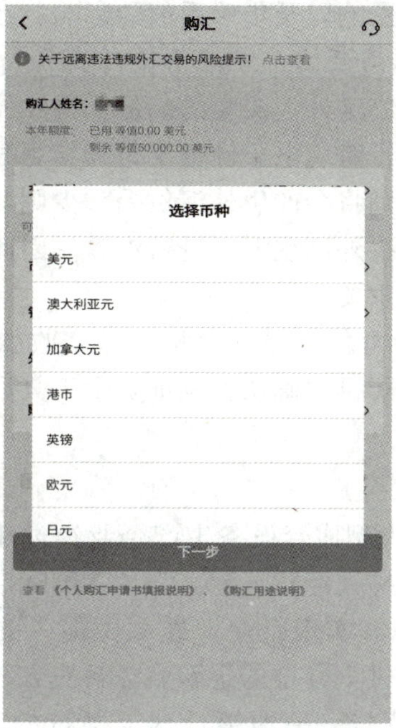


图 9-16　选择“美元”选项

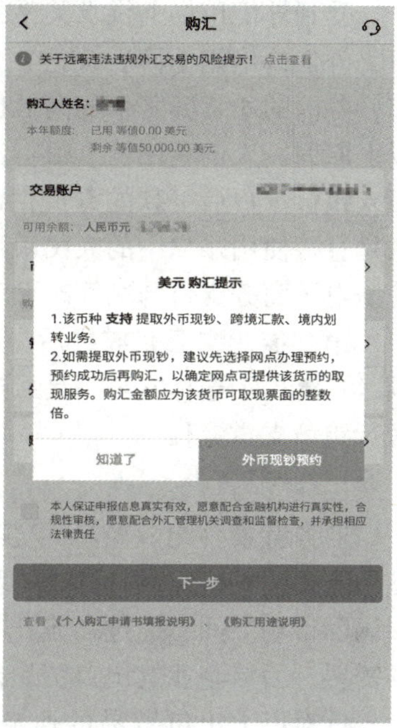


图 9-17　阅读“美元购汇提示”

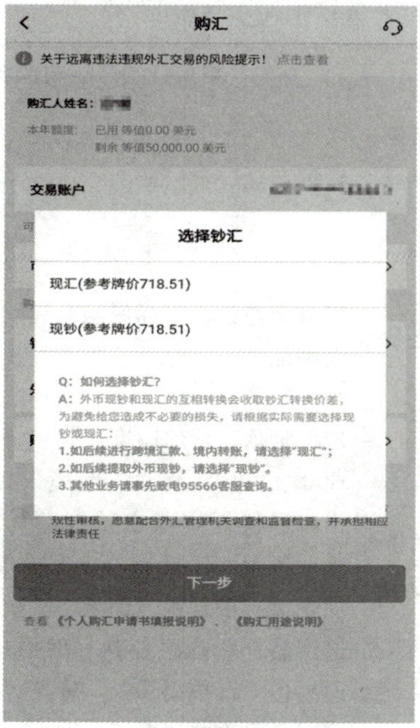


图 9-18　“选择钞汇”界面

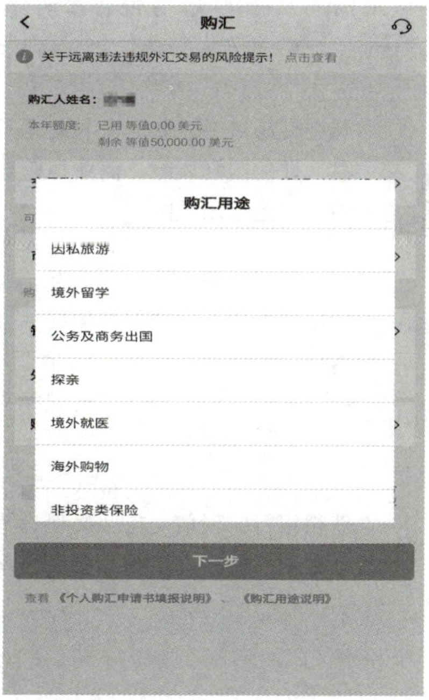


图 9-19　选择“货物贸易”选项

⑤ 信息填写完毕，单击“下一步”按钮，购汇完成。

受到外汇市场上供求关系的影响以及货币币值的影响，在直接标价法中，如果本币升值，外汇价格则下降；反之，本币贬值，外汇价格升高。人们的心理预期影响外汇的供求，各国的通货膨胀率的高低也决定外汇买卖的高低，因此外汇买卖就产生了差价。基于以上原因，人们利用网上银行进行跨境电子商务支付与结算时应该尽量避免使用外币现金存入银行账户后汇款的方式，否则将会产生外汇价差，少则几十元，多则几千元。正确方法是直接使用账户中的人民币购买外汇现汇再进行汇款。因此，购汇在利用网上银行进行跨境电子商务支付与结算时尤为重要。

第六步，购汇完成之后，所有信息录入完毕，检查收款人的名称、账号、地址、金额，系统提示选择安全工具后进行再次确认，验证安全工具后，款项划出，完成整个网上银行跨境支付流程。

### 2. 中国银行跨境收入结汇

业务背景（出口贸易）：某大型成套设备生产企业经过几年的发展，已经在国内市场站稳脚跟，经研究后打算进一步扩大经营范围，尝试在国际市场上打开产品销路，大力拓展国际市场空间，通过“走出去”实现企业“做大做强”的目标。中国银行根据该企业的需要，为该企业的出口贸易提供全方位的金融服务解决方案。

针对以上出口贸易的业务背景，中国银行网上银行的收入结汇业务流程如表 9-3 所示。

表 9-3　中国银行网上银行的收入结汇业务流程

| 交易流程 | 企业需求 | 使用金融产品与服务 |
|---|---|---|
| 寻找交易对手并签署合同 | 甄选交易对手，获取交易对手所在国信息，评估国别风险、商业风险与法律风险，防范信用风险 | 资信调查、资信证明 |
| | 提升国际信誉，通过谈判确定较为有利的结算方式，加速资金周转，减少资金占压 | 出口全益达、投标保函、履约保函、备用信用证 |
| 备货 | 获得银行的授信支持，确保有充足的资金采购原材料、生产和备货，减少资金占压 | 现汇贷款、授信额度、打包贷款、信用证通知、信用证保兑、跨境人民币信用证、出口退税托管账户质押融资、预付款保函、备用信用证、加工贸易保证金台账、加工贸易税款保付保函、关税保函、供应链产品（包括融信达、融易达、融货达、通易达、订单融资）、融货达存仓货物保险、人民币协议融资 |
| 货物运输 | 避免运输过程中遭受损失 | 货物运输保险、海事调查 |

（续表）

| 交易流程 | 企业需求 | 使用金融产品与服务 |
|---|---|---|
| 交单 | 通过单据处理规避和防范信用风险 | 信用证审单/议付、出口跟单托收、光票托收 |
| | 获得银行资金融通、加快资金回笼，提高资金使用效率，降低市场风险、汇率风险等 | 出口买方信贷、福费廷、出口双保理、出口商业发票贴现、出口押汇、出口贴现、买入票据、国际组织担保项下贸易金融、融信达、人民币协议融资 |
| | 改善现金流量，优化企业财务报表，降低财务成本 | — |
| 收款 | 确保收款安全和效率，以最优价格将外币资金兑换成人民币 | 汇入汇款、跨境人民币汇款、即期结汇、远期结汇 |
| | 获得银行的信用支持，减少资金占压，管理应收账款，控制信用风险；获得坏账担保，采取有效措施催收坏账 | 出口双保理、出口商业发票贴现、进口双保理、融付达、质量/维修保函、预留金保函、备用信用证、创新信用保险方案 |
| | 获得海外低成本资金融通，提升营运收益 | 人民币协议融资 |
| | 通过融资和资金产品组合，规避汇率风险，节约运营成本 | 出口汇利达 |

下面以中国银行手机 App 实操为例，介绍整个业务流程的“收款”环节。

第一步，登录中国银行手机 App，设置好用户名及密码，单击“跨境收款”按钮，如图 9-20 所示。

第二步，进入“跨境收款”页面后，选择收款方式，如图 9-21 所示。

图 9-20　单击“跨境收款”按钮

图 9-21　选择收款方式

第三步，进入“收取西联汇款”页面后，“选择收款币种”，填写“汇款解付确认码”，如图 9-22 至图 9-24 所示。

第四步，点击“解付”按钮，完成收款，等待资金到账，完成整个网上银行跨境收款流程。

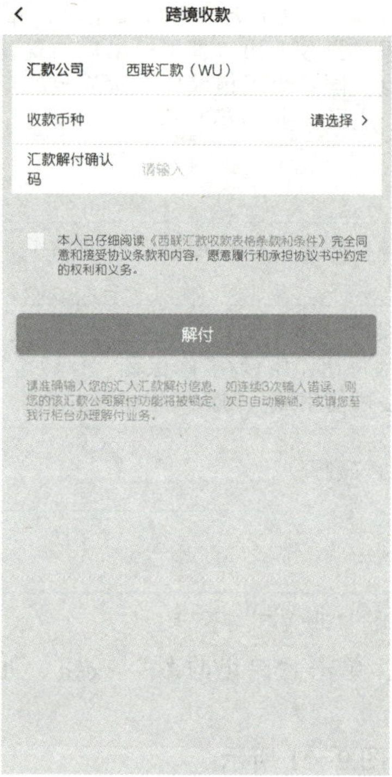


图 9-22　单击“收取西联汇款”

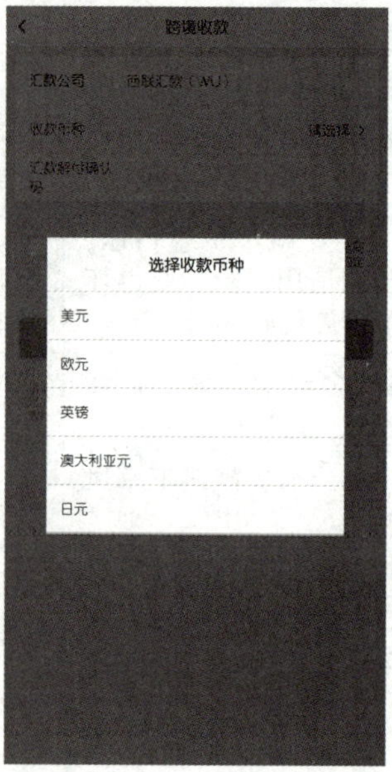


图 9-23　“选择收款币种”界面

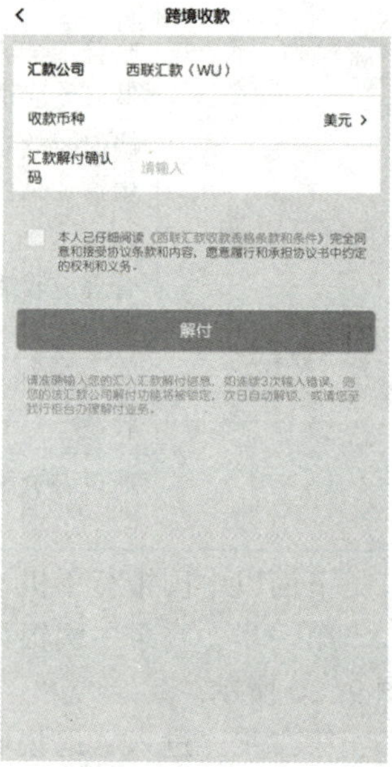


图 9-24　“跨境收款”页面

## 二、第三方跨境支付结算方式

### （一）支付宝

支付宝是国内领先的第三方支付平台，致力于提供“简单、安全、快速”的支付解决方案。支付宝从 2004 年建立起，始终以“信任”为产品和服务的核心。其旗下有“支付宝”与“支付宝钱包”两个独立品牌。截至 2019 年 6 月，支付宝及其本地钱包合作伙伴已经服务超 12 亿名全球用户。2023 年支付宝全球用户已超过 13 亿人。

支付宝作为国内首屈一指的综合性互联网金融平台，国际布局战略在一定程度上可以反映出我国跨境支付的出海路径。从目前来看，其战略布局包含三个举措，即服务国人出境游、搭建跨境电子商务平台及构建海外金融平台。在服务国人出境游方面，支付宝通过与当地支付机构合作、与退税机构合作两种方式布局海外线下支付业务。前者凭借大量出国游客及支付宝的高渗透率，可以帮助当地商家吸引客户，受到国外商家及本土支付机构的欢迎；后者通过与退税机构合作优化用户体验。在搭建跨境电子商务平台方面，建立“国际版天猫”——全球速卖通，通过跨境电子商务平台推动支付工具的推广。在构建海外金融平台方面，支付宝旨在成为其他国家的“支付宝”，但受当地牌照的限制，多采取收购当地支付机构的方式，并在后续持续提供技术与运营扶持。

支付宝一方面为海外商家和用户提供在线收付款服务；另一方面在全球 54 个国家和地区为中国消费者提供境外线下支付服务。接下来，我们从通过支付宝付款给国外商家和通过支付宝向国外消费者或商家跨境收款两个方面来介绍支付宝跨境支付与结算的操作流程。

### 1. 通过支付宝付款给国外商家

第一步，打开手机支付宝，单击“转账”按钮，如图 9-25 所示。

第二步，进入“转账”页面后，单击“跨境汇款”按钮，如图 9-26 所示。

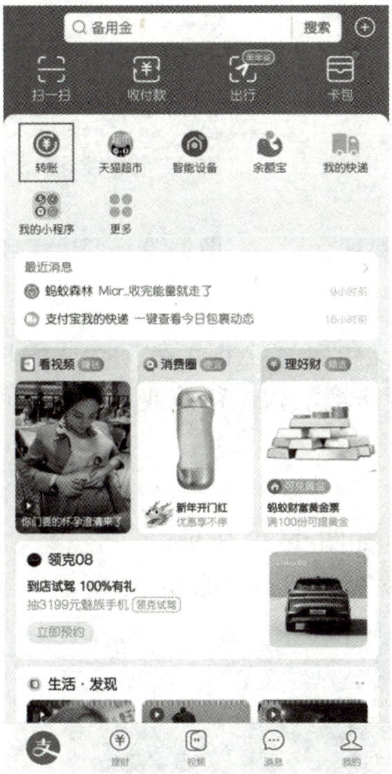


图 9-25　单击“转账”按钮

图 9-26　单击“跨境汇款”按钮

第三步，进入“跨境汇款”页面后，点击“上银汇款”按钮，如图 9-27 所示。

第四步，进入“上银汇款”页面后，填写汇款金额，如图 9-28 所示。

第五步，填写收款人信息。

第六步，填写汇款信息。

第七步，查看“个人购汇申请书”并确认。

第八步，确认“预计用汇时间”及“购汇用途”，如图 9-29 所示。

图 9-27　单击“上银汇款”按钮

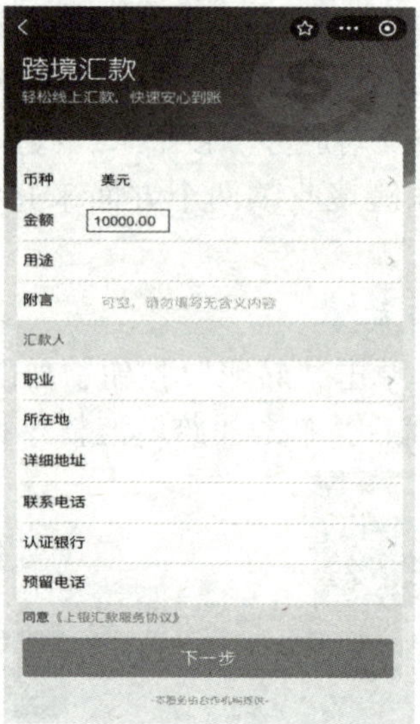


图 9-28　填写汇款金额

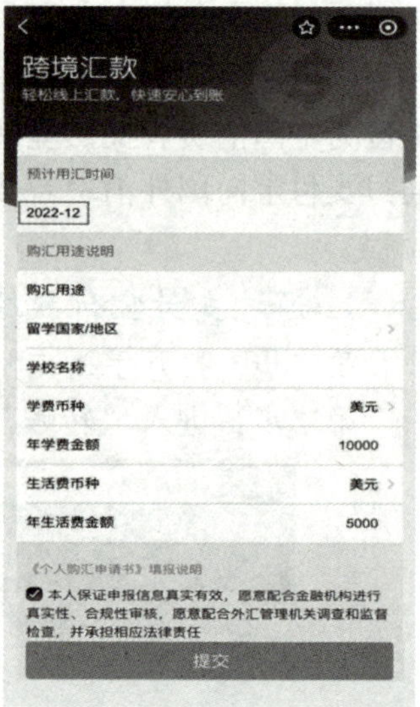


图 9-29　“跨境汇款”界面

第九步，单击“确认信息并汇款”按钮。

由于业务升级调整，自 2020 年 11 月 30 日起，支付宝“上银汇款”个人跨境汇款产品暂停服务，因此国内用户暂时无法通过支付宝进行跨境汇款，待该业务恢复后可按以上步骤通过支付宝付款给国外商家。

### 2. 通过支付宝向国外消费者或商家跨境收款

第一步，打开手机支付宝，单击“转账”按钮，如图 9-30 所示。

第二步，进入“转账”页面后，单击“跨境汇款”按钮，如图 9-31 所示。

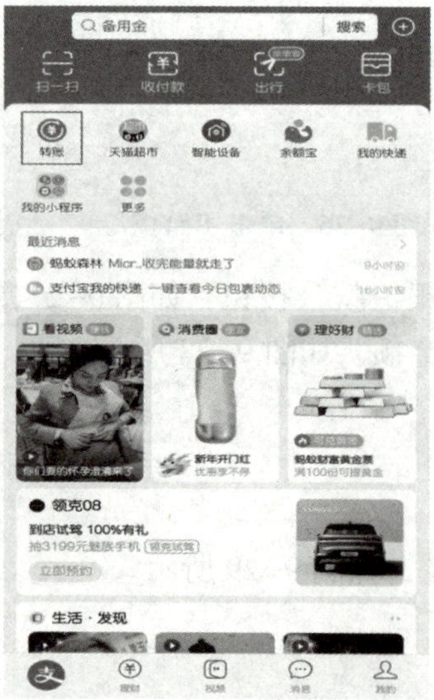


图 9-30　单击“转账”按钮

图 9-31　单击“跨境汇款”按钮

第三步，进入“跨境汇款”页面后，单击“我要收款”按钮，如图 9-32 所示。

第四步，进入“我要收款”页面后，选择“闪速收款”选项，如图 9-33 所示。

图 9-32　单击“我要收款”按钮

图 9-33　选择“闪速收款”选项

第五步，选择收款银行卡，单击“提交”按钮。

第六步，确认收款银行卡后，告知汇款人如何汇出，单击“去分享”按钮。

第七步，待汇款人将款项汇出后，收款人接受，利用支付宝进行跨境收款流程结束。

### （二）PayPal

PayPal 即贝宝，是 eBay 集团旗下全资子公司，其早年绑定 eBay 平台，是市场上领先的第三方支付平台。PayPal 收款覆盖美元、加元、欧元、英镑、澳元和日元等 25 种国际主要流通货币。

PayPal 在欧美国家有很高的市场普及率，在多个跨境电子商务平台被用来作为收款工具，PayPal 和支付宝的“担保交易”功能不同，买家通过 PayPal 付款后，钱直接进入卖家账户，卖家可以立即提现，但是如果买家向 PayPal 提出纠纷，PayPal 就会撤回卖家的资金。

虽然卖家可能提现这笔资金，但因为卖家的 PayPal 绑定了多张信用卡，所以 PayPal 仍然可以从卖家的银行账户撤回这笔资金。用中国国籍注册 PayPal，收取的货款的提现方式有以下四种。

（1）电汇到中国的银行账户。

（2）提现到中国香港账户。

（3）提现到美国账户。

（4）通过支票。

## （三）Payoneer

Payoneer（简称 P 卡）成立于美国纽约，是万事达卡组织授权的具有发卡资格的机构。卖家在注册 Payoneer 之后，会自动获得 Payoneer 在当地国（如美国、英国、德国、日本、澳大利亚等）开设的银行账号，可以用来接收来自当地电子商务平台的销售款项，卖家可以将收到的外币自动兑换成人民币并转入自己在国内的银行账户。

P 卡优点：Payoneer Inc 持有美国 Money Transmitter 执照，美国金融犯罪执法局（FinCEN）注册为货币服务企业（money service business，MSB）以及 MasterCard ®国际万事达卡组织授权的服务商。

P 卡缺点：用 Payoneer 公司账户只能提现到注册公司对公账户或法人、股东的个人银行账户中。

## （四）连连支付

连连支付全称连连银通电子支付有限公司，是浙江省级高新企业，成立于 2003 年，注册资金 3.25 亿元，是专业的第三方支付机构，中国行业支付解决方案提供商。2011 年 8 月获得人民银行颁发的支付许可证，为浙江省第二家获得该业务许可的企业。业务涵盖全国范围的互联网支付、移动手机支付业务。2013 年 11 月，连连支付与中国银行义乌分行合作开展跨境人民币收支业务，获得中国人民银行义乌市支行的批准许可。

2017 年，连连支付正式上线跨境收款商品。连连支付为出口跨境电子商务卖家提供收款、付款、多店铺统一管理、VAT 缴纳等一站式跨境金融服务。支持全球 6 个结算币种。在跨境支付业务上，连连支付累计服务了全国 30 万出口跨境电子商务卖家。上线英镑、欧元、日元、澳币、加币等的收款服务，免费缴纳五国的 VAT 税费。连连支付在中国香港、美国、英国、欧洲、巴西、东南亚等地设立海外公司，拥有当地的海外金融牌照。在 2018 年上线的实时到账功能，最快为 2 秒。

卖家使用连连支付需支付一定交易费用，商品不同，支付费率不同。通过实时结算的方式，从用户即时产生的服务费中进行扣除。在商户向连连上交发票信息后，在次月 10 个工作日内，用户能够得到上个月所享受服务费用的发票。

## （五）World First 万里汇

World First 万里汇简称 WF 卡，是一家在 2004 年在英国成立的外汇兑换公司。

WF 卡优点：安全性较强，World First 的母公司 World First UK 有限公司是由英国金融行为监管局（financial conduct authority，FCA）依据《2011 年电子货币条例》授权发行电子货币的（许可证号：900508）。FCA 是英国金融投资服务行业的中央监管机构，负责监管银行、保险以及投资业务。

开户非常灵活，账户分为两种，个人账户和公司账户，个人账户持个人身份证即可开通，公司账户需提交公司营业执照。开通时间一般在 1~3 天。

业务范围较广，World First 支持开通美元、英镑、欧元、加元、日元 5 个币种账户，开户过程全免费。

WF 卡缺点：费率偏高，系统操作复杂，使用不方便。

### （六）PingPong

PingPong 金融是一家在 2014 年成立的国内首家跨境收款平台，专注为中国跨境电子商务提供亚马逊收款服务。总部位于杭州，按照央行和外管局的监管要求开展业务。

Ping Pong 优点：PingPong 金融拥有注册于纽约的金融服务子公司，接受美国金融犯罪执法局（FinCEN）的监管。

可以提现美元，也可以提现人民币。如果提现美元到香港公司或大陆公司的对公账户，大陆公司必须要有进出口资质证明，且 10 000 美元起提；如果提现人民币到大陆公司的对公账户或企业法人的个人账户，500 美元起提。而且接收金额的账户必须是借记卡，不能是信用卡。

Ping Pong 缺点：目前仅开通美元账户。亚马逊现在暂时只能注册企业账户。

# 第三节　跨境电子商务支付与结算的技术风险与防范

在跨境电子商务交易中，涉及的资金支付和结算需要专门的支付和结算系统及技术的支持来完成。目前，我国已经建成人民币跨境支付系统专门用来处理人民币跨境支付与结算。在跨境电子商务支付与结算过程中，须对不同类别的技术风险进行分类，并了解其防范措施。

## 一、跨境支付与结算的技术风险

与传统金融活动一样，跨境电子商务支付与结算面临着经济周期性波动的风险，从而导致跨境电子商务支付与结算面临交易风险。同时，由于跨境电子商务支付与结算具有信息化、国际化、网络化、无形化的特点，其所面临的风险扩散更快、危害性更大，一旦金融机构出现风险，很容易通过网络迅速在整个金融体系中引起连锁反应，引发全局性、系统性的金融风险，导致经济秩序混乱，甚至引发严重的经济危机，从而无法保证交易的顺利进行。在导致经济周期性波动的风险中，技术风险占据了较大比重，其主要包括软/硬件系统的风险、外部技术支持风险及网络风险。

### （一）软/硬件系统的风险

从整体来看，跨境电子商务支付与结算的业务操作和大量的风险控制工作均由计算机软件系统完成。全球电子信息系统的技术和管理中的缺陷或问题成为跨境电子商务支付与结算最重要的系统风险。在与客户的信息传输过程中，如果该系统与客户终端的软件互不兼容或出现故障，则存在传输中断或速度降低的风险。此外，系统停机、磁盘列阵被破坏等不确定性因素，也会给系统带来风险。根据对发达国家不同行业的调查，计算机软/硬件系统停机等因素对不同行业造成的损失各不相同，其中对金融业的影响最大。发达国家零售业和金融业的经营服务已在相当程度上依赖于信息系统的运行。电子信息系统的平衡、可靠和安全运行成为跨境电子商务支付与结算安全的重要保障。因此，若软/硬件系统不完善，将带来较大的交易风险。

### （二）外部技术支持风险

由于网络技术的高度知识化和专业性，又出于对降低运营成本的考虑，金融机构往往依赖于外部市场的服务支持来解决内部的技术或管理难题，如聘请金融机构之外的专家来支持或直接操作各种网上业务活动。这种做法适应了跨境电子商务支付与结算发展的要求，但也使自身暴露在可能出现的操作风险之中，如外部的技术支持者可能并不具备满足金融机构要求的能力，或者因为自身的财务困难而终止提供服务，从而对金融机构造成威胁。在所有的外部技术支持风险中，最具有技术性的外部技术支持风险是线上电子支付信息技术选择的失误。在各种网上业务的解决方案层出不穷、不同的信息技术公司大力推举各自的方案、系统兼容性可能出现问题的情况下，选择错误将不利于系统与网络的有效连接，还会造成巨大的技术机会损失，甚至使金融机构蒙受巨大的商业机会损失。

### （三）网络风险

跨境电子商务支付与结算是通过互联网的渠道来支付钱款的，因此在交易转账的过程中会产生一系列网络安全问题。例如，遭受黑客攻击，数据系统遭到损害，使得大量内部数据被泄露或篡改。另外，由于支付的虚拟化，会造成相关的交易单据审核困难。

总的来说，跨境电子商务支付与结算主要服务于跨境电子商务的需要，而跨境电子商务在网络上的交易存在交易制度设计、技术路线设计、技术安全等方面的缺陷，可能导致交易风险。这种交易风险是跨境电子商务活动及跨境电子商务支付与结算独有的风险，它不局限于交易、支付的各方，甚至可能导致整个支付系统存在系统性风险。

## 二、跨境支付与结算技术风险的防范

跨境电子商务支付与结算技术风险管理与传统金融技术风险管理的基本步骤和原理几乎是一样的，但不同的国家/地区、不同的监管机构可能会根据不同的情况制定不同的跨境电子商务支付与结算技术风险管理要求。目前，最为常见、最为通俗易懂的是巴塞尔委员会采用的技术风险管理方法。以网上银行为例，跨境电子商务支付与结算技术风险管理分为三个步骤：评估风险、管理和控制风险及监控风险。

### （一）跨境支付与结算技术风险管理步骤

评估风险实际包含了风险识别过程，但识别风险只是最基本的步骤，识别风险之后，还需要将风险尽可能地量化。风险经过量化以后，银行的管理层就能够知道银行所面临的风险究竟有多大、对银行会有何种影响、这些风险发生的概率有多大等。在此基础上，银行的管理层要做出决定，确定本银行究竟能够承受多大的风险。换句话讲，如果出现了这些风险，造成了相应的损失，银行的管理层是否能接受。至此，评估风险才算完成。

管理和控制风险的过程比较复杂，简单地说就是各种各样相应的控制措施、制度的采用。

最后一个步骤即监控风险是建立在前两个步骤基础上的。具体操作是在系统投入运行、各种措施相继采用之后，通过机器设备的监控，以及通过人员的内部或外部稽核，来检测、监控上述措施是否有效，并及时发现潜在的问题，加以解决。

## （二）防范跨境电子商务支付与结算风险的技术措施

### 1. 建立网络安全防护体系

建立网络安全防护体系可以防范系统风险与操作风险。具体操作如下：不断采用新的安全技术来确保跨境电子商务支付与结算的信息流通和操作安全，如防火墙、滤波和加密技术等；加快发展更安全的信息安全技术，包括更强的加密技术、网络使用记录检查评定技术、人体特征识别技术等，使正确的信息及时、准确地在客户和银行之间传递，防止非授权用户（如黑客）对电子支付机构所存储的信息的非法访问和干扰。其主要目的是在充分分析网络脆弱性的基础上对网络系统进行事前防护，主要通过采取物理安全策略、访问控制策略，以及构筑防火墙、安全接口、数字签名等高新网络技术的拓展来实现。

为了确保跨境电子商务支付与结算的安全，网络安全防护体系通常设有 3 种防护设施。第一种是在使用者上网使用的浏览器上采用加密处理技术，从而确保资料传输时的隐秘性，保障使用者在输入密码、账号及资料后不会被人劫取及滥用；第二种是被称为“防火墙”的安全过滤路由器，防止外来者的不当侵入；第三种是“可信赖作业系统”，它可充分保护跨境电子商务支付与结算的交易中枢服务器不会受到外人尤其是“黑客”的破坏与篡改。

### 2. 发展数据库及数据仓库技术

建立大型电子支付数据库或决策支持系统，防范信用风险、市场风险等金融风险。通过数据库及数据仓库技术存储和处理信息来支持银行决策，以决策的科学性及正确性来防范各类金融风险。

要防范跨境电子商务支付与结算的信用风险，必须从解决信息对称、充分、透明和正确性着手，依靠数据库及数据仓库技术储存、管理、分析和处理数据，这是现代化管理必须完成的基础工作。跨境电子商务支付与结算数据库的设计可从社会化思路考虑信息资源的采集、加工和分析，以客户为中心进行资产、负债和中间业务的科学管理。不同银行可实行借款人信用信息共享制度，建立不良借款人的预警名单和“黑名单”制度，对有一定比例的资产控制关系、业务控制关系、人事关联关系的企业或企业集团，通过数据库进行归类整理、分析、统计，统一授信的监控。

### 3. 加速金融工程学科的研究、开发和利用

金融工程是在金融创新和金融高科技基础上产生的，是指运用各种有关理论和知识，设计和开发金融创新工具或技术，以期在一定风险度内获得最佳收益。目前，我们亟须加强电子技术创新对跨境电子商务支付与结算模式、技术的影响，以及由此引起的法制、监管的调整。

### 4. 通过管理、培训手段来防范金融风险的发生

跨境电子商务支付与结算是技术发展的产物，许多风险管理措施都离不开技术的应用。不过这些风险管理措施实际上并不是单纯的技术措施，仍然需要人来贯彻实施，因此通过管理、培训手段提高从业人员的素质是防范金融风险的重要途径。《中华人民共和国计算机信息系统安全保护条例》《中华人民共和国计算机信息网络国际联网管理暂行规定》对计算机信息系统的安全和计算机信息网络的管理、使用做出了规定，严格要求线上

支付等金融业从业人员依照国家法律规定操作和完善管理，提高安全防范意识和责任感，确保线上支付系统的安全操作和良好运行。

### （三）加强跨境电子商务支付与结算立法建设

由于跨境电子商务支付与结算发展迅速，但相关立法相对滞后，导致了许多新的问题与矛盾。跨境电子商务支付与结算涉及的范围相当广泛，给立法工作带来了一定的难度。为了防范各种风险，相关部门不但要提高技术措施、健全管理制度，还要加强立法建设。

## 本章小结

本章主要介绍了跨境电子商务支付与结算的概念、跨境电子商务支付与结算的模式、传统跨境支付结算方式和第三方跨境支付结算方式。通过本章的学习，读者应对跨境电子商务支付有个较清晰的认知，掌握跨境电子商务支付工具和主要跨境电子商务平台的支付方式，以及知晓如何防范进行跨境电子商务支付与结算时所面临的技术风险。

## 思考练习

### 一、填空题

1. 跨境电子商务的业务流程涉及三流，即：________、________、________。

2. 一个完整的跨境支付流程实际上包含了三大环节，即________、________、________。

3. 汇付又称为________，是指付款人通过银行，主动把款项汇给收款人的一种支付方式。

4. 以网上银行为例，跨境电子商务支付与结算技术风险管理分为 3 个步骤：________、________和________及监控风险。

### 二、简答题

1. 我国跨境贸易的主流模式有哪些？

2. 简述信用卡支付的收款流程。

3. 第三方跨境支付方式有哪些？

4. 跨境支付与结算的技术风险有哪些？

5. 简述防范跨境电子商务支付与结算风险的技术措施。

6. 结合你所了解的不同的跨境电子商务支付与结算工具，任选其一进行描述，并简要说明使用该跨境电子商务支付与结算工具的交易流程。

# 参 考 文 献


[1] 凌雪莹，陈帅嘉，黄岚．跨境电商基础与实务[M]．北京：中国人民大学出版社，2024.

[2] 黄毅，来立冬．跨境电子商务[M]．2版．北京：电子工业出版社，2024.

[3] 陈进．跨境电子商务基础与实训[M]．北京：人民邮电出版社，2024.

[4] 张谦，王会芳，王蕾．跨境电商多操作实务[M]．北京：人民邮电出版社，2024.

[5] 张夏恒．跨境电子商务概论[M]．2版．北京：机械工业出版社，2024.

[6] 龚英，蹇洁，黄芳，等．跨境电子商务物流管理[M]．北京：高等教育出版社，2024.

[7]《跨境电子商务平台运营实务》编写组．跨境电子商务平台运营实务[M]．北京：经济科学出版社，2023.

[8] 逯宇铎，陈璇，张斌，等．跨境电子商务物流[M]．北京：人民邮电出版社，2021.

[9] 刘敏，高田歌．跨境电商沟通与客服[M]．北京：电子工业出版社，2021.

[10] 郑秀田，甘红云，林菡密．跨境电商基础与实务（微课版）[M]．北京：人民邮电出版社，2023.

[11] 梁娟娟，段敬毅，林少华．跨境电子商务运营实务[M]．北京：电子工业出版社，2023.

[12] 易静．跨境电子商务平台实务[M]．北京：电子工业出版社，2022.

[13] 王紫仪，陈瑜，张黎．跨境电商运营实战技能[M]．上海：复旦大学出版社，2020.

[14] 陈旭华，蔡吉祥，陈俏丽．跨境电商物流理论与实务[M]．杭州：浙江大学出版社，2021.